“十四五”职业教育河南省规划教材

管理学原理

主审　曹　源
主编　李雁函

教·学
资　源

时代出版传媒股份有限公司
安徽科学技术出版社

图书在版编目（CIP）数据

管理学原理 / 李雁函主编. -- 合肥 : 安徽科学技术出版社，2025. 1. -- ISBN 978-7-5337-9254-1

Ⅰ. C93

中国国家版本馆 CIP 数据核字第 2025R2E634 号

GUANLIXUE YUANLI

管 理 学 原 理 主编 李雁函

出 版 人：王筱文 选题策划：王 利 责任编辑：王 镇 蔡琴凤 王世宏

责任校对：张晓辉 王一帆 责任印制：梁东兵 装帧设计：北京金企鹅

出版发行：安徽科学技术出版社 http://www.ahstp.net

（合肥市政务文化新区翡翠路 1118 号出版传媒广场，邮编：230071）

电话：（0551）63533330

印 制：三河市祥达印刷包装有限公司 电话：（0316）3656589

（如发现印装质量问题，影响阅读，请与印刷厂商联系调换）

开本：787×1092 1/16 印张：20.5 字数：474 千

版次：2025 年 1 月第 1 版 印次：2025 年 1 月第 1 次印刷

ISBN 978-7-5337-9254-1 定价：59.80 元

本书编委会

主　审　曹　源

主　编　李雁函

副主编　程江辉　张晓丽　聂艳芳

韩秀枝　杨华伟　侯彬彬

QIANYAN

前言

管理活动广泛渗透于人类社会活动与生产活动中，是一种普遍存在的社会现象。21 世纪以来，随着知识经济浪潮的兴起和全球化进程的加快，市场环境呈现出前所未有的多样性和复杂性，管理者面临的管理挑战不断增加。社会迫切需要能够适应信息经济新态势、深谙管理之道、精通管理技能的综合型管理人才。

管理学原理是教育部规定的职业本科院校财经商贸专业的一门重要的专业基础课，也是从事管理工作的各级管理人员必备的管理科学基础知识。为了更好地满足职业本科院校培养综合型管理人才的需要，也为了更好地满足社会实践对管理学原理相关知识越来越高的要求，我们组织具有多年教学经验的教师和具有丰富管理经验的企业人员，共同编写了本书。

本书分为 9 个项目，系统介绍了管理基础、管理理论、管理能力、管理趋势等知识。在编写过程中，我们强调管理学原理作为专业基础课的基础性和技能性，一方面构建管理体系的总体理论框架，另一方面注重理论在实践中的应用。整体而言，本书具有如下特色。

课政融合、同向同行 党的二十大报告强调，育人的根本在于立德。本书秉承能力教育与思想政治教育同向同行的理念，将党的二十大精神有机融入知识点和案例中，以培养综合型管理人才为目标，通过“管理驿站”模块，引导学生树立民族文化自信，厚植家国情怀，增强学生民族意识和管理的社会责任感，培育他们计划、组织、领导、控制、决策、沟通、激励等管理能力。

校企合作、案例实用 本书在编写过程中得到了管理学相关领域专家及相关企业的支持，书中所选取的案例都是与实际应用紧密相关的，可以引导学生培养管理思维，提高学生解决实际管理问题的能力，为其以后进入职场从事各类管理工作打下坚实的基础。

全新理念、全新形态 本书融入活页式理念，采用项目任务教学法编排，形式新颖，模块丰富。每个任务都包含“任务导入”“任务工单”“任务检测”模块。此外，本书在理论讲解部分还穿插“管理加油站”“管理风暴”“读故事悟管理”“管理小贴士”“管理驿站”等模块，在每个项目的最后设置“项目实训”“项目评价”等板块，模块与板块环环相扣、循序渐进，既能丰富教师的课堂教学形式，又能调动学生的学习积极性，提高学生的课堂参与度。

学练结合、学以致用 鉴于管理学原理具有实践应用性强的特点，为便于学生巩固所学知识，提高学习效率，本书在每个任务结束后配备题型多样的检测题，同时在每个项目的最后配备形式多样的实训题，以引导学生在“学中做”，在“做中学”。

平台支撑、资源丰富 本书配有丰富的数字资源，读者可以登录文旌综合教育平台“文旌课堂”查看和下载本书配套资源，如答案、课件等。读者在使用过程中有任何疑问，都可以登录该平台寻求帮助。

此外，本书还提供了在线题库，支持“教学作业，一键发布”，教师只需通过微信或“文旌课堂”App扫描扉页二维码，即可迅速选题、一键发布、智能批改，并查看学生的作业分析报告，提高教学效率、提升教学体验。学生可在线完成作业，巩固所学知识，提高学习效率。

本书由曹源担任主审，李雁函担任主编，程江辉、张晓丽、聂艳芳、韩秀枝、杨华伟和侯彬彬担任副主编。由于编者水平有限，书中难免存在疏漏或不当之处，敬请广大读者批评指正。

特别说明：

（1）本书所选案例均来源于真实事件，但为了避免引起误会，部分人物使用了化名。

（2）本书没有注明资料来源的案例均为编者根据真实事件改编。

本书配套资源下载网址和联系方式

网址：https://www.wenjingketang.com

电话：400-117-9835

邮箱：book@wenjingketang.com

MULU

目录

1 项目一

管理基础

管理是人类生活中最常见、最普遍和最重要的活动之一，广泛存在于现实社会生活的各个领域。人类历史的实践证明，有效的管理可以改变社会和经济结构，是任何组织及国家走向成功的基础。因此，管理者有必要掌握管理的基础知识和基本技能，并运用管理知识更加有效地指导管理实践活动。

本项目主要介绍管理的基础知识，具体内容包括管理概述、管理学概述与管理者的相关知识。

项目导览

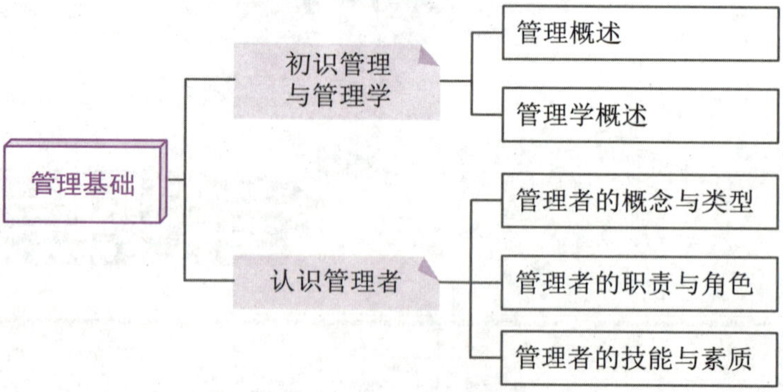

学习目标

» 知识目标

（1）了解管理的概念与特征、管理学的概念、管理学的学科性质与意义、管理者的概念与类型。

（2）熟悉管理的性质与意义、管理学的研究内容、管理者的技能与素质。

（3）掌握管理的职能与过程、管理学的研究方法、管理者的职责与角色。

» 技能目标

（1）能够运用管理知识分析真实的管理案例并解决实际的管理问题。

（2）能够识别管理者的角色和技能。

» 素质目标

（1）通过掌握管理者的职责与角色，提高自身的管理素质和管理意识。

（2）通过学习管理道德与社会责任，提高道德水平，增强管理的社会责任感。

任务一 初识管理与管理学

任务导入

分 饭

从前，有8个人住在一起，每天分吃一大桶饭。饭每天都不够分。一开始，他们抓阄决定谁来分饭，每天轮一个。结果一周下来，他们只有一天是饱的，就是自己分饭的那一天。后来，他们推选出一个道德高尚的人来分饭。可强权就会产生腐败，大家开始挖空心思去讨好他、贿赂他，搞得整个小团体乌烟瘴气。于是，大家开始组成3人的分饭委员会及5人的评选委员会，每次分饭前争论不休，等到大家吃到饭的时候，饭已经变凉了。最后，大家终于想出了一个方法：轮流分饭，分饭的人要等其他人都挑完后拿最后一碗。为了不让自己吃到最少的，分饭的人都尽量分得平均，就算不平均，也只能这样了。此后，大家都快快乐乐、和和气气的，日子也越过越好。

请思考

分饭的故事说明了什么道理？

思考提示

本任务的知识和技能要求如表 1-1 所示。

表 1-1 知识和技能要求

类 型	具体内容		学习程度			
			了 解	熟 悉	掌 握	应 用
知识要求	管理概述	管理的概念与特征	●			
		管理的性质与意义		●		
		管理的职能与过程			●	
	管理学概述	管理学的概念	●			
		管理学的研究内容		●		
		管理学的学科性质与意义	●			
		管理学的研究方法			●	
技能要求	运用管理知识分析真实的管理案例并解决实际的管理问题					●

班级____________　　姓名____________　　学号____________

任务工单

（一）任务描述

以小组为单位，讨论管理的职能与过程是什么，管理学有哪些研究方法。

（二）任务分工

全班学生以 3～5 人为一组进行分组，每组设组长 1 名，小组讨论任务分工并将分工情况填写至表 1-2 中。

表 1-2　小组成员及分工情况

小组成员	姓　名	学　号	任务分工
组长			
组员			

（三）任务准备

请各组长组织组员进行预习，收集和整理相关资料，讨论并用通俗易懂的语言结合具体事例回答下列问题。

（1）管理是什么？管理具有哪些特征？

（2）管理学是什么？

班级____________　　姓名____________　　学号____________

（四）任务实施

通过课堂学习、小组合作查阅资料等，完成表 1-3。

表 1-3　管理的职能与过程及管理学的研究方法

讨论内容	讨论结果
管理的职能	
管理的过程	
管理学的研究方法	

（五）任务评价

各组派代表展示任务实施成果，并配合指导老师完成表 1-4 所示的任务评价。

表 1-4　任务评价

评价项目	评价内容	分　值	评价分数		
			自　评	组　评	师　评
职业素养考核目标（40%）	考勤、仪容仪表	10 分			
	责任意识、纪律意识	10 分			
	团队合作与交流	20 分			
专业能力考核目标（60%）	任务准备过程讨论及记录的完成度	20 分			
	任务实施过程记录的完成度	20 分			
	任务实施成果的展示效果	20 分			
合计		100 分			
综合评价	综合分数______（自评×25%+组评×25%+师评×50%） 综合等级______ 综合评语： 指导老师签字__________				

一、管理概述

管理作为人类社会协作劳动和共同生活的产物，其实践活动和人类历史一样悠久。随着生产力的发展和人类社会的进步、生产和社会分工的细化，以及协作程度的不断加深，管理活动逐步趋向于专业化和科学化，并广泛渗透到社会生活的各个领域。

（一）管理的概念与特征

1．管理的概念

管理，就是管理主体在特定的条件下，运用管理职能协调管理客体所拥有的资源，为实现一定的管理目的而进行的社会活动。

为了更好地理解上述管理的概念，需要把握如图 1-1 所示的几个基本要素。

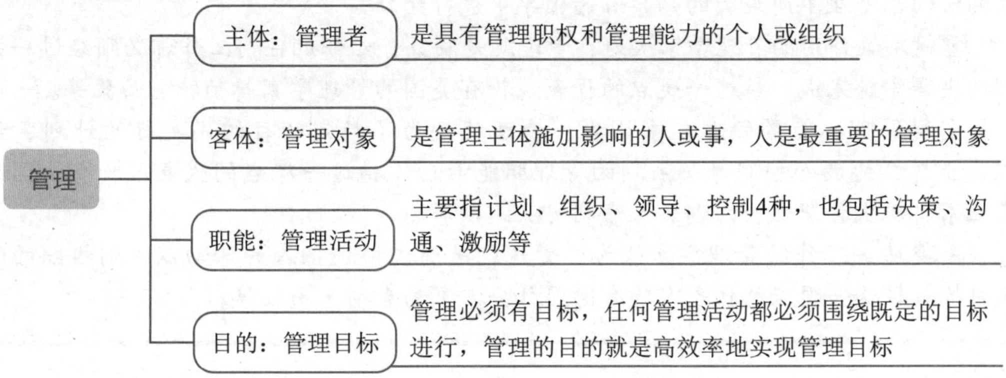

图 1-1 管理的基本要素

2．管理的特征

管理的基本特征主要表现在以下方面。

（1）**管理是一种社会现象**。两人以上的集体活动和一致认可的目标，是管理和管理活动必须具备的两个必要条件。管理活动也必须在特定的内外部环境的约束下进行。

（2）**管理具有普遍性与目的性**。管理普遍存在于各种活动之中，是为实现组织既定的目标而进行的活动。

（3）**管理的主体是管理者**。管理者既可以是以个人形式存在的领导者，也可以是以集体形式出现的决策者和领导者。管理者的责任主要有三个，一是管理组织，二是管理管理者，三是管理工作和员工。

（4）**管理的核心是处理好人际关系**。管理活动在每一环节都是与人打交道的，因此管理的核心是处理组织中的各种人际关系。

（5）**管理是一个包含多阶段、多项工作的综合过程**。管理需要有效地协调和配置组织资源，既包括人力、物力、财力等方面的资源，也包括时间、信息等方面的资源。

（6）**管理效果具有不确定性**。管理活动的最终结果受制于许多因素，而这些因素是无法全部预知并有效控制的。

管理加油站

管理是什么？

关于管理的定义，仁者见仁，智者见智。以下是几种有代表性的观点。

从字面意义上来讲，“管”在古代指中空贯通的长条物体，后指锁钥，引申为“规则”“管辖”“管制”等，体现着权力的归属；“理”在古代有“整理土地”“雕琢玉器”等意思，后引申为“整治”“处理”。“管”“理”二字合二为一使用，即在权力的范围内，对人或事物进行管辖和处理。

世界百科全书给出的解释：管理就是对工商企业、政府机关、人民团体及其他各种组织的一切活动的指导，其目的是使每一行为或决策有助于实现既定的目标。

重视管理者个人的领导艺术的管理学家认为：管理就是领导，组织中一切有目的的活动都是在不同层次的领导者的领导下进行的。

重视决策作用的管理学家认为：管理就是决策，组织的任何工作都必须经过一系列的决策才能完成。持这一观点的代表人物有美国的管理学家赫伯特·西蒙等。

重视管理职能的管理学家认为：管理就是为了特定的目的而实行的计划、组织、指挥、协调和控制等一系列的管理职能活动。持这一观点的代表人物有法国的实业家、现代管理理论的创始人亨利·法约尔等。

重视协调工作的管理学家认为：管理就是通过协调他人的活动以达到组织的既定目标。持这一观点的代表人物有德国社会学家马克斯·韦伯等。

（二）管理的性质与意义

1. 管理的性质

管理具有两种基本性质，即管理的两重性，以及管理的科学性与艺术性。

1）管理的两重性

管理的两重性是马克思主义关于管理问题的基本观点。一方面，管理要处理好人与自然的关系，因此具有同生产力、社会化大生产相联系的自然属性；另一方面，管理又要处理好人与人之间的关系，因此具有同生产关系、社会制度相联系的社会属性。自然属性和社会属性就是管理的两重性，二者辩证统一，既相互联系又相互制约。

2）管理的科学性与艺术性

管理之所以具有科学性，是因为管理学具有真理性、客观性、理论性、系统性、实践性及发展性等科学的特点，管理是一门科学；管理的艺术性就是强调其实践性，没有实践则无所谓艺术，仅凭书本上的管理理论或原理公式来进行管理是不可能成功的，管理者必须在管理实践中发挥积极性、主动性和创造性，将管理知识与具体的管理活动相结合。这就是管理的科学性与艺术性，二者不是相互排斥的，而是相互补充的。

2. 管理的意义

管理普遍存在于社会各种组织活动之中，有组织存在就会有管理。具体来说，管理的意义如图 1-2 所示。

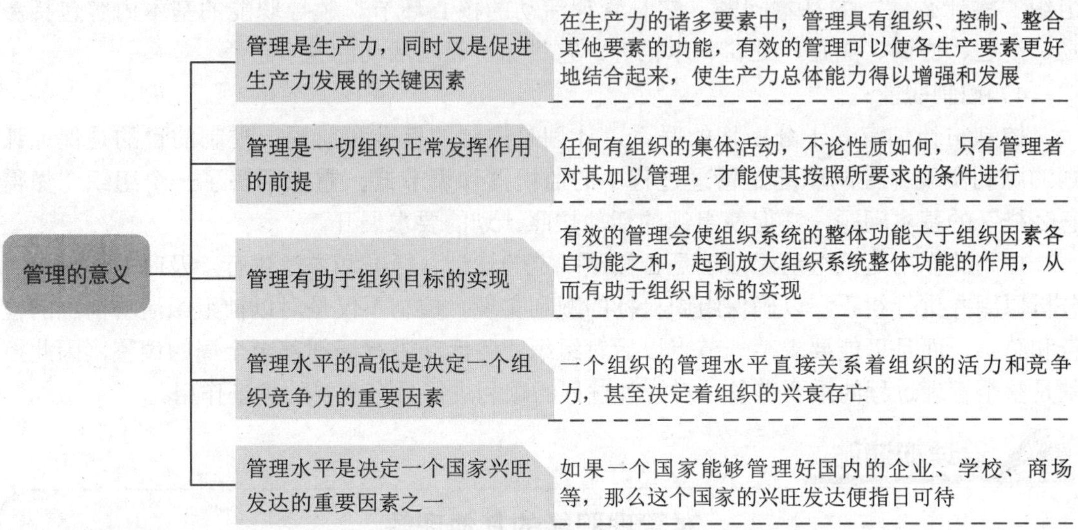

图 1-2 管理的意义

（三）管理的职能与过程

1. 管理的职能

管理职能就是管理者实施管理行为时所体现出来的具体功能和实施过程，是管理者必须具备的能力。现阶段，**管理的基本职能一般被简化为计划、组织、领导和控制四种。**

1）计划职能

计划就是制订组织要实现的目标和实现目标的方案。**计划职能是管理过程中的首要职能，重点回答了一个组织要“做什么”的基本问题**，管理活动是从计划开始的。

具体来说，计划工作主要包括评估机会和确定目标，分析测量条件、环境和资源，制订实现目标的备选行动方案，比较分析不同的行动方案，选择方案，根据实际情况调整计划，等等。计划既可以是针对整个组织的，也可以针对某个单位或个人；既可以是长期的，也可以是短期的；既可以是一般性的，也可以是非常具体的。

2）组织职能

计划的实施需要依靠他人的合作，组织工作就是在合作中产生的。**组织职能是管理过程中的根本职能，重点回答了一个组织要“怎么做”的基本问题**，它是其他一切管理活动的保证和依托。

一般而言，组织职能有两层含义：一是进行组织结构的设计、构建和调整，如成立某些机构或对现有机构进行调整和重塑等；二是为达成计划目标所进行的必要的组织过程和实施过程，比如人员、资金、技术、物资的调配和计划的实施等。

3）领导职能

领导职能是领导者及其领导活动的简称。由于配备在组织机构各个岗位上的人员存在很大的差异，因此必须由领导者来指导和协调组织成员的思想与行为，激励每个成员自觉为实现组织目标而共同努力。**领导职能是管理过程中的“活的灵魂”，重点回答了一个**

组织"靠什么做"的基本问题，它是管理活动的核心环节。领导职能的基本内容包括激励、沟通、协调、奖励、处罚、示范等，它贯穿于管理活动的整个过程。

4）控制职能

控制与计划有着十分密切的联系，计划是控制的标准和前提，控制的目的是保证计划的顺利实现。**控制职能是管理过程中的监视器和调节器，重点回答了一个组织"做得怎么样"的基本问题**，它促使组织的活动按照计划的要求展开。

控制的作用是检查组织活动是否按照既定的计划、标准和方法进行，及时发现偏差、分析原因并进行纠正，以确保组织目标的顺利实现。控制不仅是对以前组织活动情况的检查和总结，而且可能要求某一节点以后对组织业务活动进行局部甚至全局的调整，因此控制是整个管理过程的重要链条，对管理过程的顺利进行具有重要的保证作用。

管理加油站

对管理职能的其他理解

由于不同时期、不同学者对管理职能的研究侧重点不尽相同，由此形成了对管理职能的多种不同的理解。以下是几种代表性的观点。

20世纪初，法国工业家亨利·法约尔在其《工业管理与一般管理》一书中首先提到管理的职能：所有管理者都行使五种管理职能，即计划、组织、指挥、协调和控制。

20世纪30年代，美国人古利克提出了管理的七项职能，包括计划、组织、指挥、协调、控制、人事、沟通。

20世纪50年代，美国加州大学洛杉矶分校的两位教授哈罗德·孔茨和西里尔·奥唐奈在其有关管理学的教科书中，把管理的职能划分为计划、组织、人事、领导、控制五种。

如今，管理的基本职能一般被压缩为四种，即计划、组织、领导和控制。

2. 管理的过程

一般而言，管理的上述四种基本职能是按照顺序履行的，即**一项管理工作一般从计划开始，经过组织、领导，到控制结束**，如图1-3所示。但是在实际的管理活动中，这种顺序也不是绝对的，四大职能总是相互融合、互相交叉，管理是一个各职能活动周而复始、不断反馈的循环过程。

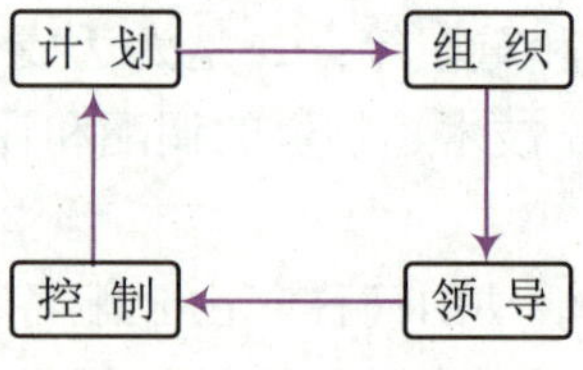

图1-3 管理的过程

咖啡店老板
管理的过程

二、管理学概述

（一）管理学的概念与研究内容

1. 管理学的概念

管理学是一门古老又年轻的学科，它在管理实践中形成和发展，并不断完善。自从有了人类历史，管理活动就一直存在，但是直到19世纪末期，管理才开始形成较为系统的理论体系，成为一门学科。

概括来讲，**管理学是一门系统地研究管理活动及其基本规律和一般方法的科学**。管理学的理论体系是由一系列反映管理活动内在规律的概念、原理、原则、制度、程序、方法等所组成的，既来源于实践，又反过来指导实践。

管理学的研究对象分为以下层次：一是研究管理实践、管理思想及管理理论的发展过程；二是从生产力、生产关系和上层建筑三个方面研究管理学；三是从管理者出发系统地研究管理活动的原理、规律和方法等问题。

近几十年来，随着社会的不断进步和管理活动的日益丰富，管理受到越来越多的重视，管理学的研究也得到不断的充实和发展。

2. 管理学的研究内容

管理学主要研究管理工作的客观规律，即如何根据客观规律的要求，建立一定的理论、原则、组织形式、方法和制度，以指导管理实践，实现管理目标。具体来说，管理学的研究内容主要涉及以下方面，如表1-5所示。

表1-5 管理学的研究内容

研究内容	概念解释
基础部分	主要是从一般意义上对管理学进行总体描述，为管理学的学习与研究构建总纲和基础，其内容包括管理的概念、性质与职能，管理者的类型、角色与技能，管理学的概念与特点等
原理部分	主要是从管理规律的角度，阐明管理应遵循的各项原理与原则，研究反映管理活动本质的基本管理理论，并分析由这些理论派生出来的各项管理原则与要求等
职能部分	主要是从管理过程的角度，分析“管理是什么”的问题，奠定学习与研究管理学的世界观和方法论，并具体分析每一职能的概念、功能、过程与要求等
方式部分	主要是从方法论的视角，揭示各种管理方式的适应性问题，并探讨管理者应如何根据管理环境、组织性质等变量的综合分析，选择科学有效的管理方式等

（二）管理学的学科性质与意义

1. 管理学的学科性质

作为一门独立的学科，经过百余年的发展，管理学已经建立了自己的学科体系，形成了自己的学科性质和特点，具体表现在以下方面。

1）科学性

管理学是以管理活动中的基本规律和一般方法为研究对象的学科，是对人类管理经验和管理思想的科学总结。管理学能够探索出管理的一般规律，提出管理的一般理论、原则和方法等，因此具有科学性。

2）艺术性

鉴于管理对象的复杂性和管理环境的多变性，管理学作为一门学科，不可能为管理者提供所有管理问题的标准答案。真正将管理学的知识和技能应用到实践，还需要很强的技巧性和灵活性，这就要求管理者从实际出发，因地制宜地加以选择。从这个意义上讲，管理学具有一定的艺术性。

3）普遍性

虽然人类社会的管理活动多种多样，不同领域的管理工作也有着不同的特点，但是不同的管理活动和管理领域都包含着共同的、普遍的管理原理和管理方法。也就是说，管理学具有普遍的指导意义，是从各种组织和组织活动中概括、抽象、提炼出来的共同的东西。

4）综合性

每个组织的管理都涉及人、财、物、信息、技术、环境等要素的动态平衡。管理过程的复杂性、动态性和管理对象的多样性决定了管理知识、方法和手段的多样化。因此，管理学也必然涉及众多的学科，如哲学、经济学、社会学、心理学、数学、文化学、政治学、计算机科学等，它已经从一门单一性的学科发展成为实用性较强的综合性学科。

管理风暴

管理学与其他学科有什么联系？

5）不精确性

由于管理活动受到各种各样的不确定因素的影响，因此无法使用有效的定量方法使管理学精细化，人们只能凭借定性方法或利用统计学的办法来研究管理问题。在已知条件完全相同的情况下，管理也有可能产生截然不同的结果，这就是管理学的不精确性。

6）实践性

管理学不仅具有理论性，而且具有实践性。第一，管理学的理论知识来源于人类的管理实践，是人们对管理经验的总结和概括；第二，管理学知识存在的价值就是必须运用到实践中去，在管理活动中提高管理的效率；第三，管理学的理论与方法要通过实践来检验其有效性和科学性。

7）时代性

在不同的时代，人类社会的生产和管理活动具有不同的阶段性特征。这种阶段性特征在客观上要求管理学不断变革和创新，在思想、内容、性质、方法和手段等方面表现出鲜明的时代特点。因此，管理学需要紧跟时代的步伐，与时俱进。

管理驿站

袋鼠出笼

一天，动物园的袋鼠从笼子里跑了出来，于是管理员开会讨论问题所在，一致认为是笼子的高度过低导致的，他们决定将笼子的高度由原来的 10 米加高到 20 米。结果第二天，他们发现袋鼠还是跑到外面来了，于是决定再将笼子加高到 30 米。

没想到第三天，袋鼠又都跑到外面来了。管理员们大为紧张，决定一不做二不休，最终将笼子加高到了 100 米。

这时，长颈鹿和几只袋鼠在闲聊。“依你们看，这些人会不会再继续加高你们的笼子？”长颈鹿问。“很难说，”袋鼠说，“如果他们再忘记关门的话，可能还会继续加高笼子！”

每件事情都有其根本性的运作逻辑。故事中的动物园管理员被“袋鼠出笼”的表象所蒙蔽，没有找到“出笼事件”发生的根本原因，笼子的门不关，笼子加再高都是没有用的。正确的管理应首先分析问题出现的主要原因，认清事物的轻重缓急，然后从重要的方面下手。大学生应培养自身“透过现象看本质”的思维，即在看待问题时应了解问题的前因后果，不被事件的表象、无关要素、感性偏见等因素所影响。大学生应去粗取精、去伪存真、由表及里、由此及彼，通过事物的现象，掌握其规律，摸索其起因，了解其过程，避免“一叶障目、不见泰山”。

2. 学习管理学的意义

在当代社会，学习管理学具有诸多重要意义，具体表现在以下几个方面。

（1）学习管理学，有助于把握管理活动的规律，提高人们在管理实践中的能力。管理学的内在规律包括社会经济发展规律、市场价值规律、收入分配规律、人力资源开发与管理规律等。

（2）学习管理学，有助于优化生产力组合，大力推动生产力的发展。管理可以使分散的劳动力和生产资料转化为现实的生产力。

（3）学习管理学，有助于培养优秀的管理人才。管理者是管理的主体，只有掌握了管理学的科学知识，才能促使管理工作取得良好的效果。

（4）学习管理学，有助于人们面向世界、面向未来，为管理国际化和管理创新提供条件。

（三）管理学的研究方法

管理学的研究方法是由管理学的特点决定的，这些特点从不同的侧面反映出来，从而形成了不同的研究方法。**管理学的研究方法主要有历史研究法、案例分析法、比较研究法、归纳演绎法、系统分析法和矛盾分析法**等，如图 1-4 所示。

管理学的研究方法

- 管理学的研究方法
  - 历史研究法：通过相关的历史文献，对前人的管理实践、管理思想和管理理论予以总结概括，从中找出带有规律性的东西，寻求古为今用的方法
  - 案例分析法：在学习与研究管理学的过程中，通过对现实中发生的典型管理案例进行系统分析，从而掌握管理理论并提高管理技能
  - 比较研究法：通过对不同管理理论或管理方法的研究，比较其优劣和异同，以归纳出具有普遍指导意义的管理规律
  - 归纳演绎法
    - 归纳法：由个别到一般、由具体到概括的推理方法
    - 演绎法：由一般到个别、由普遍到特殊的推理方法
    - 归纳法和演绎法是两种不同的推理和认识事物的科学方法，在实际的研究中，人们通常将归纳法和演绎法结合起来运用，即归纳演绎法
  - 系统分析法：用系统的观点来学习管理学的原理，分析、研究管理活动，它不仅把组织的各个组成部分视为相互联系的，把组织及其外部环境也视为相互联系的
  - 矛盾分析法：其基本要求是树立马克思主义辩证法的正确思想，一切从实际出发，具体矛盾具体分析

图 1-4 管理学的研究方法

班级____________　　姓名____________　　学号____________

任务检测

一、客观题

1.【单选题】一般认为，管理的四大基本职能是（　　）。

A．计划、组织、领导、控制　　B．计划、组织、决策、领导

C．领导、决策、控制、沟通　　D．计划、决策、领导、沟通

2.【单选题】管理的客体是（　　）。

A．管理者　　B．管理活动

C．管理对象　　D．管理目标

3.【单选题】管理学的研究方法是由管理学的特点决定的。其中，（　　）是通过对不同管理理论或管理方法的研究，比较其优劣和异同，以归纳出具有普遍指导意义的管理规律。

A．历史研究法　　B．比较研究法

C．案例分析法　　D．归纳演绎法

4.【多选题】管理的两重性是管理的（　　）。

A．自然属性　　B．科学性

C．艺术性　　D．社会属性

5.【多选题】管理学的学科性质有（　　）。

A．艺术性　　B．综合性

C．普遍性　　D．时代性

6.【多选题】下列选项中，属于管理的基本特征的有（　　）。

A．管理是一种社会现象　　B．管理具有普遍性与目的性

C．管理的主体是管理者　　D．管理的核心是处理好人际关系

7.【判断题】管理既是一门科学，又是一门艺术，是科学与艺术的有机结合体。（　　）

8.【判断题】管理的效果具有确定性。（　　）

二、主观题

9.【简答题】简述管理的意义。

班级____________　　姓名____________　　学号____________

10.【简答题】简述学习管理学的意义。

11.【案例分析】

灵活的上下班制度

在某著名的航空和宇航公司，我们可以看到这样一种情景：上下班的时候，职工们把自己的身份卡放入电子计算器，电子计算器马上就显示出到当时为止该职工本周已经工作了多少小时。原来，该公司实行了灵活的上下班制度。公司只考核职工的工作成果，不规定具体的劳动时间，只要在所要求的期限内完成工作任务就照付薪金，并按工作质量发放奖金。工作时间的管理有了灵活的机制，职工不仅可以免受交通拥挤之苦，而且可以根据工作任务和个人情况，与公司共同商定上下班时间。这种上下班制度让职工感到个人的权益得到了尊重，因而产生了强烈的责任感，提高了工作的热情，公司也因此受益匪浅。

根据上述案例，谈谈你对管理的科学性与艺术性的理解。

任务二　认识管理者

任务导入

曹亮的晋升之路

曹亮最近被供职的生产机电产品的公司聘为总裁。在准备接任此职位的前一天晚上，他浮想联翩，回忆起自己在该公司工作20多年的经历。

曹亮在大学学的是工业管理，毕业后就到该公司工作，最初担任液压装配部的助理监督员。当时他对液压装配所知甚少，在管理工作上也没有实际经验，几乎每天都是手忙脚乱。但由于曹亮非常认真好学，加上监督长对他的指点，经过半年多的时间，曹亮便掌握了每日的作业管理情况，能够独自承担液压装配的监督工作了。

后来，因为表现出色，曹亮被提升为装配部经理，负责包括液压装配部在内的四个装配单位的领导工作。在担任装配部经理时，他发现自己除了要关心当天的装配工作情况，还得做出此后数周乃至数月的工作计划，同时要参加很多会议，完成很多报告。此时，他没有过多的时间从事他过去喜欢的技术工作，而是要腾出更多的时间用于规划工作和帮助下属，使下属的工作做得更好，也使自己有更多的时间去参加会议、批阅报告，并完成向上级的工作汇报。

在他担任装配部经理六年之后，正好该公司负责规划工作的副总裁辞职，曹亮便主动申请担任此职务。他自信拥有担任新职务的能力，但由于此高级职务工作极其复杂，他在刚接任时遇到了不少麻烦。不过他还是渐渐适应了，做出成绩之后，被提升为负责生产工作的副总裁，而这一职务往往是由公司最资深的人来担任的。

现在，曹亮又被提升为总裁。他深知公司最高主管应该具备处理任何情况的能力，但他也明白自己尚未达到那样的水平。因此，他不禁为以后的工作而担忧。

请思考

1. 曹亮当上总裁后，其主要职责与过去相比有了哪些变化？
2. 要想胜任总裁的工作，曹亮必须具备哪些管理技能？

思考提示

本任务的知识和技能要求如表 1-6 所示。

表 1-6　知识和技能要求

类　型	具体内容	学习程度			
		了 解	熟 悉	掌 握	应 用
知识要求	管理者的概念与类型	●			
	管理者的职责与角色			●	
	管理者的技能与素质		●		
技能要求	识别管理者的角色和技能				●

班级____________　姓名____________　学号____________

任务工单

（一）任务描述

以小组为单位，讨论管理者有哪些职责，扮演了哪些角色。

（二）任务分工

全班学生以 3～5 人为一组进行分组，每组设组长 1 名，小组讨论任务分工并将分工情况填写至表 1-7 中。

表 1-7　小组成员及分工情况

小组成员	姓　名	学　号	任务分工
组长			
组员			

（三）任务准备

请各组长组织组员进行预习，收集和整理相关资料，讨论并用通俗易懂的语言结合具体事例回答下列问题。

（1）管理者是什么？管理者有哪些类型？

（2）管理者应该具备哪些技能与素质？

班级____________　　姓名____________　　学号____________

（四）任务实施

通过课堂学习、小组合作查阅资料等，完成表1-8。

表1-8　管理者的职责与角色

讨论内容	讨论结果
管理者的职责	
管理者的角色	

（五）任务评价

各组派代表展示任务实施成果，并配合指导老师完成表1-9所示的任务评价。

表1-9　任务评价

评价项目	评价内容	分　值	评价分数		
			自　评	组　评	师　评
职业素养考核目标（40%）	考勤、仪容仪表	10分			
	责任意识、纪律意识	10分			
	团队合作与交流	20分			
专业能力考核目标（60%）	任务准备过程讨论及记录的完成度	20分			
	任务实施过程记录的完成度	20分			
	任务实施成果的展示效果	20分			
合计		100分			
综合评价	综合分数______（自评×25%+组评×25%+师评×50%） 综合等级______ 综合评语： 指导老师签字__________				

一、管理者的概念与类型

（一）管理者的概念

管理者是在组织中从事管理活动的人员，即在组织中从事计划、组织、领导和控制等工作，以期实现组织目标的人员。

现代观点认为，管理者的首要标志是对组织目标负有责任。只要是共同承担职能责任、对组织的成果有贡献的人就可以成为管理者。此外，除了指挥和协调他人完成工作，管理者自身也可能承担某项具体的工作。

管理者的概念与类型

在不同的组织中，管理者也不同：在工商企业，管理者可以是经理、厂长、总裁、首席执行官等；在学校，管理者可以是校长、教务主任等；在医院，管理者可以是院长、护士长等；在政府部门，管理者分为部长、厅（局）长、处长、科长等不同层级；在军队系统，管理者分为司令员、军长、师长、团长、连长等不同层级；等等。

（二）管理者的类型

组织中从事管理工作的人可能有很多，不同的管理者处于不同的管理岗位上，侧重于不同的管理活动，表现出不同的管理风格。根据不同的分类标准，管理者的类型有以下几种。

1. 按所处层级的不同分类

按所处层级的不同，管理者可分为高层管理者、中层管理者和基层管理者，如表 1-10 所示。

表 1-10　管理者按所处层级的不同分类

管理者类型	概念解释	主要职责
高层管理者	一个组织的高级执行者，对整个组织的管理工作负有全面的责任，关注长期问题并侧重于组织的生存、成长和总体有效性，还将组织与外部环境联系起来	制订组织的总体目标和战略，把握组织的发展方向，调配组织的资源，并负责整个组织的绩效
中层管理者	位于高层管理者和基层管理者之间，负责将高层管理者制订的总目标和制订的计划转化为更加具体的目标和活动	贯彻执行高层管理者所制订的重大决策，监督和协调基层管理者的工作
基层管理者	又称运作管理者或一线管理者，是监督组织运作的人员，直接面对组织内部非管理性质的员工，实施中层管理者制订的具体计划	给下属作业人员分派具体的工作任务，直接指挥和监督现场作业活动，保证各项任务的有效完成

管理加油站

如图 1-5 所示：越是高层的管理者，花在计划、控制职能上的时间或精力就越多；越是基层的管理者，花在领导职能上的时间或精力就越多。

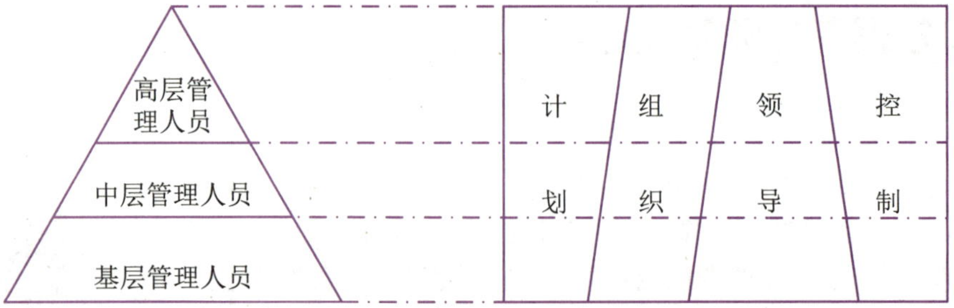

图 1-5　不同层级管理者的管理职能

2．按所从事工作领域的不同分类

按所从事工作领域的不同，管理者可分为综合管理者和专业管理者，如表 1-11 所示。

表 1-11　管理者按所从事工作领域的不同分类

管理者类型	概念解释
综合管理者	是负责管理整个组织或组织中某个事业部全部活动的管理者
专业管理者	又称职能管理者，是仅负责管理某一类活动（或职能）的管理者

管理小贴士

总经理、每个产品或地区分部的经理等，都属于综合管理者。

根据所管理专业领域的性质的不同，专业管理者又可分为生产部门管理者、营销部门管理者、人事部门管理者、财务部门管理者、研究开发部门管理者等。

3．按职责任务的不同分类

按职责任务的不同，管理者可分为决策指挥者和决策参谋者，如表 1-12 所示。

表 1-12　管理者按职责任务的不同分类

管理者类型	概念解释	主要职责
决策指挥者	是在组织的各层次中拥有决策指挥权的管理者	负责组织内部各层次的管理任务，拥有直接调动下级人员、安排各种资源的权力
决策参谋者	为各级决策指挥者提供决策的智囊人员一般也被认为是管理者	收集、管理和提供与决策相关的各种信息，为决策指挥者提供合理的建议和方案

4．按对组织影响程度的不同分类

按对组织影响程度的不同，管理者可分为战略管理者和战术管理者，如表 1-13 所示。

表 1-13 管理者按对组织影响程度的不同分类

管理者类型	概念解释
战略管理者	组织中对组织现在或未来的重大事件、发展方向起决定作用的管理者
战术管理者	组织中接受管理任务，并进行具体事务管理的管理者

管理小贴士

组织的董事会成员、高层管理者、各事业部或职能部门经理、专职计划人员等，都属于战略管理者。

各事业部或职能部门主管、班组长、专门从事检验工作的监督人员等，都属于战术管理者。

读故事悟管理

有所为，有所不为——丙吉问牛

西汉宣帝时期，丞相丙吉十分关心百姓的疾苦，经常外出考察民情。有一天，丙吉到长安城外去视察民情，走到半路就有人拦轿喊冤，查问之下原来是有人打架斗殴，家属来告状。丙吉回答说："不要理会，绕道而行。"走了没多远，随从发现有一头牛躺在路上直喘气，丙吉下轿围着牛看了很久，问了很多问题。人们议论纷纷，说这个丞相不称职，对打架斗殴的人不管不问，对一头生病的牛却那么关心。

皇帝听到传言之后就问丙吉为什么这样做，丙吉回答说："这很简单。打架斗殴是地方官员该管的事，如果他渎职不办，再由我来查办他，我绕道而行没有错。丞相管天下大事，现在天气还不热，牛就躺在地上直喘气，我怀疑今年天时不利，可能有瘟疫出现。要是瘟疫流行，我没有及时察觉就是我的失职。所以，我必须弄清楚这头牛生病的原因。"一番话说得皇帝连连称赞。

【管理启示】管理者应该清楚自己所处的层级，明白自己的职责，既要有所为，又要有所不为。

二、管理者的职责与角色

（一）管理者的职责

管理者的职责主要包括以下几个方面。

1. 提出组织目标

管理者是组织目标的提出者。组织的管理能否取得成效，以及所取得成效的大小，关键在于是否能够制订出适应本组织发展的目标。这个目标体现着管理者和大多数组织成员的意志及社会发展的要求。因此，管理者的第一个职责就是为组织制订切实可行的发展目标，并激励组织成员奋发向上。

2．制订组织计划

制订计划是管理者的首要任务，也是管理者领导组织发展、调动组织内部成员积极性的重要手段。管理者必须以严谨科学的态度和实事求是的精神，制订组织计划，并保证计划的可行性和可操作性。

3．组织管理活动

组织是管理者的另一个重要职责，也是保证管理活动顺利进行必不可少的条件。管理者应从劳动的分工协作、时间、空间等方面组织好管理活动的各个要素和环节，使组织不断适应客观条件的变化，发挥出更大的效能。

4．指挥组织管理

管理者的职责还体现在管理者是组织的指挥者，需要发布命令、下达指示、制订措施，并协调组织成员的意志和行为。指挥者的任务就是在组织管理的过程中，合理分配任务和布置工作，定期督促和检查执行情况，并及时处理出现的问题。

5．协调组织关系

只有保证生产各要素和管理各职能之间的高度协调，才能实现组织的有效管理。这种协调的实现，需要管理者在保证组织目标实现的基础上，不断地进行统筹和调节，使各环节相互配合、紧密衔接、不相矛盾，因此管理者又是协调者。协调的形式有纵向协调和横向协调、内部协调和外部协调；协调的对象不仅包括人、财、物，还包括各种关系。

（二）管理者的角色

管理者的角色

20 世纪 70 年代，加拿大管理学家亨利·明茨伯格研究总结了管理者扮演的十种不尽相同却高度相关的角色。这十种角色可以进一步分为三个方面：**人际关系角色、信息传递角色和决策制定角色**，如图 1-6 所示。

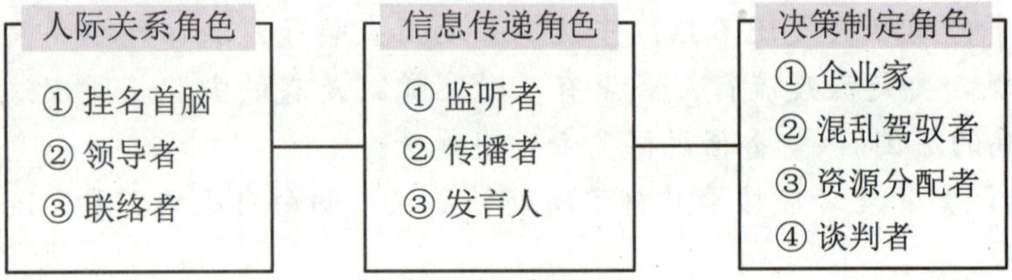

图 1-6 管理者的角色

1．人际关系角色

所有管理者都要履行礼仪性和象征性的义务，这就是管理者的人际关系角色。人际关系角色包括三种，它们均源于管理者的正式权威和地位，如表 1-14 所示。

表 1-14 管理者的人际关系角色

角　色	具体描述
挂名首脑	挂名首脑是管理者所担任的最基本的角色。由于管理者是一个组织的权威人物和象征，因此必须行使一些具有礼仪性质的职责。例如，管理者必须出席一些法律性和社交性的活动仪式，代表公司签署法律文件、合同或为公司剪彩、致辞等

续表

角　色	具体描述
领导者	由于管理者对所在组织的成败负有重要的责任，因此必须在组织中扮演领导者的角色，承担激励和动员下属、配备组织人员、组织培训和交往等职责
联络者	管理者不仅要协调组织内部各个部门之间的关系，还要协调组织与外部（供应商、顾客等）之间的关系，因此必须在组织中扮演联络者的角色。联络者的作用：① 有利于管理者建立自己的外部信息系统，及时获取对组织有用的信息；② 有利于管理者为自己的组织开发关系资源

2．信息传递角色

所有管理者在某种程度上都会从外部组织或机构接受和收集信息，这就是管理者的信息传递角色。信息传递角色包括三种，如表 1-15 所示。

表 1-15　管理者的信息传递角色

角　色	具体描述
监听者	监听者是管理者必须扮演的第一种信息传递角色，具体职责是透彻了解外部环境和组织内部的经营状况，并寻求和获取各种对组织有用的信息。具体表现为管理者需要经常阅读各种报纸杂志、政府工作报告和财务报表等，并与有关人员保持私人接触
传播者	作为传播者，管理者的主要职责就是将其作为监听者所获取的大量信息分配出去，把重要信息传递给组织内部成员，必要时也需隐藏一些特定信息
发言人	发言人是管理者所需扮演的最后一种信息传递角色，具体职责是把组织信息（如组织的计划、政策、成果等）传递给组织之外的人或机构，使其了解组织的发展状况。例如，管理者可能要向媒体发布信息、向董事会和股东说明财务信息和战略方向、对外界进行演讲等

3．决策制定角色

管理者需要处理信息并得出结论，继而制定组织的决策，这就是管理者的决策制定角色。决策制定角色包括四种，如表 1-16 所示。

表 1-16　管理者的决策制定角色

角　色	具体描述
企业家	作为企业家，管理者要充当企业变革的发起者和设计者，积极探寻新机会并进行投资，制定战略与持续改善的方案，监督决策的执行过程，不断开发新项目、新产品、新服务
混乱驾驭者	组织在运行的过程中，总是会或多或少地遇到一些冲突或问题，这就要求管理者必须善于处理矛盾和冲突。当组织面临重大或意外危机时，管理者必须负责开展危机公关并采取相应的补救措施，及时消除混乱
资源分配者	作为资源分配者，管理者分配组织的各种资源，并决定如何使其发挥最大作用。这些资源包括但不限于人力、时间、信息、财力和其他物质资源等
谈判者	作为谈判者，管理者需要在谈判项目中作为组织的代表进行谈判，调停组织内部员工之间、组织外部竞争者之间的关系。管理者的谈判对象主要包括员工、供应商、客户等

在任何情况下，人际关系、信息传递和决策制定这三类角色既各有侧重，又密不可分地与管理者融为一体，它们共同要求管理者既应是全面负责组织活动的通才，又应是承担一系列专业化工作的专家。

管理风暴

沈明是一家工厂的厂长，这家工厂正面临着一项指控：厂里排放的废水污染了邻近的河流。因此，沈明必须到当地的管理局去为本厂申辩。

王肖负责厂里的生产管理，他刚接到通知：昨天向本厂提供包装纸板箱的供应商遭遇了火灾，至少在一个月内无法供货。本厂的包装车间不知该如何应对，王肖需负责解决这个问题。

李立主要负责文字处理和办公室工作，办公室的两个职工为争抢一个办公座位发生了纠纷，这件事情要由李立去处理。

在上述案例中，沈明、王肖、李立这三人都是管理者。他们三人分别扮演了管理者的什么角色？

管理提示

三、管理者的技能与素质

（一）管理者的技能

管理者的技能

管理技能能够帮助管理者做好管理工作。由于任何一个组织都有其专门的服务领域，因此作为管理者应具备一定的**技术技能**。此外，管理者应当扮演人际关系、信息传递和决策制定三类角色，相应地，管理者也应具备**人际技能**和**概念技能**。

1．技术技能

技术技能是管理者使用某一专业领域内的工作程序、技术和知识去完成组织任务的能力，包括专业知识、经验、技术、技巧、程序、方法，以及运用工具的熟练程度等。技术技能具体可见，并且可以通过学校教育或在职培训习得。

2．人际技能

人际技能是管理者处理人际关系、识人用人、评价激励的能力。如果说技术技能强调的是如何处理“事”，那么人际技能就是强调如何处理“人”。人际技能要求管理者了解员工的信念、思考方式、感情个性，以及每个人对自己、对工作、对集体的态度，还要求管理者掌握评价、激励员工，以及处理问题和冲突的技术和方法，最大限度地调动员工的积极性和创造性。

3．概念技能

概念技能是管理者观察、理解并处理各种全局性复杂关系的抽象能力。具有概念技能的管理者通常能够把组织作为一个整体进行考虑和考察；能够把握组织之间、个人之间、组织与个人之间的关系；能够了解组织行动的过程和结果；能够识别组织遇到的问题和面临的威胁，并发现机遇，选定方案进行决策。

管理加油站

管理者的三种技能是各个层级的管理者都需要具备的，只是不同层级的管理者对这三种技能的要求程度会有所不同，如图 1-7 所示。

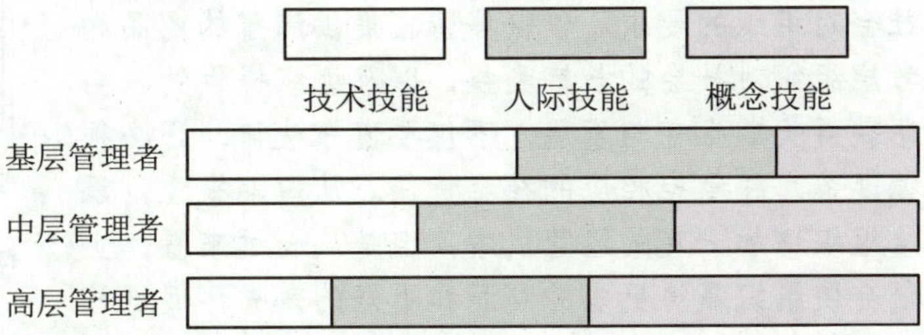

图 1-7 不同层级的管理者对管理技能的要求

一般而言，对基层管理者来说，技术技能是最为重要的，人际技能也十分有用，概念技能却没有那么重要；对中层管理者来说，技术技能的要求下降，概念技能的要求上升，人际技能依然很重要；对高层管理者来说，概念技能最为重要，人际技能次之，技术技能的要求相对较低。

（二）管理者的素质

管理者的素质是管理者与管理工作相关的内在属性与质量。管理者的素质是提高管理水平与能力的基础，是做好管理工作、取得管理成效的重要的主观条件，**主要包括管理者的基本素质和核心素质**。

1. 管理者的基本素质

管理者应具备的**基本素质主要包括品德、知识、能力、身体、心理等几个方面**，如表 1-17 所示。

表 1-17 管理者的基本素质

基本素质	具体要求
品德素质	品德是推动个人行为的主观力量，决定着一个人的工作意愿和努力程度。管理者应具备的品德素质主要是良好的思想品质和崇高的道德修养，具体包括：强烈的事业心和高度的责任感；公道正派，与人为善；谦虚谨慎，作风民主；以身作则，清正廉洁
知识素质	知识是提高管理者水平的基础和源泉。一般来说，管理者应掌握的知识包括自然科学知识，政治、法律知识，人文、社科知识，科学技术知识，以及专业知识等
能力素质	能力是管理者把管理理论和业务知识应用于实践，进行具体管理并解决实际问题的本领。一方面，管理者应具备一定的业务素质，掌握管理的知识与技能；另一方面，管理者还应具备将理论转化为实践、完成实际工作的能力素质
身体素质	管理活动既是一种脑力劳动，又是一种体力劳动，因此管理者必须身体健康、精力充沛，这是做好管理工作的重要条件。管理者应注意劳逸结合，锻炼身体，注意预防各种疾病
心理素质	心理素质是一个人的心理和个性方面表现出来的持久而稳定的基本特点。管理者应具备乐观的心态、坚强的意志和宽广的胸怀

管理驿站

社会进步促使组织承担更多责任

随着社会经济的发展，人们的环保意识、健康意识、维权意识不断增强，社会对组织的要求不仅仅停留在提供满意的商品和服务上，还要考虑组织对社会的长期利益，以及组织提供的社会福利。组织要想获得长期生存与发展，不仅要遵守法律，还必须遵守一定的道德规范，并承担相应的社会责任。从短期来看，承担社会责任会给组织增加一定的经营成本，但是从长远来看，主动承担社会责任会使组织赢得更多的利润和更好的声誉，促进社会的和谐发展。

企业承担社会责任的表现

组织改善道德行为的途径主要包括挑选道德素质较高的员工，建立组织内部的道德准则，保证管理者以身作则，为员工设立合理的工作目标，重视对员工的道德教育，对员工的绩效进行科学而全面的评估，进行独立的社会审计和监察，提供正式的员工保护机制等。

2. 管理者的核心素质

现代管理者的**核心素质主要是创新**，具体表现如表 1-18 所示。

表 1-18　管理者的核心素质

核心素质	具体要求
创新意识	管理者要树立创新意识和创新观念，认识到创新对组织生存与发展的决定性意义，并在管理实践中事事、时时坚持创新
创新精神	创新精神是管理者的创新态度和勇气。管理者在实践中要敢于创新，要具有突破常规、求新寻异、敢为人先的大无畏精神
创新思维	管理者不仅要敢于创新，还应善于通过科学的创新思维来完善创新构思。创造性思维和科学可行的创造性技法，是管理实践获得创新和突破的不二法门
创新能力	创新能力是在管理实践中促使创新完成的能力，它由相关的知识、经验、技能与创造性思维综合形成

班级____________　姓名____________　学号____________

任务检测

一、客观题

1.【单选题】管理者举行董事会会议或向媒体发布信息时，充当的是（　　）角色。

A．联络者　　B．传播者

C．发言人　　D．企业家

2.【单选题】（　　）是管理者观察、理解和处理各种全局性复杂关系的抽象能力。

A．专业技能　　B．技术技能

C．人际技能　　D．概念技能

3.【单选题】如果一个管理者的技术技能、人际技能、概念技能之比为20∶30∶50，那么他（她）有可能是（　　）管理者。

A．基层　　B．中层

C．高层　　D．无法判断

4.【多选题】管理者的基本素质主要包括（　　）。

A．创新　　B．品德　　C．知识　　D．能力

5.【多选题】以下四种管理者的角色，属于人际关系角色的是（　　）。

A．挂名首脑　　B．联络者

C．传播者　　D．谈判者

6.【多选题】根据管理者在组织中所处层级的不同，可以将其划分为（　　）。

A．高层管理者　　B．基层管理者

C．战略管理者　　D．中层管理者

7.【判断题】管理者是十分重要的，只能选择扮演一种角色。（　　）

8.【判断题】技术技能对于高层管理者最重要，对于中层管理者较重要，对于基层管理者较不重要。（　　）

二、主观题

9.【简答题】简述管理者的职责。

10.【案例分析】

公司CEO约翰的工作自述

我通常在早晨洗澡的时候安排好一天的计划，通过这种方式，我可以将所有的事情想一遍，尤其是当天要做的重要事情。我的工作时间一般是从早晨7:30到晚上7:00，中间会有一些缓冲时间，方便我进行调整。

班级____________　　姓名____________　　学号____________

十五年前我刚到公司的时候，使用的是原始的交流方式。我会到处走动，与或大或小的团队交谈，我也知道晚上谁在公司。电子邮件的确非常高效，通过它我可以给所有人发信息。但是，我更喜欢用声音交流，因为只有这样，交流才有感情。当然，我也希望听到有感情的回应。对我来说，我更喜欢听到重要的客户向我介绍问题。每天上下班途中，我会留 40～50 通电话留言。现在，录制视频是我主要的交流方式。我们楼下有一间小录影室，一个季度我们能录 10～15 盘视频。这样，无论员工还是客户都可以在需要时观看。

为了倾听员工的声音，我每月会为员工举办一次生日早餐会。任何在当月过生日的员工都有 1 小时 15 分钟的时间向我提问。提问的房间里没有导演或副总裁，只有我可以掌握怎样可行、怎样不可行。虽然这对我来说并不容易，但我乐在其中。

为了获取充足的信息，我喜欢阅读文章摘要。每次开会和讨论前，我都要仔细阅读总结好的活页纸，里面有我需要的全部信息，比如演讲的内容、要见的客户及他们的背景等。每个主题不会超过两三页纸，正好符合我的预期。

每晚睡前，我会浏览来自世界各地的重要报告并做总结。

根据上述案例，分析回答下列问题。

（1）根据所学的管理者的三大技能，你认为哪种技能对约翰来说最为重要？请阐述你的理由。

（2）根据所学的管理者主要扮演的十种角色，分析约翰在工作中分别扮演了哪些管理角色。

（3）从管理职能的角度出发，分析案例中约翰发挥了哪些管理职能。

班级＿＿＿＿＿＿　　姓名＿＿＿＿＿＿　　学号＿＿＿＿＿＿

项目实训——组织郊游活动

一、实训目标

通过组织郊游活动，学生能够更加深刻地体会管理的要素与职能，并思考如何才能更好地扮演管理者的角色。

二、实训内容

1．活动策划

将全班学生分成 4 个小组，每个小组选出 1 名小组长，小组长一起负责收集班级同学的建议、协调大家的时间，最终确定郊游活动的活动方案。

2．活动准备

根据活动方案，全班学生以小组为单位分别进行活动准备。

（1）每组选出 2 名学生负责暂时保管小组的活动资金，并根据组员的需求，采购郊游活动需要的食品、物品、常用药品等。

（2）每组选出 1 名学生作为小组的联络员，负责及时联系组员，并做好与其他小组之间的沟通。

（3）每组选出 1 名学生作为小组的安全员，负责组员在活动过程中的人身安全，保管常用药品，并做好必要的急救准备。

3．活动实施

（1）全班学生以小组为单位，按照活动方案规定的时间，按时到达郊游地点。

（2）在活动地点有序地开展郊游活动，同时可以进行才艺表演、分组游戏、小组交流会等，以丰富郊游活动的内容。

（3）郊游活动结束后，每组派 2 名学生负责活动物品的整理和活动场地的清理。

（4）全班清点人数无误后，以小组为单位返回学校。

4．活动总结

（1）活动结束后，每位学生应撰写一份活动心得，重点阐述此次郊游活动体现的与管理知识相关的内容。

（2）全班学生以小组为单位，向老师汇报每位组员在此次活动中所扮演的角色和应尽的职责。老师根据小组汇报和个人心得为每位学生评分。

班级____________ 姓名____________ 学号____________

项目评价

评价内容	分　值	评价分数		
		自　评	组　评	师　评
日常考勤和课堂纪律	10 分			
学习态度和课堂参与	10 分			
完成任务检测并保证题目的正确率	50 分			
参与项目实训并积极完成各项任务	30 分			
合计	100 分			
综合评价	综合分数______（自评×25%+组评×25%+师评×50%） 综合等级______ 综合评语： 指导老师签字__________			

2 项目二

管理理论

随着管理活动经验的积累，人们逐渐形成了一些对于管理实践的认识和见解，即管理思想；通过进一步的总结提炼，逐渐把握其中的规律和本质，最终归纳出了独属于管理活动的一般性原理知识体系，即管理理论。这些管理思想和理论对管理实践活动起着指导和促进作用，使管理活动变得更有效率。

本项目主要介绍管理学的重要思想和理论，具体内容包括早期管理思想，古典管理理论，行为科学理论和现、当代管理理论。

项目导览

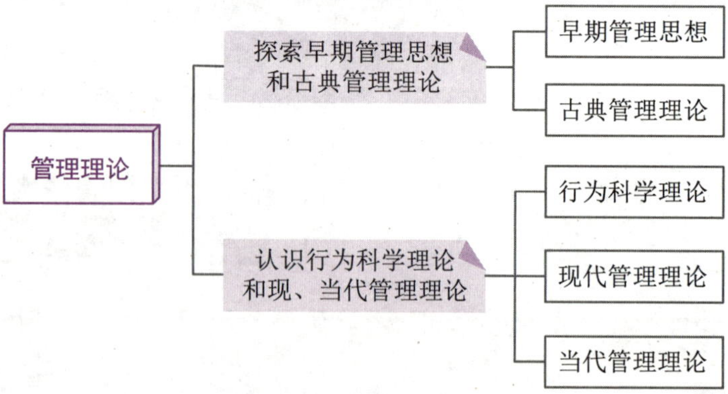

学习目标

知识目标

（1）了解早期管理思想。
（2）熟悉古典管理理论，包括科学管理理论、一般管理理论和行政组织理论。
（3）掌握行为科学理论和现、当代管理理论。

技能目标

（1）能够识别企业管理者所采用的管理思想和管理理论。
（2）能够运用管理理论解决企业管理中出现的问题。

素质目标

（1）通过了解中国传统的管理思想，树立民族文化自信，培育正确的管理精神。
（2）树立终身学习的理念，主动学习管理知识，提高管理能力。

任务一 探索早期管理思想和古典管理理论

任务导入

管理智慧之光：科学管理让福特汽车闪耀全球

纵观福特汽车公司成长史，人们不得不感慨亨利·福特把泰勒科学管理发挥到了极致。整个福特汽车公司的大规模化生产就是科学管理思想作用的体现。

福特汽车公司的技术人员吸收了泰勒数年前在美国钢铁业提出的流水线生产理论，创造了新的汽车生产方式。他们将制造各种部件的每一机械操作细分化、标准化、制度化、规模化。在这些原则下，连续化、专业化的设想，渐渐从部件供应线的应用转向最后的车体组装，创造出极高的劳动生产率。福特汽车公司首创的大规模装配线生产方式和管理方法，不仅为今天高度发达的工业生产奠定了基础，并且加快了工业建设的速度。

福特汽车公司实施的“5 美元工作日”，可谓效果极其显著，具有划时代的意义。“5 美元工作日”几乎引起了一场全美范围内的大迁徙。尽管当时公司宣布只需要 4 000 名新工人，可一下吸引来了 15 000 多人，公司从中吸收了劳动力精华，可谓映衬了泰勒的“挑选第一流工人”原则的正确性。公司的工资制像是一块磁石，它吸引数以千计的新工人源源不断地涌入底特律市，“厂内没有一句反抗之言。因为人人都明白，任何不服从指挥的人都会被撵出大门，而无条件地迅速服从则有利可图”。不到一年时间里，新工资制度不仅没有使福特汽车公司赔本，反而成为“摇钱树”。由此，工人的潜能得以被最大限度挖掘，劳动生产率迅速提高，福特汽车公司在行业中遥遥领先，利润猛增，自然成为市场中的龙头老大。

请思考

福特汽车公司的成长史给我们带来的管理启示是什么？

思考提示

本任务的知识和技能要求如表 2-1 所示。

表 2-1　知识和技能要求

类　型	具体内容	学习程度			
		了 解	熟 悉	掌 握	应 用
知识要求	早期管理思想	●			
	古典管理理论		●		
技能要求	识别企业管理者所采用的管理思想和管理理论				●

班级____________ 姓名____________ 学号____________

任务工单

（一）任务描述

以小组为单位，讨论中西方早期有代表性的管理思想有哪些，古典管理理论有哪些。

（二）任务分工

全班学生以 3～5 人为一组进行分组，每组设组长 1 名，小组讨论任务分工并将分工情况填写至表 2-2 中。

表 2-2 小组成员及分工情况

小组成员	姓 名	学 号	任务分工
组长			
组员			

（三）任务准备

请各组长组织组员进行预习，收集和整理相关资料，讨论并用通俗易懂的语言结合具体事例回答下列问题。

（1）古典管理理论是什么？

（2）古典管理理论产生的背景是什么？

班级____________　　姓名____________　　学号____________

（四）任务实施

通过课堂学习、小组合作查阅资料等，完成表 2-3。

表 2-3　早期管理思想和古典管理理论

<table>
<tr><th rowspan="2">讨论内容</th><th colspan="2">讨论结果</th></tr>
<tr><th>代表学派、人物或理论</th><th>主要观点</th></tr>
<tr><td>早期
管理思想</td><td></td><td></td></tr>
<tr><td>古典
管理理论</td><td></td><td></td></tr>
</table>

（五）任务评价

各组派代表展示任务实施成果，并配合指导老师完成表 2-4 所示的任务评价。

表 2-4　任务评价

<table>
<tr><th rowspan="2">评价项目</th><th rowspan="2">评价内容</th><th rowspan="2">分　值</th><th colspan="3">评价分数</th></tr>
<tr><th>自　评</th><th>组　评</th><th>师　评</th></tr>
<tr><td rowspan="3">职业素养
考核目标
（40%）</td><td>考勤、仪容仪表</td><td>10 分</td><td></td><td></td><td></td></tr>
<tr><td>责任意识、纪律意识</td><td>10 分</td><td></td><td></td><td></td></tr>
<tr><td>团队合作与交流</td><td>20 分</td><td></td><td></td><td></td></tr>
<tr><td rowspan="3">专业能力
考核目标
（60%）</td><td>任务准备过程讨论及记录的完成度</td><td>20 分</td><td></td><td></td><td></td></tr>
<tr><td>任务实施过程记录的完成度</td><td>20 分</td><td></td><td></td><td></td></tr>
<tr><td>任务实施成果的展示效果</td><td>20 分</td><td></td><td></td><td></td></tr>
<tr><td colspan="2">合计</td><td>100 分</td><td></td><td></td><td></td></tr>
<tr><td>综合评价</td><td colspan="5">综合分数______（自评×25%+组评×25%+师评×50%）
综合等级______
综合评语：

指导老师签字__________</td></tr>
</table>

一、早期管理思想

人类的管理活动有着悠久的历史，包含着许多光辉的管理思想。古代中国的诸子百家思想便衍生了一系列早期的管理理念，其中以兵家的管理思想著称；西方早期的管理思想萌芽于18世纪下半叶，代表人物有亚当·斯密、大卫·李嘉图、罗伯特·欧文等。

（一）中国早期的管理思想

1. 兵家学派中的管理思想

我国古代兵家学派的代表人物主要有两位，一是春秋末年的军事家孙武，著有《孙子兵法》；二是战国中期的军事家孙膑，著有《孙膑兵法》。

以古鉴今：
诸葛亮的管理艺术

1）《孙子兵法》中的管理思想

《孙子兵法》是世界上最早的一部完整的、系统的古典军事理论著作，被誉为“兵学圣典”，作者是春秋末年的孙武。书中包含了许多沿用至今的管理思想，被西方管理者视为企业商战和管理商战的法宝。

（1）“五事七计”的思想。

孙武在《孙子兵法》的开局篇“计篇”中提出，“兵者，国之大事”，因此未战之前必须“经五事、校七计”。其中，“经五事”是指在战前需要了解和分析“**道义、天时、地利、将才、法治**”五件事，“校七计”是指从“**主孰有道、将孰有能、天地孰得、法令孰行、民众孰强、士卒孰练、赏罚孰明**”七个方面与敌方进行实力的比较分析。

对应在管理思想上，“五事”的解释如图2-1所示。

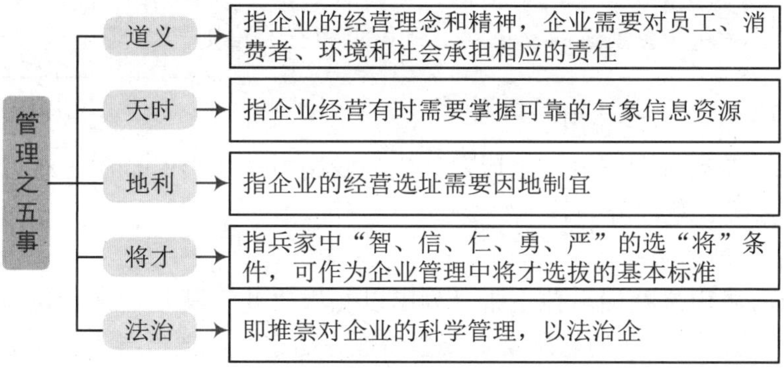

图2-1 兵家“五事”对应的管理思想

兵家的“七计”，对应在管理上即要求企业在市场竞争中，经常性地与竞争对手进行实力的比较与分析，以便利用自己的优势，采取避实就虚的竞争策略。

（2）量力而行的思想。

孙武在“作战篇”中指出，任何一场战争，都需要对作战所需要的各种资源进行预算规划，只有所需资源准备充分了，才可开战；此外还要善于“取敌之利”，达到“胜敌而益强”的目的。这些思想，对于管理者进行企业商战和管理商战等都有所启发。

（3）信息管理的思想。

在“谋攻篇”中，孙武提出“知己知彼，百战不殆”的科学论断，认为成功的谋略需要建立在了解自己与敌方实力的基础之上，强调信息的管理和利用在战争中的重要性。在企业管理中，信息作为企业经营的一个要素，其地位和重要性不断提高，尤其在进入知识经济时代以后，信息资源管理更是成为企业经营管理的核心工作之一。

2）《孙膑兵法》中的管理思想

孙膑很重视激励问题，他在《孙膑兵法》中明确指出：“不信于赏，百姓弗德。不敢去不善，百姓弗畏。”**这句话强调对好人好事要奖赏，对坏人坏事要惩罚。**另外，孙膑还将“激气”（使士兵有士气）、“利气”（使士兵有锐气）、“断气”（使士兵果断）、“延气”（使士兵能够持续作战）、“厉气”（使士兵有斗志）等列为合军聚众、克敌制胜的要务。这些观点，对于管理中激励、惩罚思想的形成大有裨益。

管理驿站

传承中华美德，发扬管理智慧

中华文化源远流长、博大精深，其所宣扬的忠孝仁爱、礼义廉耻、慎言敏行、严于律己、改过迁善等道德规范，铸就了中国人民的精神灵魂，形成了中华民族的性格品质，培育了全民族追求和谐、谦和好礼、诚信克己、与人为善、勤俭廉正、刻苦耐劳和精忠爱国的优良素质。深入挖掘和利用传统文化中的道德精髓，弘扬中华民族优秀传统美德，加强思想道德建设，对于凝聚全社会的力量，实现中华民族伟大复兴具有重要意义。

作为未来的管理人，我们不仅要汲取中华传统文化的精华，还应萃取包含在传统思想中的管理汁液，做到承前启后、与时俱进，形成古为今用的、具有管理精神的、符合中国特色社会主义的价值观、道德观和行为准则。

2. 儒家学派中的管理思想

儒家思想在春秋时期形成，之后发展成为我国封建社会时期的正统思想，代表人物主要有孔子、孟子、董仲舒等。

1）孔子的管理思想

孔子的核心思想是礼治。他主张“为国以礼”，“礼”就是通常所说的社会行为规范与道德规范；“为国以礼”的意思就是要想治理好国家，就要教导人们学会相互谦让、和睦相处、重视情谊、讲究仁义。由此可见，孔子的思想已经具备了运用教育手段进行管理的理念，这种理念后来被许多大型企业应用于人力资源的管理与开发。

2）孟子的管理思想

孟子的核心思想是仁政。他主张君主在治理国家时，首先要布施仁政，推行富民政策以感化民众；其次，他主张“性善论”，强调要加强对民众的教化，挖掘人们善良的本性。这表明，孟子在探索治理国家的方法时已经开始关注人，他的管理思想与坚持以人为本的现代行为管理学派的理论不谋而合。

另外，孟子所提出的“天时不如地利，地利不如人和”的观点，阐明了人心归向、消除内部冲突和矛盾、调动人的积极性等在管理过程中的重要作用。

3）董仲舒的管理思想

西汉思想家、政治家董仲舒提出了“德主刑辅、礼法并用”的思想，即强调国家治理要以德礼教人为主，刑法处罚为辅。这种恩威并施、赏罚分明的观点，对于今天的国家行政和企业管理依然具有借鉴意义。

3. 道家学派中的管理思想

道家学派由春秋时期的老子所创，其思想涉及管理的原则、方法、策略及管理者的修养等方面，其中**“无为而治”是其思想体系的核心**，代表著作是《道德经》。

老子主张“有无相生”，但以“无为”为主，提出“道常无为而无不为，侯王若能守之，万物将自化”。他这种“无为而治”的观点，蕴含了“辨证论治”的管理思想，即要求企业管理者在分析研究经营管理的问题时，应善于由表及里，找到产生问题的根源及解决问题的规律。此外，老子还提出“善于用人，对人态度谦虚”的管理用人之道。

管理驿站

“无为”管理

“无为而治”是我国古代著名道家学派创始人老子提出的治理思想。“无为而治”中的“无为”不是统治者什么都不做，而是要顺应自然变化不妄为，依靠民众的自为实现无为无不为，依靠民众的自治实现无治无不治。

现代企业管理赋予了“无为而治”更加丰富的含义。

其一，无为不是什么事情都不做，而是要在决策上做到“有所为，有所不为”。企业的管理者应懂得权力的下放，给予下属部门和人员更多的赋权和责任。在用人方面，管理者应“疑人不用，用人不疑”，充分调动并发挥各级管理者和全体员工的主动性和创造性，从而真正实现“少有为，多无为”。

其二，“无为而治”思想提倡企业的发展应顺应经济规律的客观态势，认识到顾客就是上帝这一自然规律，做到“以民为本”。企业应为顾客生产品质优良的产品，提供贴心周到的服务，从而获得顾客的信赖。

企业的管理要想实现真正的“无为而治”，还需两个必要条件：一是构建科学有效的管理机制，确保一切按规章制度办事；二是形成团结一致、催人向上的企业文化和风气。

（二）西方早期的管理思想

1. 亚当·斯密的管理思想

亚当·斯密是英国资产阶级古典政治经济学家，他的管理思想主要记录在他于1776年发表的代表作《国民财富的性质和原因的研究》（简称《国富论》）一书中。其中，对西方管理理论的发

西方早期的管理思想

展有着较大影响的是他的劳动分工理论和“经济人”观点。

1）劳动分工理论

亚当·斯密认为劳动是创造财富的源泉，劳动生产力的改良和增进是国民财富增长的基本原因，而提高劳动生产率的重要方法之一就是劳动分工。第一，分工可以使劳动者专门从事一种操作，提高劳动者的熟练程度；第二，分工可以减少劳动者从一种工作转换到另一种工作过程中的时间损失；第三，分工可以使劳动简化，有利于劳动者发现更加便捷的工作方法，促进工具的改良和机器的发明。

2）“经济人”观点

亚当·斯密认为人们在经济活动中追求的主要是个人利益，社会上每个人的利益总是受到他人利益的制约，每个人都要兼顾他人的利益，由此产生共同利益，进而形成总的社会利益。亚当·斯密的“经济人”观点是对资本主义生产关系的反映，为后来西方经济理论中“经济人”假设和“社会人”假设的提出奠定了基础，对西方其他管理思想和理论的发展产生了深远的影响。

2. 大卫·李嘉图的管理思想

大卫·李嘉图是英国资产阶级金融家、古典政治经济学的杰出代表和实践者，是亚当·斯密管理思想的直接继承者。李嘉图的观点集中体现在他于 1817 年发表的《政治经济学及赋税原理》一书中。他认为工人劳动创造的价值是工资、利润和地租的源泉，并由此得出“工资越低利润越高、工资越高利润越低”的结论，充分揭示了当时资本主义企业管理的中心问题，以及资本主义的剥削本质。

3. 罗伯特·欧文的管理思想

罗伯特·欧文是 19 世纪初英国著名的空想社会主义者，《有关新拉纳克机构的陈述》和《新社会观》等是他重要且著名的代表作。欧文最早注意到人的因素对提高劳动生产率的重要性，他反对将人视为机器，强调人和机器的根本区别在于人是有需要的有机体，因此要区别“有生机器”和“无生机器”。

欧文的管理思想集中体现在他对苏格兰新拉纳克工厂的改良措施中：① 改善工人的工作条件，使生产设备布局合理化，缩短劳动时间；② 提高雇用童工的最低年龄限制；③ 提高工资，在厂内免费为工人提供膳食，开设工厂商店，设立幼儿园和模范学校，发放体恤金。

管理小贴士

尽管欧文的改革思想在当时看来很不现实，但他最早注意到管理中人的因素的重要性，开创了在企业中重视人的作用和地位的先河，是人事管理的先驱者，对后来西方管理理论中行为科学的兴起具有重要的影响。

二、古典管理理论

19 世纪末，随着第二次工业革命的到来，资本主义经济迅速发展，推动了资本的积累和集中，资本主义自由竞争逐渐向垄断过渡，生产技术更加复杂，生产专业化程度日益提高，劳资关系也随之恶化。在这种情况下，传统的经验管理方法已经不能适应经济社会发展的客观要求，于是从 19 世纪末到 20 世纪 30 年代，逐步形成了一些较早的管理理论，被称为“古典管理理论”。

古典管理理论

古典管理理论的主要代表人物有泰勒、法约尔和韦伯，他们三人所提出的理论，反映了当时管理理论发展的三个重要方面，即科学管理理论、一般管理理论和行政组织管理理论，如图 2-2 所示。古典管理理论奠定了现代管理学的理论基础，对现代管理思想产生了深远的影响。

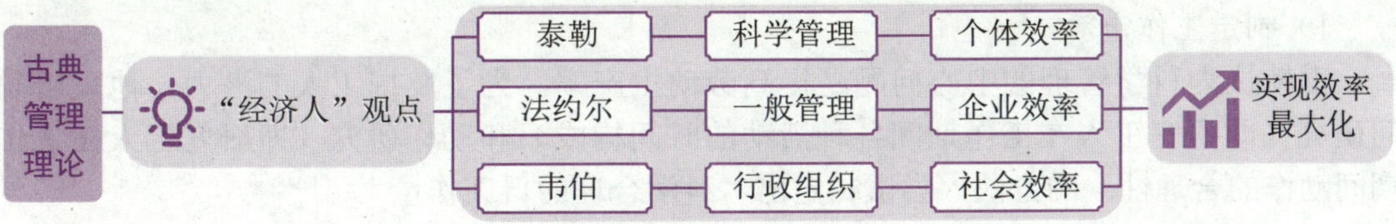

图 2-2　古典管理理论

（一）泰勒的科学管理理论

泰勒的实验

泰勒是美国著名的管理学家和经济学家，他是最先突破传统管理格局的先锋人物，被后世誉为“科学管理之父”。泰勒的科学管理，就是在研究工厂管理和工人工作任务的基础上，制定出标准的操作方法，以提高工人的劳动生产效率。一般认为，泰勒于 1911 年出版的《科学管理原理》标志着科学管理理论的正式形成。

管理加油站

走进泰勒

弗雷德里克·温斯洛·泰勒，出生于美国费城一个中产阶级家庭，19 岁因故停学进入费城一家小机械厂当徒工。1878 年，泰勒转入费城的米德维尔钢铁公司当技工并在当地夜校学习，不仅获得了工程学位，还先后被提拔为工长、设计室主任和总工程师。1881 年，泰勒开始进行工人劳动时间和工作方法的研究。1898 年，他进入宾夕法尼亚的伯利恒钢铁公司，继续从事管理方面的研究，并在此期间完成了著名的搬铁块实验和铁铲实验。1901 年退休后，他把大部分时间用于写作创作、无偿咨询和演讲活动上，以此来宣传自己的科学管理理论。1906 年，泰勒当选美国机械工程师协会主席，并获得宾夕法尼亚大学的名誉科学博士学位。1915 年，泰勒在费城逝世，终年 59 岁。

泰勒的生活经历使他深知当时工厂管理的混乱和落后，以及工人怠工的原因和方式。为了改善这种状况，泰勒首先以工时测定开始他的研究，并由此发展到作业分析、工资制度、生产进度、车间组织、人员选择、员工培训等一系列有关管理的基本问题。经过毕生的努力，泰勒为管理的革新奠定了基础，他也成为古典管理理论的创始人，他提出的科学管理理论体系被人称为“泰勒制”。

泰勒的主要代表作包括：《计件工资制度》(1895)、《车间管理》(1903)、《科学管理原理》(1911) 等。

以泰勒为代表的科学管理理论有三个基本出发点：一是谋求最高的工作效率，二是用科学管理代替旧的、传统的管理，三是要求管理者和工人双方进行重大的精神变革。科学管理理论的主要内容可以概括为以下方面。

1）制定工作定额

泰勒认为科学管理的中心问题是提高劳动生产率。为了发掘工人的潜力，他采用时间研究（即研究工人在工作期间各种活动的时间构成）和动作研究（即研究工人在工作期间动作的合理性）的方法，尝试制定出“科学合理的日工作量”。

2）挑选“第一流的工人”

泰勒认为，为了提高劳动效率，必须为工作挑选“第一流的工人”。“第一流的工人”是那些愿意努力工作，而工作又与之相适合的工人。管理者的责任就是要根据工人的能力和天赋，将他们分配到相应的工作岗位，并按照生产需要对工人进行培训，教会他们科学的工作方法，激发其劳动热情。

管理风暴

有人认为，在现代企业尤其是一些民营中小企业中，只要科学地挑选员工，就没有必要花费大量的精力和财力对员工进行培训，因为即使对员工进行了培训，他们也有可能跳槽。你认为这个观点正确吗？为什么？

3）实施标准化管理

标准化管理是工人在工作时要采用标准的操作方法，使用标准化的工具、机器和材料，并使作业环境和工作管理标准化。这样才有利于提高劳动生产率。为此，泰勒做了大量的实验，如在米德维尔钢铁公司进行的金属切削实验、在伯利恒钢铁公司进行的搬铁块实验和铁铲实验等。

4）实行差别计件工资制

泰勒认为原有的工资制度不合理，为了鼓励工人更加努力地工作、高效地完成工作定额，他提出实行差别计件工资制。这一制度包括以下三个方面的内容。

（1）通过时间研究和动作研究，制定出有科学依据的工作定额。

（2）在工作定额的前提下，实行差别计件工资制，以鼓励工人完成或超额完成定额，并使计件工资率随完成定额的程度而浮动。比如，如果工人完成或超额完成定额，则定额内的部分连同超额部分都按比正常单价高25%计酬；如果工人完不成定额，则完成的部分按比正常单价低20%计酬。

（3）工资支付的对象是工人而非职位，即支付工资根据的是工人的实际工作表现，而不是工作的类别。

管理风暴

差别计件工资制相比其他工资制有哪些优势和特点？差别计件工资制是否存在潜在的问题？针对差别计件工资制可能存在的问题，有哪些解决方案？

5）劳资双方进行精神变革

泰勒认为，要想从生产中获得各自的利益，管理者和工人双方都必须进行一场重大的精神变革，变互相指责、怀疑对抗为互相信任、协同合作，共同为提高劳动生产率而努力。

6）分离计划职能与执行职能

泰勒认为工人仅凭经验很难找到科学的工作方法，而且他们没有时间去从事这方面的研究，因此他主张用科学的工作方法取代经验的工作方法。科学的工作方法，就是将计划职能和执行职能分离开来，成立专门的计划部门负责制定标准化的操作方法、工具和定额，拟订计划并发出指示和命令，同时进行有效的控制；工人和部分工长则只承担执行职能，即按照计划部门制定的操作方法和指示，使用标准的工具，从事实际的作业，不得自行更改计划。

7）强调例外管理

泰勒主张企业管理必须遵循例外管理的原则，即企业的高级管理者应该把一般的日常性事务授权给下级管理者去处理，自己只保留对例外事项（即重要事情或特殊事情）的决定权和监督权。

8）坚持职能管理原则

泰勒主张管理应坚持职能管理的原则，即将管理工作加以细分，使所有的管理者只承担一种或两种管理职能。虽然这一思想在当时并未得到推广，但为以后职能部门的建立和管理的专业化提供了参考。

（二）法约尔的一般管理理论

法约尔和泰勒是同时代的人，他是古典管理理论在法国的杰出代表，被誉为“管理过程之父”。由于自身经历和所处的社会关系不同，法约尔研究的对象也与泰勒有所不同：泰勒着重于车间、工厂的生产管理研究，法约尔则侧重于企业全面经营的研究。法约尔于1916年问世的名著《工业管理与一般管理》，是对其一生管理经验和管理思想的总结。

管理加油站

走进法约尔

亨利·法约尔是法国著名的管理学家和管理实践者。1860年，他毕业于圣艾蒂安国立矿业学院，同年进入高芒特里—福尔尚布德公司，成为一名采矿工程师，并在此度过了整个职业生涯。1866年，法约尔进入企业的管理层，参与公司管理；1888年，他接任总经理一职，全面管理法国最大的矿冶公司长达30年。1916年，根据50多年的管理实践，法约尔出版了《工业管理与一般管理》一书，提出了适用于一切组织的五大管理职能和有效管理的十四条原则，奠定了管理过程学派的理论基础。

法约尔的一般管理理论归纳了企业经营的六大基本活动、管理的五大基本职能和管理的十四条原则。

1）企业经营的六大基本活动

法约尔认为经营与管理是两个不同的概念，通过对企业经营活动的分析，他将企业的全部活动概括为六种，如表2-5所示。

表2-5　企业经营的六大基本活动

企业经营活动	概念解释
技术活动	是生产方面的系列活动，如生产、制造、加工等
商业活动	是流通方面的系列活动，如购买、销售、交换等
财务活动	是资金的筹集、运用和控制等方面的活动
安全活动	是设备的维护、职工安全的保护等方面的活动
会计活动	是清理财产、计算成本、编制资产负债表、统计各种经营数据等方面的活动
管理活动	是计划、组织、指挥、协调和控制等方面的活动

在以上六种基本活动中，管理活动处于核心地位，即企业本身需要管理，其他五种基本活动也需要管理。而且法约尔认为，管理具有可概念化、可理论化、可传授等特点，因此应大力发展管理教育。

2）管理的五大基本职能

法约尔将管理活动与其他五种活动分开讨论，尤其强调管理的重要性。他认为管理职能具有一般性，适用于工商企业、政府甚至家庭中的一切管理活动。具体而言，法约尔认为管理有五种基本职能，如表2-6所示。

表 2-6　管理的五大基本职能

管理的基本职能	概念解释
计划职能	计划就是预测未来、制订行动方案。计划是管理活动的主要表现和明显标志，任何任务的完成都依赖于计划
组织职能	组织是对企业计划执行的分工。组织一个企业就是建立企业物质的和社会的双重结构，为企业提供所有必要的原料、设备、资本、人员等
指挥职能	指挥是使组织充分发挥作用的有效领导，是一种以指挥人员对管理原则的了解为基础的艺术。指挥人员应该透彻了解下属，知道如何去指挥别人
协调职能	协调一方面是要结合、统一、调和所有活动和力量，使组织的一切工作配合得当，便于经营的顺利进行；另一方面是使职能机构和物资设备机构之间保持一定的比例，保证组织高效、保质、保量地完成任务
控制职能	控制就是运用各种手段，使一切活动都能按照已制订的计划和命令进行。控制的作用是可以指出工作中的缺点和错误，以便纠正错误、避免重犯

管理风暴

法约尔概括的企业经营的六大基本活动与管理的五大基本职能在今天看来是否仍然严谨、科学？你能指出现实管理中未被其包括的活动或职能吗？

3）管理的十四条原则

在《工业管理与一般管理》一书中，法约尔根据自己的工作经验及五种管理职能之间的逻辑关系，归纳出简明的十四条管理原则，如表 2-7 所示。法约尔认为，管理原则是灵活的，不是绝对的，而且无论条件如何变化，这些原则都是适用的。

表 2-7　管理的十四条原则

管理原则	概念解释
劳动分工原则	法约尔认为，劳动分工属于自然规律。劳动分工不只适用于技术工作，而且适用于管理工作，所以应该通过分工来提高管理工作的效率
权力责任原则	法约尔认为，权力应该同责任相符，想要一个人对某一工作的结果负责，就应该赋予其确保工作成功应有的权力。建立有效的奖惩制度，是贯彻权力与责任相符原则的关键
纪律原则	纪律是统一组织行为的规章制度，其目的是保证经营的有序进行和组织的顺利发展，它是一个组织兴旺发达的关键。任何一项纪律，都必须建立在尊重员工的基础之上
统一指挥原则	法约尔认为，组织内每一个人只能服从一个上级，并接受他的命令。多头领导和双重命令会导致责任不清，对组织的权威、纪律和稳定是一种威胁
统一领导原则	统一领导是指对于组织内部目标相同的活动，只能有一个领导、一个计划，这样才能保证资源的统一使用，确保组织活动的一致性和连续性

续表

管理原则	概念解释
个人利益服从集体利益原则	在一个组织中，组织的整体目标永远处于至高无上的地位，个人利益不能凌驾于集体利益之上。当二者发生冲突时，管理者必须想办法使二者相统一
报酬公平原则	法约尔认为，合理的报酬制度应坚持公平原则，而且要适度奖励绩效优良的员工。但是，良好的工资制度不能取代管理的作用
集权分权原则	组织的权力分配有集权和分权两种形式，集权程度取决于上级允许下级参与决策的程度。法约尔认为，集权与分权并无好坏之分，只有程度之分，一个组织应根据自身的性质、条件、环境及员工的素质来决定集权和分权的程度
等级链与跳板原则	等级链是从最上级到最下级各层权力连成的等级结构，它是一条权力线，用以贯彻执行统一的命令、保证信息传递的秩序。为了防止组织系统指挥失灵，法约尔提出了一条有效的沟通原则——跳板原则，即允许同级员工可以不按等级结构层层上转，而是直接横向沟通，但是要事先征求各自上级的意见，并在事后向上级汇报
秩序原则	任何组织都应强调秩序。法约尔认为，组织中的每个成员都应有其相应的岗位，做到“人皆有位，人称其职”
公平原则	公平原则是管理者处理组织中人际关系的一项准则。管理者对待下属应仁慈和善、公平公正，不能因人而异
人员稳定原则	员工培养需要花费大量的时间和金钱，因此法约尔认为，每个人的职位应相对稳定，并鼓励员工为组织长期服务，员工流失率过高不利于组织的稳定与有效运作
首创精神	法约尔认为，管理者应鼓励员工在遵守纪律的前提下，充分发挥工作的主动性，培养创新和进取精神。首创精神是提高组织内部各级人员工作热情的主要源泉
团队精神	团结对于组织目标的实现十分重要，因此管理者必须注意保持和维护员工之间的和谐关系，培养员工的团队精神

读故事悟管理

首创精神引领管理创新：伦格尔斜口袋大衣的启示

德国有个叫伦格尔的小伙子，为了养家糊口，即使在寒冷的严冬，也得在大街上行走叫卖。由于寒风凛冽、衣衫单薄，他常常想把手插在大衣的口袋里取暖。但是当时的大衣口袋都是方方正正的，因为设计者和一般穿大衣的人都认为，大衣口袋是用来装东西的，必须是方形的才方便。

伦格尔则从“把手插进大衣口袋里取暖”的需求出发，认为有必要将方口袋改成斜口袋。于是，他设计了斜式口袋大衣。经他和家人试穿后，人们纷纷效仿，不久这种大衣便流行起来。后来，斜式口袋风行欧美，并推广到各式各样的上衣和下装上。

【管理启示】首创精神可以开辟一片新天地。伦格尔获得成功，是由于他具有首创精神，他从满足“取暖需要”的角度出发，设计出新型的斜式口袋大衣。

（三）韦伯的行政组织理论

韦伯是现代社会学的奠基人，他在组织管理方面有关行政组织的观点，是他对社会和历史因素引起的组织变化进行研究的结果，也是其社会学理论的组成部分。韦伯对管理理论的主要贡献是提出了“理想的行政组织体系”理论，这集中反映在《社会组织和经济组织理论》一书中，他因此被誉为“组织理论之父”。

管理加油站

走进韦伯

马克斯·韦伯是德国著名的社会学家、哲学家和政治学家，他是古典管理理论在德国的代表人物。1882年，韦伯进入海德堡大学攻读法律专业，之后又就读于柏林大学和哥丁根大学。1896年，他进入海德堡大学任经济学教授，1919年又到慕尼黑大学任社会学教授。韦伯是公认的现代社会学和公共行政学最重要的创始人之一，被后世称为“组织理论之父”。其主要著作有《经济和社会》《社会组织和经济组织理论》等。

韦伯行政组织理论的核心是建立“理想的行政组织体系”。他对组织体系的研究是从人们所服从的权力或权威开始的，主要观点包括三个方面。

1）理想行政组织体系的框架

韦伯认为，“理想的行政组织体系”是通过职务或职位而不是个人或世袭地位来管理的。理想的行政组织体系分为最高领导层、行政官员和一般工作人员三层，企业无论采用何种组织结构，都具有这三层基本的原始框架。

2）权力的类型

韦伯指出，任何一种组织都必须以某种形式的权力为基础才能实现组织目标。他把权力划分为三种类型，如表2-8所示。

表2-8 韦伯的权力类型

权力类型	概念解释
传统权力	是古老的、传统的、不可侵犯的权力，它通过传统惯例或世袭得来，以执行者地位的正统性为依据
超凡权力	是建立在个人崇拜和迷信基础之上的权力
法定权力	是依法任命并赋予行政命令的权力

韦伯认为，依据法定权力建立的组织是以行政性的形式出现的，这是现代社会中占主导地位的组织形态，而且是最理想的组织形态。

3）理想行政组织体系的原则

韦伯认为，理想的行政组织体系应该具有以下一些原则或特点。

（1）任何组织都应该有确定的目标。

（2）为保证组织目标的实现，必须实行劳动分工。

（3）组织应按照等级制度形成指挥链。

（4）组织人员之间是指挥和服从的关系，这种关系是由职位所赋予的权力决定的。

（5）所有组织成员都必须经培训教育和正式考核后，依据技术资格选拔而来。也就是说，所有成员都是称职的，且不能随便免职。

（6）管理人员只是组织或企业的管理者，不是所有者。

（7）管理者有固定的薪金、明文规定的升迁制度和严格的考核制度。

（8）管理者必须严格遵守组织的纪律和法规。

管理风暴

韦伯阐述的理想的行政组织体系是高度结构化的、正式的行政组织形式，你认为这种理想的组织可能实现吗？

读故事悟管理

菜园里的管理哲学

有一次，安东尼皇帝派使者到朱丹那儿问了这样一个问题：“帝国的国库快要空了，你能给我一个补充国库的建议吗？”

朱丹听后，一句话也没说，直接把使者带到他的菜园，然后默默地干起活来。他把大甘蓝拔掉，种上小甘蓝，对甜菜和萝卜也是如此。使者看到朱丹无意回答他的问题，心中大为不悦，没好气地对他说：“你总得给我一句话吧，我回去也好有个交代。”“我已经给你了。”朱丹不紧不慢地说。使者满脸愕然，无奈之下，只得返回安东尼那儿。

“朱丹给我回信了吗？”“没有。”“他对你说什么了吗？”“也没有。”“那他做了什么？”“他只是把我领到他的菜园，把他那些大蔬菜拔掉，种上小的。”“噢！他已经给我建议了！”皇帝兴奋地说。

第二天，安东尼立刻遣散了所有官员和税收大臣，换成少量诚实且有能力的人。不久，国库就得到了补充。

【管理启示】要想提高组织效率，就要下狠心“减肥”，裁去能力不足却担任重要岗位的人员，精心挑选有干劲、有活力的新锐。

班级＿＿＿＿＿＿＿　姓名＿＿＿＿＿＿＿　学号＿＿＿＿＿＿＿

任务检测

一、客观题

1.【单选题】韦伯被称为“(　　)”。

A. 科学管理之父　　B. 管理过程之父

C. 组织理论之父　　D. 动作研究之父

2.【单选题】我国古代兵家“五事”中的(　　)对应在管理思想上是指企业的经营理念和精神，企业需要对员工、消费者、环境和社会承担相应的责任。

A. 道义　　B. 天时

C. 地利　　D. 法治

3.【单选题】(　　)提出“工资越低利润越高、工资越高利润越低”的观点。

A. 法约尔　　B. 泰勒

C. 欧文　　D. 李嘉图

4.【多选题】“科学管理之父”为提高劳动生产率所做的实验包括(　　)。

A. 搬铁块实验　　B. 铁铲实验

C. 霍桑实验　　D. 金属切削实验

5.【多选题】法约尔提出的管理的五大基本职能除了计划和组织外，还有(　　)。

A. 决策　　B. 指挥

C. 协调　　D. 控制

6.【多选题】以下四种管理学理论，属于古典管理理论的有(　　)。

A. 一般管理理论　　B. 决策管理理论

C. 战略管理理论　　D. 行政组织理论

7.【判断题】我国伟大的思想家孔子的思想已经具备了运用教育手段进行管理的理念，这种理念后来被许多大型企业应用于人力资源管理与开发。(　　)

8.【判断题】韦伯认为，“理想的行政组织体系”是通过个人或世袭地位来管理的。(　　)

二、主观题

9.【简答题】简述亚当·斯密“经济人”的观点。

班级____________ 姓名____________ 学号____________

10.【简答题】简述韦伯的权力类型。

11.【案例分析】

铁路相撞惨剧催生美国管理新纪元

1841 年 10 月 5 日，在美国西部马萨诸塞至纽约的铁路上，两列火车相撞，造成近 20 人伤亡。美国社会舆论哗然，公众对这次事件议论纷纷，对铁路公司高层低劣的管理行为进行了严厉抨击。为了扭转这种群情激愤的局面，在马萨诸塞州议会的推动下，该铁路公司不得不进行管理改革。资本家交出了管理权，只拿红利，另聘具有管理才能的人担任企业领导。这便成了美国历史上第一个通过正式聘用领取薪金的经理人员管理企业的案例。

根据上述案例，谈谈管理理论的发展。

任务二 认识行为科学理论和现、当代管理理论

任务导入

钱助理的任务

华宇公司是一家生产铁路器材配件的公司，前些年有过骄人的业绩。但近几年来，公司的盈利水平不断下降。为此，公司上下人心浮动，公司面临着严峻的考验。

一天，张经理把新来的助理小钱叫到办公室，向他简单地介绍了公司目前的经营状况，然后交给他一项特殊的任务：深入调查造成本企业盈利水平下降的主要原因，并提出应对措施。

小钱曾系统地学习过管理理论，对古典管理理论与现代管理理论都有较深的认识。他对总经理交办的这项任务高度重视，决定应用所学的管理理论分析并解决本公司的实际问题。

在确定产品研发、销售等环节都没有问题的情况下，小钱又深入车间，了解了一线的生产情况。车间里，生产线运行正常，员工们工作也比较认真，但是有些员工积极性不高，工作节奏缓慢。车间主任抱怨道："去年每个人都涨了一级工资，现在，咱厂在本地工厂中工资已经是最高的了，可是工人的积极性一点也没有提高。"谈到严格管理的问题时，车间主任又说："其实咱厂的管理是很严格的，有不少管理规章制度。我本人也提倡严格管理，对那些迟到早退、浪费材料的工人从不客气，可是这些现象就是屡禁不止，生产效率就是上不去。有些工人好像在专门跟厂里作对。"

调查的结果千头万绪，小钱决定应用管理理论进行分析，并提出有效的应对方案，以出色地完成总经理交办的任务。在小钱看来，古典管理理论和行为科学理论比较适用于公司目前的状况，但还需要进一步理顺。

请思考

1．针对华宇公司目前所面临的问题，你认为古典管理理论和行为科学理论哪个更为有效？

2．请你帮助钱助理制订出解决该公司问题的对策方案。

思考提示

本任务的知识和技能要求如表 2-9 所示。

表 2-9　知识和技能要求

类　型	具体内容	学习程度			
		了 解	熟 悉	掌 握	应 用
知识要求	行为科学理论			●	
	现代管理理论			●	
	当代管理理论			●	
技能要求	运用管理理论解决企业管理中出现的问题				●

班级____________ 姓名____________ 学号____________

任务工单

（一）任务描述

以小组为单位，讨论行为科学理论和现、当代管理理论有哪些。

（二）任务分工

全班学生以 3～5 人为一组进行分组，每组设组长 1 名，小组讨论任务分工并将分工情况填写至表 2-10 中。

表 2-10 小组成员及分工情况

小组成员	姓 名	学 号	任务分工
组长			
组员			

（三）任务准备

请各组长组织组员进行预习，收集和整理相关资料，讨论并用通俗易懂的语言结合具体事例回答下列问题。

（1）行为科学理论的重点是什么？

（2）现代管理理论的代表学派主要有哪些？

（3）具有代表性的当代管理理论主要有哪些？

班级____________ 姓名____________ 学号____________

（四）任务实施

通过课堂学习、小组合作查阅资料等，完成表 2-11。

表 2-11 行为科学理论和现、当代管理理论

讨论内容	讨论结果	
	代表理论或学派	主要观点
行为 科学理论		
现代 管理理论		
当代 管理理论		

（五）任务评价

各组派代表展示任务实施成果，并配合指导老师完成表 2-12 所示的任务评价。

表 2-12 任务评价

评价项目	评价内容	分 值	评价分数		
			自 评	组 评	师 评
职业素养 考核目标 （40%）	考勤、仪容仪表	10 分			
	责任意识、纪律意识	10 分			
	团队合作与交流	20 分			
专业能力 考核目标 （60%）	任务准备过程讨论及记录的完成度	20 分			
	任务实施过程记录的完成度	20 分			
	任务实施成果的展示效果	20 分			
合计		100 分			
综合评价	综合分数______（自评×25%+组评×25%+师评×50%） 综合等级______ 综合评语： 指导老师签字____________				

一、行为科学理论

行为科学理论产生于20世纪30年代，是继古典管理理论之后又一类重要的管理理论。其重点是运用心理学的知识研究管理实践中的人际关系，通过研究管理活动中人的行为，分析其行为产生的原因，进而调节组织中的人际关系，提高劳动生产率。行为科学理论的主要代表理论有**人际关系学说**、**需求层次理论**、**“X-Y理论”**等。

行为科学理论

行为科学学派发展到后期，主要集中在以下领域：有关人的需要、动机、激励，有关企业中人的个性，有关企业中非正式组织以及人与人之间的相互关系，有关企业中的领导方式。

（一）梅奥的人际关系学说

一般认为，行为科学理论产生的标志就是梅奥人际关系学说的形成。20世纪30年代，人际关系学说形成，而人际关系研究最初始于梅奥著名的“霍桑实验”。霍桑实验第一次把工业中的人际关系问题提到首要地位，并且提醒人们在处理管理问题时要注意人的因素，这对管理心理学的形成具有极大的促进作用。1933年，在总结霍桑实验研究成果的基础上，梅奥出版了其代表作《工业文明的人类问题》，创立了人际关系学说。

管理加油站

走进梅奥

乔治·埃尔顿·梅奥是美国著名的心理学家和管理学家，原籍澳大利亚。第一次世界大战期间，梅奥利用业余时间用心理疗法治疗受伤的士兵，成为澳大利亚采用此种疗法的先驱。1923—1926年，他作为宾夕法尼亚大学的研究人员为洛克菲勒基金会进行工业研究。1926年，梅奥进入哈佛大学工商管理学院从事工业研究，为该院工业研究室副教授。1927年，他应邀主持了霍桑实验，于1933年出版了《工业文明的人类问题》，于1945年出版了《工业文明的社会问题》，成为早期行为科学——人际关系学说的奠基人。

1．霍桑实验

1924年，美国国家科学院曾派科学研究委员会在西部电器公司所属的霍桑工厂开展实验研究，来分析工作条件与生产效率之间的关系。1927年，哈佛大学心理学教授梅奥作为顾问，带领实验小组加入该实验，直到1932年结束。后人将此期间开展的一系列实验活动统称为“霍桑实验”。

2．人际关系学说的主要内容

霍桑实验结束后，梅奥对该实验进行了总结，系统地提出了人际关系学说。人际关系学说的主要观点包括以下方面。

（1）**工人是“社会人”，而不是单纯追求金钱收入的“经济人”**。作为复杂社会系统的成员，人的行为并不是单纯地出自追求物质条件这一动机，还出自社会和心理等方面的需要，包括追求人与人之间的友情、归属感、安全感等。

（2）**企业中除了“正式组织”，还存在着“非正式组织”**。非正式组织是企业成员在共同工作中，因共同的社会感情而形成的非正式组织。这种非正式组织具有特定的规范和倾向，左右着成员的行为，它与正式组织相互依存，对劳动生产率有着很大的影响。

（3）**提高工人的满意度是提高劳动生产率的关键**。在决定生产效率的诸多因素中，首要的是工人的满意度，工作条件、工资报酬和福利待遇等都是次要的。因此，企业不仅要为工人提供舒适的工作环境，还要为工人创造一种民主参与管理、自由发表意见、同事及上下级间坦诚交流的和谐人际关系。

（二）马斯洛的需求层次理论

美国心理学家马斯洛是将“需要”作为专门研究课题的第一人，他着重分析了人类需求的产生和发展规律，于 1943 年出版了《人类动机的理论》一书，并系统地论述了需求层次理论。他的需求层次理论是行为科学理论的重要代表，也成为后期激励理论的基础。

管理加油站

走进马斯洛

亚伯拉罕·马斯洛是美国著名的社会心理学家，他是第三代心理学的开创者，提出了融合精神分析心理学和行为主义心理学的人本主义心理学。马斯洛的另一个重要成就是提出了需求层次理论。其代表作品有《动机和人格》《存在心理学探索》《人性能达到的境界》等。

马斯洛按需求的重要性和发生的先后次序，将人的需求从低到高划分为五个层次，分别为**生理需求、安全需求、社交需求、尊重需求与自我实现需求**，如图 2-3 所示。

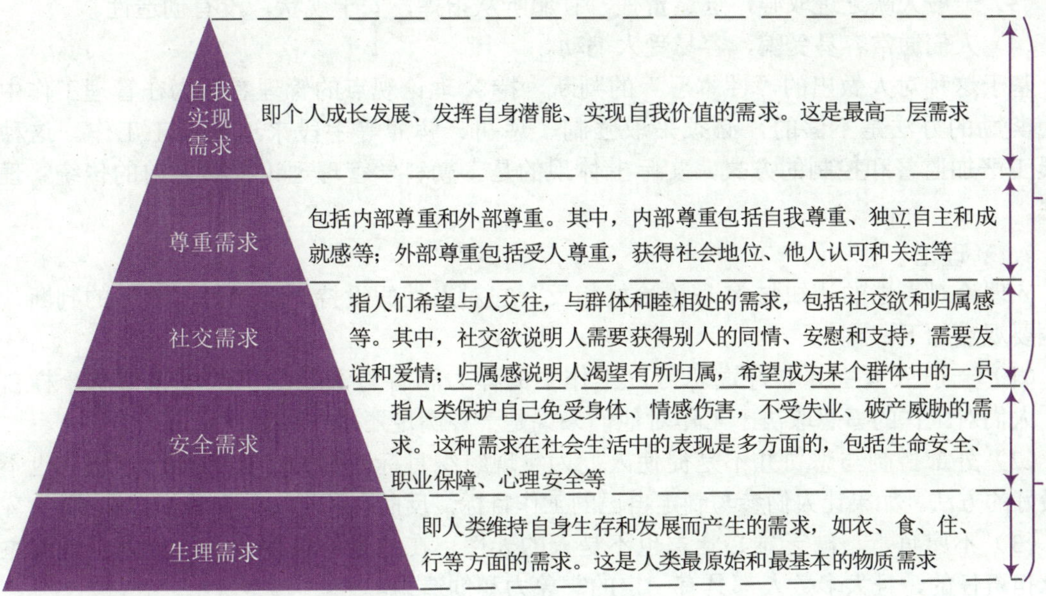

图 2-3 马斯洛的需求层次

（三）麦格雷戈的“X–Y 理论”

麦格雷戈在他所著的《企业的人性方面》一书中，提出了有名的“X–Y 理论”。他认为，管理者对员工有两种不同的看法，相应地，他们就会采取两种不同的管理办法。他将这两种不同的基于人性假设的看法概括为“X 理论”和“Y 理论”。

管理加油站

走进麦格雷戈

道格拉斯·麦格雷戈是美国著名的行为科学家和社会心理学家，也是“X–Y 理论”管理大师，他是人际关系学派最具影响力的理论家之一。1935 年，麦格雷戈取得了哈佛大学哲学博士学位，随后留校任教；1937—1964 年，他到麻省理工学院任教，教授的课程包括心理学和工业管理等，并对组织的发展有所研究。1948—1954 年，麦格雷戈被任命为安第奥克学院院长。1957 年，他在美国《管理评论》杂志上发表了《企业的人性方面》一文，提出了有名的“X–Y 理论”，该文于 1960 年以图书的形式出版发行。

1. X 理论

麦格雷戈认为，持 X 理论观点的管理者对人的基本判断有以下几种。

（1）一般人天性好逸恶劳，只要有可能，就会设法逃避工作。

（2）人生来就以自我为中心，漠视组织的要求。

（3）一般人缺乏进取心，逃避责任，甘愿听从指挥，安于现状，没有创造性。

（4）人们通常容易受骗，容易受人煽动。

基于这种对人做出的“性本恶”的判断，持 X 理论观点的管理者认为在管理工作中仅用奖励的办法是不够的，必须采取强制、惩罚、解雇等手段来迫使员工工作。这种对员工严加监督和控制的方式，实际上体现的是泰勒科学管理理论提出之前的传统管理方法。

2．Y 理论

Y 理论对人性的认知与 X 理论恰好相反，它对人性假设持一种“性本善”的判断，其主要观点如下。

（1）一般人天生并非好逸恶劳，工作中的体力和智力消耗就像游戏和休息一样自然，人们对工作的喜恶取决于工作对他们来说是一种满足还是一种惩罚。

（2）外部控制与惩罚并不是促使人们为实现组织目标而努力工作的唯一方法，也不是最好的方法。如果让人们参与制定自己的工作目标，反而有利于实现自我指挥和控制。

（3）不愿负责、缺乏雄心壮志也不是人的天性。在适当的条件下，一般人是能够主动承担责任的，且大多数人都具有一定的想象力和创造力。

（4）在现代社会中，人的智慧和潜能只能得到部分发挥。

基于这种对人性的乐观认识，持有 Y 理论观点的管理者主张在管理过程中实行以人为中心的、民主宽容的管理方式，从而使员工的个人目标更好地与组织目标结合起来，并为员工充分发挥智慧和潜能创造有利条件。

管理风暴

实际工作中，管理者受自我价值观的影响，必然会在这两种理论所反映的人性假设中相对偏向于其中的某一种。而对不同人性假设的信奉，直接影响着管理者在管理过程中所采用的管理方式。那么，你更推崇哪种理论呢？

二、现代管理理论

第二次世界大战以来，随着自然科技的日新月异和生产力的不断发展，组织规模急剧扩大，社会化程度逐渐加深，管理理论也引起了人们的普遍重视。许多学者和实际工作者在前人理论与实践经验的基础上，结合自己的专业知识和经历，开始研究现代管理问题。由于研究条件、掌握材料、观察角度、研究方法等方面的不同，这些学者产生了不同的看法，形成了不同的管理思路和管理流派，可谓“百家争鸣，各有所长”。

现代管理理论

从第二次世界大战到 20 世纪末，西方管理理论一个突出的特点就是学派林立、众说纷纭。对此，美国管理学家哈罗德·孔茨在《管理理论的丛林》一书中，首次用“管理理论的丛林”来描述西方现代管理理论的主要特点。

现代管理理论的代表学派主要有**社会系统学派**、**决策理论学派**、**系统管理学派**、**权变理论学派**等。

（一）社会系统学派

社会系统学派的创始人和代表人物是美国的管理学家切斯特·巴纳德，其代表作为《经理人员的职能》。巴纳德现代组织理论体系的建立是社会系统学派形成的标志。

1．主要观点

社会系统学派的主要观点包括以下方面。

（1）该学派的基本观点就是，组织是一个复杂的社会协作系统，受到社会环境各方面因素的影响，应该用社会学的观点来分析和研究管理问题。

（2）该学派的研究重点是如何协调组织中个人与集体的关系。

（3）组织作为一个社会协作系统，不论规模大小，都包含三个基本要素，即协作意愿、共同目标和信息沟通，如表 2-13 所示。

表 2-13 组织的三个基本要素

组织的基本要素	具体解释
协作意愿	是组织成员愿意为组织目标做出贡献的愿望，这是组织不可缺少的要素。巴纳德认为，个人协作意愿的强度同组织规模的大小成反比，即组织规模越大，成员的协作意愿越小；组织规模越小，成员的协作意愿越大
共同目标	是组织统一决策、统一各成员行为的基础，是组织的基本要素。没有明确的共同目标，组织的协作意愿就无从产生
信息沟通	是实现组织目标的基础，组织的共同目标与个人的协作意愿只有通过信息沟通才能联系和统一起来

（4）在系统中，管理者应该处于相互联系的中心，并为组织成员提供信息交流，保证组织正常运转。

2．管理启示

社会系统学派的观点对管理实践活动的启示主要体现在以下方面。

（1）**企业可以利用系统理论和社会学知识改造传统的组织结构，明确组织内部的信息沟通机制。**

（2）**企业在转变的过程中，应重视非正式组织的力量。**

（二）决策理论学派

决策理论学派是二战后新兴的管理学派，这一学派的代表人物是著名的诺贝尔经济学奖获得者——美国的经济学家、管理学教授和社会科学家赫伯特·西蒙，其代表作是《管理决策新科学》。

1．主要观点

决策理论学派的主要观点包括以下方面。

（1）管理就是决策，管理的全过程就是一个完整的决策过程，决策贯穿于管理的各个方面，是管理的核心。

（2）一个完整的决策过程可以划分为四个阶段，即搜集情况阶段、拟订计划阶段、选定计划阶段和评价计划阶段，而每一个阶段本身就是一个复杂的决策过程。

（3）由于管理者的理性和判断力受到各种主客观条件的限制，不可能预判到复杂条件下所有备选方案的各种可能结果，因此管理者在决策标准上应实事求是，用“满意准则”代替最佳方案。

（4）组织决策可分为程序化决策和非程序化决策，经常性的活动应采取程序化决策，非经常性的活动应采取非程序化决策。

2. 管理启示

决策理论学派的观点对管理实践活动的启示主要体现在以下方面。

（1）企业应将决策职能贯穿于管理活动的全过程。

（2）企业应注重分析管理行为的必要性和重要性。

（三）系统管理学派

系统管理学派的中心观点就是应用系统论、控制论、信息论的理论和方法来分析和研究企业及其他组织的管理活动，其代表人物有理查德·约翰逊、弗里蒙特·卡斯特和詹姆斯·罗森茨韦克，他们三人合著的《系统理论与管理》是该学派的代表作。

1. 主要观点

系统管理学派的主要观点包括以下方面。

（1）系统管理学派认为，组织本身是一个系统，由相互联系且共同作用的各个要素组成。企业的成长和发展受到人员、物资、机器，以及其他资源和要素的影响，管理者应力求保持各部分之间的动态平衡。

（2）组织还是一个开放的系统，与外部环境不断地相互作用，具有系统输入、输出和反馈的功能。

（3）企业是一个投入产出的系统，投入的是物资、劳动力和各种信息，产出的是各种产品。

（4）每个组织都包含一些必要的子系统。比如，按组织结构划分，组织的系统包括传感、信息处理、决策、加工、控制、信息存储等子系统；按内容划分，组织的系统包括目标与价值、技术、社会心理、组织结构、管理等子系统。

2. 管理启示

系统管理学派的观点对管理实践活动的启示主要体现在以下方面。

（1）企业管理者要从整体的观点出发，不仅要解决内部关系问题，还必须注意解决企业与外部环境之间的关系问题。

（2）企业管理者应该学会用系统的观点来考察和管理企业，以提高企业的整体效率。

管理风暴

系统管理学派强调组织是一个开放的系统，需要与外部环境进行交换和适应，那么在实际管理实践中，组织应该如何有效地识别和应对外部环境的变化，以保持自身的竞争力和稳定性？

（四）权变理论学派

权变，即权宜应变。权变理论学派是20世纪70年代形成的一种管理学派，其代表人物有卢桑斯、菲德勒、豪斯等，代表作是卢桑斯的《管理导论——一种权变学说》。

1．主要观点

权变理论的核心内容就是环境变量与管理变量之间的函数关系，即作为因变量的管理随环境自变量的变化而变化。权变理论学派认为，企业管理中没有一成不变、普遍适用的“最好的”管理理论和方法，因此企业只能根据其所处的内、外部环境权宜应变地处理问题。权变理论的最终目标是提出最适合具体情境的组织设计、进行最合适的管理活动。

其他现代管理理论

2．管理启示

管理者应根据组织的具体条件及其面临的外部环境，采取相应的组织结构、领导方式和管理方法，灵活地处理各项业务。

管理风暴

你能指出某种管理学派的不完善性或局限性吗？你认为哪一学派的理论在今天的管理中更具有实用价值？

三、当代管理理论

20世纪末至21世纪初，面对信息化、全球化、经济一体化等新的国际形势，企业管理活动出现了变化，管理思想与管理理论也出现了新的发展趋势。**这一阶段，具有代表性的理论主要有战略管理理论、企业文化理论、学习型组织理论和企业再造理论等。**

（一）战略管理理论

战略管理理论

20世纪70年代以后，企业竞争加剧，风险日增。为了谋求长期的生存和发展，企业开始注重构建竞争优势。安索夫于1965年发表的《公司战略》，开创了战略规划的先河。1976年，安索夫的《从战略规则到战略管理》一书问世，标志着现代战略管理理论体系的形成。随后，斯坦纳等人又对该理论进行了完善，而迈克尔·波特所著的《竞争战略》一书更是把战略管理推向了高峰。

1．基本思想

（1）战略管理是根据对企业经营条件和外部环境的分析，确定企业经营宗旨和经营目标，并制定一种或几种有效的经营战略，使企业达到目标所采取的一系列管理决策和行动。

（2）战略管理的核心是对企业现在和未来的整体效益活动实行全局性的管理。

（3）战略管理不仅仅是制定企业战略，还应具有战略的实施、评价、控制、调整等功能。

（4）一般来讲，企业战略管理的内容包括从阐明企业战略的任务、目标、方针到战略实施的全过程，该过程一般由战略制定、战略实施、战略评价及战略控制等组成。

2．波特的战略管理理论

波特的战略管理理论以企业组织与环境关系为主要研究对象，重点研究企业应如何适应充满危机和动荡的环境。他强调通过对企业内、外部环境的战略分析，得出不同的战略决策，并通过战略实施与评价验证战略的科学性和有效性。波特认为，战略管理的过程如图 2-4 所示。

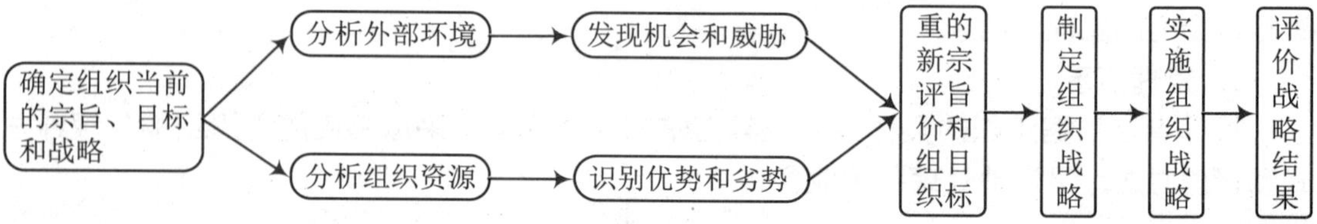

图 2-4　波特的战略管理过程

管理加油站

迈克尔·波特与《竞争战略》

迈克尔·波特是美国哈佛大学商学院教授，同时兼任许多大公司的咨询顾问。1980 年，他的著作《竞争战略》把战略管理理论推向了顶峰，该书被美国《财富》杂志标列的全美 500 家大企业的经理、咨询顾问和证券分析家们奉为必读的“圣经”。

该书的重要贡献如下：① 提出了对产业结构和竞争对手进行分析的一般模型，即五力竞争模型（即现有竞争者的竞争能力、潜在竞争者的进入能力、替代品的替代能力、供应商的还价能力及购买者的议价能力）；② 提出了企业构建竞争优势的三种基本战略，即寻求降低成本的成本领先战略、使产品区别于竞争对手的差异化战略、集中优势占领少量市场的集中化战略；③ 提出了价值链分析，认为企业的生产是一个创造价值的过程，企业的价值链就是企业所从事的各种活动，包括设计、生产、销售、发运，以及各种支持性活动。

（二）企业文化理论

20 世纪 80 年代初，在总结日本企业经营管理经验的基础上，企业文化理论开始出现。1981 年，美国管理学家威廉·大内出版了《Z 理论——美国企业界怎样迎接日本的挑战》一书，最早提出了企业文化的概念。

随后，帕斯卡和阿索斯合著了《日本企业的管理艺术》，深入阐述了日本企业特有的企业文化；迪尔和阿伦·肯尼迪发表了《企业文化》，以日本企业的成功经验为基础构建了企业文化的理论框架；彼得斯和沃特曼出版了《追求卓越》，运用企业文化的理论框架研究了美国企业的成功经验。以上三本著作同威廉·大内的著作一起，并称为“企业文化的四重奏”。

企业文化理论的基本思想可以概括如下。

（1）企业文化是企业及其全体员工在企业生产经营和管理过程中逐渐形成的观念形态，是文化形式和价值体系的总和。

（2）企业文化理论的基点是“以人为本”，强调管理要以人为中心，充分尊重员工的价值，重视人的需求的多样性。

（3）企业文化的构成可分为三个层次，如表 2-14 所示。企业文化的三个层次相互影响、相互渗透，其中，器物文化与制度文化较易改变，心态文化则相对稳定。

（4）企业的价值观处于核心地位。简言之，企业文化就是企业共同的价值观体系，是企业所有成员对问题的共同理解和一致看法。

表 2-14 企业文化的三个层次

文化层次	解 释	具体表现
器物文化	又称行为文化，是最表层的文化，是企业文化的载体与外在化，是一种外显文化	主要包括组织环境、建筑风格、形象声誉、产品质量、服务质量、公共关系等
制度文化	又称规范文化，是中间层文化	主要包括组织的管理风格、宗旨目标、礼仪制度、行为习惯、传统作风等
心态文化	就是企业文化的核心，是核心层文化	主要包括组织成员的思想意识、信仰追求和价值观念等

（三）学习型组织理论

20 世纪 90 年代以来，知识经济的到来使信息与知识成为重要的战略资源，在此背景下诞生了学习型组织理论。美国管理学家彼得·圣吉的著作《第五项修炼》于 1991 年问世，标志着学习型组织理论的形成。

学习型组织理论

1. 基本思想

学习型组织理论认为，**传统的组织类型已经越来越不适应现代环境发展的要求，未来真正出色的企业，是能够设法使组织成员全心投入，并有能力不断学习的组织**。学习型组织是一种更适合人性的组织模式，这种组织有崇高而正确的核心价值和使命，具有强大的生命力和实现共同目标的动力，能够不断创新，持续蜕变。

2. 管理特点

学习型组织在管理模式方面有很鲜明的特点，如表 2-15 所示。

表 2-15　学习型组织管理模式的特点

特　点	具体解释
精简化	管理模式上的精简，不是一种简单的减员，而是一种学习型的精简，是在加强企业教育、要求员工积极学习的基础之上，再进行减员，实现真正的高效
扁平化	学习型组织的结构是扁平的，即从上级决策层到下级操作层，中间的层次很少，上下级之间可以实现面对面的对话
有弹性	弹性就是适应能力，即能够抓住机遇、应变取胜的能力。这种适应能力主要来自全体员工的不断学习
不断学习	不断学习是学习型组织的本质特征，其有四层含义：其一强调“终身学习”，其二强调“全员学习”，其三强调“全过程学习”，其四强调“团体学习”
自主管理	自主管理是指员工要根据企业的发展战略和目标，自己发现问题、组成团队、调查分析、制订计划、实施控制并实现目标

3. 五项修炼

彼得·圣吉认为建立学习型组织，必须具备“五项修炼”的技能，如表 2-16 所示。

表 2-16　彼得·圣吉的“五项修炼”

五项修炼	具体解释
自我超越	即组织成员不断认识自己和外界环境的变化，并不断赋予自己新的奋斗目标，不断超越自我
改善心智模式	即改善认知模式，这要求企业能够不断随着外部环境的变化适时调整甚至革新企业内部的习惯性做法
建立共同愿景	共同愿景就是组织发展的远大目标和组织成员的共同愿望。组织应建立一个共同愿景，并以这个共同愿景感召全体成员为之奋斗
团队学习	在现代组织中，团队学习非常重要。通过团队学习，组织内的成员可以互相帮助，有效沟通，建立共识，使集体变得越来越默契，从而达到团队智商远远大于个人智商的目的
系统思考	系统思考要求组织具备系统观察、纵观全局的能力，以系统和动态的观点观察世界，从而做出决策和行动

管理驿站

博士落水与学习之道

一名博士刚到一家研究所上班，并成为该研究所里学历最高的人员。一天，博士到单位后面的小池塘钓鱼，正、副所长正好在他的一左一右，也在钓鱼。他只是微微点了点头，心想：“这两个本科生，有啥好聊的呢？”不一会儿，正所长放下钓竿，伸伸懒腰，“噌噌噌”从水面上健步如飞地走到对面上厕所。博士眼睛睁得都快掉下来了。“水上漂？不会吧？这可是一个池塘啊！”正所长上完厕所，同样也是从水上漂了回来。怎么回事？博士不好去问，自己是博士呐！

过了一阵，副所长也站了起来，同样“噌噌噌”地漂过水面去上厕所。这下博士差点晕倒：“不会吧，难道我到了一个江湖高手云集的地方？”

不久，博士也内急了。这个池塘两边有围墙，到对面厕所要绕10分钟的路，而回单位又太远，怎么办呢？博士不愿意去问两位所长，憋了半天后，也起身往水里跨：“我就不信本科生能过的水面，我博士生不能过。”只听“咚”的一声，博士栽到了水里。两位所长将他拉了起来，问他为什么要下水，他问：“为什么你们可以走过去呢？”两位所长相视一笑：“池塘里有两排木桩子，这两天下雨涨水正好淹没了。我们都知道这木桩的位置，所以可以踩着木桩过去。你怎么不问一声呢？”

上述事例告诉我们，学历代表过去，只有学习能力才代表将来。尊重经验，才能少走弯路。一个好的团队，也应该是学习型的团队。大学生应树立终身学习的理念，不断学习、增强本领、提升能力，争取早日成为中国特色社会主义事业的建设者和接班人。

（四）企业再造理论

企业再造，是1993年开始在美国出现的关于企业经营管理方式的一种新的理论和方法。1993年，美国麻省理工学院教授迈克尔·哈默与詹姆斯·钱皮经过多年的调研后，整理并出版了《企业再造——工商管理革命宣言》一书，正式提出了企业再造理论。该理论认为，**为了适应新的世界竞争环境，企业必须摒弃已成惯例的运营模式和工作方法，以工作流程为中心，重新设计企业的经营、管理及运营方式，制订企业再造方案，并组织实施与持续改善。**

1．基本思想

（1）企业再造以作业流程为中心。业务流程重组是企业再造的首要任务，它是企业重新获得竞争优势和生存活力的有效途径。

（2）业务流程重组有两大基础，分别是现代信息技术与高素质人才。

（3）企业再造以顾客满意为导向。从顾客满意做起，是企业再造的一大特征。

（4）企业再造以组织扁平化为特征。企业再造必然要从传统的以职能为中心、以控制为导向、层次重叠的机械式组织结构形态，转变为以过程为中心、以顾客为导向、层次扁平的有机式组织结构形态，中间管理层次逐步减少，管理成本大为降低，自主管理程度大幅增强。

（5）企业再造以信息技术为手段。企业再造的实现和完成离不开信息技术的完善和发展。

2．适用性

根据哈默与钱皮的观点，企业再造理论适用于以下三类企业，如表2-17所示。

表 2-17　企业再造理论适用的三类企业

企业类型	具体解释
问题丛生的企业	这类企业除进行企业再造外，别无选择
目前业绩虽然很好，但危机四伏的企业	这类企业当前的财务状况还算令人满意，但有“风雨欲来”之势
处于事业发展高峰的企业	这类企业将再造看成大幅度超越竞争对手的重要途径，他们追求卓越，不断提高竞争标准，构筑竞争壁垒

班级__________ 姓名__________ 学号__________

任务检测

一、客观题

1.【单选题】人际关系学说认为工人是（　　）。

A．经济人　　B．社会人　　C．自然人　　D．复杂人

2.【单选题】（　　）对人做出的“性本恶”的判断。

A．X 理论　　B．Y 理论　　C．超 Y 理论　　D．Z 理论

3.【单选题】赫伯特·西蒙是（　　）的代表人物。

A．社会系统学派　　B．决策理论学派

C．系统管理学派　　D．管理经验学派

4.【多选题】马斯洛的需求层次理论中，（　　）属于精神需要。

A．自我实现需要　　B．社交需要

C．尊重需要　　D．安全需要

5.【多选题】彼得·圣吉认为建立学习型组织，必须具备“五项修炼”的技能。下列选项中，属于“五项修炼”的有（　　）。

A．自我超越　　B．团队学习

C．系统思考　　D．改善心智模式

6.【多选题】决策理论学派认为，一个完整的决策过程可以划分为多个阶段。这些阶段包括（　　）。

A．搜集情况　　B．拟订计划　　C．选定计划　　D．评价计划

7.【判断题】社会系统学派的中心观点就是应用系统论、控制论、信息论的理论和方法来分析和研究企业及其他组织的管理活动。（　　）

8.【判断题】学习型组织的本质特征是能够抓住机遇、应变取胜。（　　）

二、主观题

9.【简答题】简述企业文化的三个层次。

10.【案例分析】

管理理论之争

海伦、汉克、乔、萨利都是美国西南金属制品公司的管理人员。海伦和乔负责产品销售，汉克和萨利负责生产。他们刚参加过为期两天的管理培训班学习，了解了权变理论、系统管理理论及一些有关职工激励方面的内容。他们对所学理论的看法各有不同，现正展开激烈的争论。

班级____________ 姓名____________ 学号____________

从事销售管理工作的乔首先说："我认为系统管理理论对于像我们这样的公司是很有用的。例如，生产工人偷工减料或做手脚、原材料价格上涨等，都会影响我们的产品销售。系统理论中讲的环境影响与我们的情况很相似。我认为，在目前这种经济环境中，一个公司会极大地受到环境的影响。油价暴涨期间，公司尚可控制局面，而现在，销售每前进一步，都需要艰苦的奋斗。我想你们对此一定深有感触。"

从事生产管理工作的萨利插话说："我理解你的意思。我们的确经历过艰苦的时期，但是我不认为这与系统管理理论有什么必然的联系，我们曾在这种经济系统中受到过冲击。当然，你可以认为这与系统理论是一致的，但我并不认为我们有采用系统管理理论的必要。我认为，如果每个东西都是一个系统，而所有系统都能对某一系统产生影响的话，我们又怎么能预见到这些影响所带来的后果呢？所以，我认为权变理论更适用于我们。如果说事物都是相互依存的话，系统理论又能给我们带来什么帮助呢？"

对于他们的讨论，从事销售推销工作的海伦表示有不同的看法。她说："系统管理理论是否有用我还没想清楚，但是我认为权变理论对我们是很有用的。以前我也经常运用权变理论，但我没有意识到自己是在运用权变理论。例如，我经常听到一些家庭主妇讨论类似孩子如何度过周末的问题，从她们的谈话中我就能知道她们所购买的东西。顾客不希望被逼着去买她们不需要的东西。我认为，如果我们花上一两个小时与她们自由交谈的话，那么我们的销售量肯定会增加。但是，我也碰到过一些截然不同的顾客，他们让我向其推销产品，让我替他们在购物中做主。这些人也经常到我这里，但不是闲谈，而是做生意。因此，你们可以看到，我每天都在运用权变理论来应对不同的顾客。为了适应不同的情况，我会经常改变销售方式和风格，许多销售人员都是这样做的。"

从事基层生产管理工作的汉克显得有些激动地插话说："我不懂这些被大肆宣传的理论是什么东西。但是，关于系统管理理论和权变理论，我同意萨利的观点。教授们都把自己的理论吹得天花乱坠，他们的理论听起来很好，但是却无助于我们的管理实际。对于培训班上讲的激励要素问题我也不同意。我认为泰勒在很久以前就对激励问题有了正确的论述。要激励工人，就是要根据他们所做的工作付给他们报酬。如果工人什么也没做，就用不着付任何报酬。你们和我一样清楚，人们只是为钱工作，钱就是最好的激励。"

根据上述案例，分析回答下列问题。

（1）他们所持的不同观点分别是什么？他们的观点为何不同？

（2）权变理论的核心思想是什么？其对管理的启示是什么？

班级＿＿＿＿＿＿＿＿ 姓名＿＿＿＿＿＿＿＿ 学号＿＿＿＿＿＿＿＿

项目实训——企业访谈

一、实训目标

通过实地调研访谈，学生能够更加充分地理解管理的思想和理论，培养运用管理理论解决实际问题的能力。

二、实训内容

1．分组准备

（1）提前与当地愿意接受访谈的一大一小两家企业的负责人取得联系，与他们商议调研访谈的时间、人员，以及所需要的帮助等。

（2）将全班学生抽签分成 2 个小组，分别去往大型企业和小型企业进行访谈。

（3）每组选出至少 2 名负责人，经组内成员商议后，制订一份调研方案。

2．调研访谈

全班学生根据组内的调研方案，有序地进行企业访谈。

（1）组内分工协作，一般 2～3 人组成一个小分队，分别采访企业的人事部、财务部、生产部、营销部、后勤部等部门，并派专人负责记录访谈内容。

（2）访谈的问题主要有：企业目前的管理理念是什么？企业管理者需要掌握或了解的管理理论有哪些？哪些理论适用于企业当前的发展状况？企业最近需要解决的问题或面临的困难有哪些？

3．讨论汇报

（1）调研访谈结束后，2 个小组的成员分别根据各分队的访谈记录展开讨论，将访谈过程中提到的管理理论、了解到的企业困难汇总并整理。

（2）以小组为单位，将讨论结果制作成内容充实的 PPT，并在班级内进行汇报展示。

（3）老师可以根据小组的汇报表现给 2 个小组打分。

4．撰写报告

（1）调研访谈和讨论汇报结束后，每位学生结合此次活动的心得体会，针对小组汇总的企业困境，运用管理理论的相关知识，为企业解决难题出谋划策，最终形成调研报告上交给老师。

（2）老师根据报告内容和综合表现为每位学生评分。

班级______ 姓名______ 学号______

项目评价

评价内容	分 值	评价分数		
		自 评	组 评	师 评
日常考勤和课堂纪律	10 分			
学习态度和课堂参与	10 分			
完成任务检测并保证题目的正确率	50 分			
参与项目实训并积极完成各项任务	30 分			
合计	100 分			
综合评价	综合分数______（自评×25%+组评×25%+师评×50%） 综合等级______ 综合评语： 指导老师签字______			

3 项目三

计划能力

计划是组织管理的首要职能，是实现其他管理职能的前提，它使组织的经营管理活动具有方向性、目的性和自觉性。同时，计划贯穿于组织各部门和各方面的工作中，是一项全面性、综合性的管理工作。因此，组织和管理者必须树立计划意识，重视计划工作。

本项目主要介绍计划能力，具体内容包括计划概述、计划制订、环境分析与目标管理。

项目导览

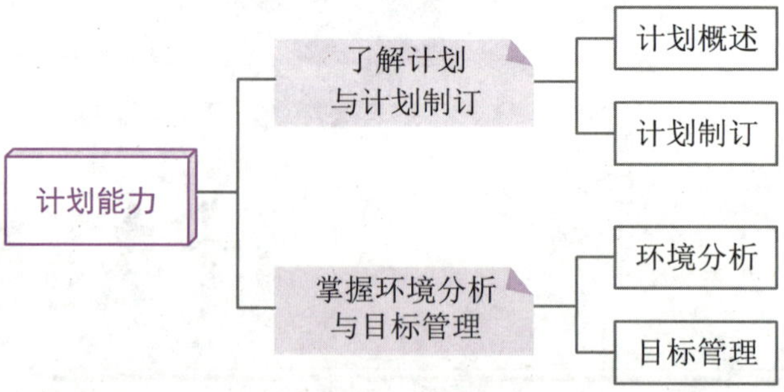

学习目标

知识目标

（1）了解计划的概念与内容、计划的特点与作用、计划的类型与要素、计划制订的影响因素与原则。

（2）熟悉环境分析与目标管理。

（3）掌握计划制订的程序与方法。

技能目标

（1）能够识别组织的计划类型。

（2）能够根据计划制订的原则和程序及环境分析等知识，制订合理的计划。

素质目标

（1）认识计划的重要意义，做到“事事要计划”“事事有计划”“事事能计划”。

（2）树立运用环境分析法进行自我分析和环境分析的意识。

任务一 了解计划与计划制订

任务导入

雅婷化妆品公司的计划

雅婷曾在一家大公司里当过区域经理，管理过250多个推销员。离开这家大公司后，雅婷便开始经营自己的化妆品公司。她从一家小型香水厂购置了一套化妆品配制流水线，租用了一家旧仓库，并安装了一套小型的化妆品灌瓶与包装生产线。3年过去了，雅婷化妆品公司初见成效，于是雅婷打算拓展她的产品线，建立分销网络。以下是她针对这一计划所采取的措施。

（1）她准备了一份计划报告，报告指出“雅婷化妆品公司准备生产一套化妆品系列，并通过百货商店与专业商店在中国东部地区分销上市”。为此，她还建立了三个长期目标：一是成为××品牌香水在中国市场的主要代理人，二是只销售高级化妆品，三是以高收入顾客为主要销售对象。

（2）雅婷打算在中国东部的5座城市开设自己的经销办事处。她巡视了10座城市，最后选中5座城市作为最佳落脚点，并确定办事处的开张营业时间。办事处开张之前，她还要协调好签署租约、添置办公设备、雇佣办事员、招聘或续聘推销员、通知客户等事宜。

（3）雅婷为公司设立的另一个目标是，下一年度的销售额达到3 000万元。销售部经理说，这个目标并不现实。雅婷又询问生产部经理，如果所有的生产线都运作起来，工厂是否能完成每年3 000万元的订单任务。生产部经理回答说，这些必须等他核准生产能力的各项指标之后才能给予答复。

（4）面对这么多要完成的目标，雅婷决定将一定的职权委派给公司主要部门的经理。她逐一与他们交谈，一一落实要达到的目标。她给生产部经理定下了三个目标：一是增强生产力，每月生产1万件产品；二是降低破损率至5%；三是保持工薪支出在500万元以内。生产部经理提出了异议，认为有的指标不合理。到了年终，生产部经理完成了前两个目标，但工薪支出却超出预算100万元。

请思考

1. 如何才能使雅婷“成为主要代理人”的目标更加具体化？
2. 在开设新办事处的过程中，雅婷忽略了计划制订的哪一步骤？
3. 雅婷在处理公司主要计划与派生计划间的关系时存在哪些问题？

思考提示

本任务的知识和技能要求如表 3-1 所示。

表 3-1 知识和技能要求

类 型	具体内容		学习程度			
			了 解	熟 悉	掌 握	应 用
知识要求	计划概述	计划的概念与内容	●			
		计划的特点与作用	●			
		计划的类型与要素	●			
	计划制订	计划制订的影响因素	●			
		计划制订的原则	●			
		计划制订的程序			●	
		计划制订的方法			●	
技能要求	识别组织的计划类型					●

班级__________ 姓名__________ 学号__________

任务工单

(一) 任务描述

以小组为单位，讨论计划制订的方法有哪些。

(二) 任务分工

全班学生以3～5人为一组进行分组，每组设组长1名，小组讨论任务分工并将分工情况填写至表3-2中。

表3-2 小组成员及分工情况

小组成员	姓 名	学 号	任务分工
组长			
组员			

(三) 任务准备

请各组长组织组员进行预习，收集和整理相关资料，讨论并用通俗易懂的语言结合具体事例回答下列问题。

(1) 计划是什么？计划的类型有哪些？

(2) 影响组织计划制订的因素有哪些？

班级____________　姓名____________　学号____________

（四）任务实施

通过课堂学习、小组合作查阅资料等，完成表 3-3。

表 3-3　计划制订的方法

讨论内容	讨论结果
计划 制订的方法	

（五）任务评价

各组派代表展示任务实施成果，并配合指导老师完成表 3-4 所示的任务评价。

表 3-4　任务评价

<table>
<tr><th rowspan="2">评价项目</th><th rowspan="2">评价内容</th><th rowspan="2">分　值</th><th colspan="3">评价分数</th></tr>
<tr><th>自　评</th><th>组　评</th><th>师　评</th></tr>
<tr><td rowspan="3">职业素养
考核目标
（40%）</td><td>考勤、仪容仪表</td><td>10 分</td><td></td><td></td><td></td></tr>
<tr><td>责任意识、纪律意识</td><td>10 分</td><td></td><td></td><td></td></tr>
<tr><td>团队合作与交流</td><td>20 分</td><td></td><td></td><td></td></tr>
<tr><td rowspan="3">专业能力
考核目标
（60%）</td><td>任务准备过程讨论及记录的完成度</td><td>20 分</td><td></td><td></td><td></td></tr>
<tr><td>任务实施过程记录的完成度</td><td>20 分</td><td></td><td></td><td></td></tr>
<tr><td>任务实施成果的展示效果</td><td>20 分</td><td></td><td></td><td></td></tr>
<tr><td colspan="2">合计</td><td>100 分</td><td></td><td></td><td></td></tr>
<tr><td>综合评价</td><td colspan="5">综合分数______（自评×25%+组评×25%+师评×50%）
综合等级______
综合评语：

指导老师签字__________</td></tr>
</table>

一、计划概述

计划职能在各项管理职能中的地位集中体现在其首位性上。这种首位性一方面是指计划职能在实践顺序上处于“计划-组织-领导-控制”四大管理职能的第一位，另一方面是指计划职能对整个管理过程及结果的影响具有首要意义。因此，对企业来说，良好的计划是提高竞争力的重要途径和有力工具。

（一）计划的概念与内容

1. 计划的概念

计划的概念有广义与狭义之分，广义的计划是管理者制订计划、执行计划和检查计划执行情况的全部过程；狭义的计划是管理者对未来应采取的行动所做的谋划和安排。

概括地讲，**计划是在科学预测的基础上，为实现组织目标，而对未来一定时期内的工作做出安排的活动**。计划是管理的首要职能，是组织生存发展的必要条件。任何一个组织的存在都有一定的目标，而目标的实现又依赖于计划的制订和执行。

计划的概念与内容

2. 计划的内容

计划的内容通常可以用“5W1H”来表示，如表 3-5 所示。

表 3-5 计划的内容（“5W1H”）

5W1H	含义	具体解释
What（做什么）	目标	即明确一定时期内的具体任务和要求。例如，生产计划应明确所生产产品的品种、数量、规格等，以保证合理利用资源，并为考核提供依据
Why（为什么做）	原因	即明确计划的宗旨、目标和战略，使计划执行者了解并支持计划，以便发挥执行者的积极性和主动性，实现预期目标
When（何时做）	时间	即规定计划中各项工作的起始时间、完成时间及进度等，以便执行者进行有效的控制并对组织的资源进行合理的安排
Where（何地做）	地点	即规定计划的实施地点和场所，了解计划实施的环境条件和限制条件，以便合理安排计划实施的空间组织和布局
Who（谁去做）	人员	即明确实施计划的部门和人员，包括每一阶段的责任者、协助者和利益相关者等
How（如何做）	方式	即制订实施计划的措施，以及相应的政策和规则等，以便相关人员对组织资源进行合理的预算、分配和使用

（二）计划的特点与作用

1. 计划的特点

作为管理的基本职能之一，计划具有如表 3-6 所示的几个显著特点。

表 3-6 计划的特点

计划的特点	具体解释
目的性	目标是计划的核心，实现目标是计划的出发点和归宿。在组织中，每一个计划及其派生计划的制订都是为了促使组织总体目标和各个阶段目标的实现。有效地制订计划能够对组织的行为产生积极的指导作用，从而确保组织沿着既定的方向和目标前进。离开了目标，计划就毫无意义
首位性	计划在管理职能中处于首要地位，它是实施其他各项管理职能的前提和依据。任何组织只有把实现目标的计划制订出来以后，才能确定合适的组织结构、配备合格的人员、采取有效的领导方式和控制方法等。此外，组织、领导和控制职能的工作都要随着计划的改变而改变
普遍性	计划的普遍性包含两层含义：① 由于资源有限，组织的任何管理活动都需要进行合理的计划，这样才能有效地利用资源；② 尽管组织中不同层次的管理者从事工作的内容和侧重点有所不同，但不论哪种层次的管理者，都或多或少地拥有制订计划的权力和责任
效率性	计划的效率是制订计划与执行计划过程中所有的产出与投入之比。计划工作不仅要确保实现目标，而且要选取最优方案，以合理利用资源和提高组织效率。如果一项计划消耗的费用太高，即使它可以实现组织目标，也只能说该计划是低效的
创新性	计划总是针对需要解决的新问题和可能发生的新变化、新机会而做出决定的，因此它是一个创新性的管理过程。一项计划的成功依赖于创新
未来性	计划是面向未来的，它是一种预先的安排，即事先决定做什么、何时做、何地做、谁去做以及如何做，所以要确定目标和通向目标的措施

管理风暴

你认为，在实际工作中可以将计划职能和其他职能的顺序颠倒（如先控制后计划）吗？请说明你的理由。

2. 计划的作用

计划是管理的首要职能，在各项管理职能中处于优先地位。一般来说，计划具有承上启下的作用。它一方面是决策职能的具体化，另一方面又是其他管理活动的基础和依据。具体来说，计划的作用体现在以下几个方面。

1）指明方向，协调活动

良好的计划可以明确组织目标，它为管理工作提供了基础，是一切管理活动的依据。管理者通过科学的计划体系分派任务，确定下属的权力和责任，从而使组织中各部门、各成员的工作统一协调、有序展开。计划使得管理活动的监督、检查和纠正等环节有了更加明确的依据，使得管理者的管理工作变得更加高效。

2）预测变化，降低风险

计划是面向未来的，而在未来组织自身的内部环境和面临的外部环境都具有一定的不确定性和变化性。但是计划作为一种对未来行动的筹划，必然要对未来的各种情况进行科学细致的预测，并针对各种变化因素制订应对措施，以最合理的方案安排组织的各项活动，从而减少变化带来的冲击，将未来活动的风险降至最低。

3）配置资源，减少浪费

计划工作的首要任务就是使组织的未来活动均衡发展。计划可以使组织的有限资源得到更加合理的配置，使组织内部的人力、物力、财力等更加紧密地结合起来，从而减少不必要的重复活动所造成的浪费，提高效率，带来巨大的经济效益和社会效益。

4）有效控制，纠正偏差

由于各种主客观因素的影响，组织在实施计划的过程中可能会出现与目标要求不完全相符的情况，从而出现偏差。此时就需要对组织的活动进行有效的控制，及时纠正偏差。而计划是控制的基础，几乎所有的控制标准都来自计划。没有计划，控制就是无本之木。

读故事悟管理

运筹帷幄之中，决胜千里之外

刘邦打败了西楚霸王项羽，当上了皇帝，行赏的时候，把张良的功劳评为头功。韩信听了很不高兴，认为天下是自己一刀一枪打下来的，为什么论功却不如张良？刘邦知道后，说了一句："运筹帷幄之中，决胜千里之外。"意思就是，因为有张良在大帐里出谋划策，你韩信才能在千里之外取胜。韩信听后心服口服。

【管理启示】刘邦所说的运筹，即谋划和筹划，也就是管理上所讲的计划。可见，计划的地位和作用十分重要。

（三）计划的类型与要素

1．计划的类型

由于人类活动的复杂性和多元性，计划的种类也变得十分多样。

1）按时间期限长短的不同分类

按时间期限长短的不同，计划可分为长期、中期和短期计划，如表 3-7 所示。

表 3-7 计划按时间期限长短的不同分类

计划的类型	概念解释
长期计划	是组织在较长时期内（通常是五年以上）的发展方向和方针，主要规定组织各个部门在该时期从事某种活动应达到的目标和要求
中期计划	是长期计划的具体化，同时又为短期计划指明了方向，其时间期限通常是一年至五年
短期计划	是组织各个部门在较短时期内（通常是一年以内）应该从事的活动和达到的要求，它是中长期计划的落实，内容较为详细具体

在管理实践中，计划的时间期限不是绝对的，会因组织的规模和目标的特性而有所不同。但是，任何组织的长期、中期和短期计划都必须有机地结合起来，长期计划要对中期计划和短期计划具有指导作用，而中期计划和短期计划的实施要有助于长期计划的实现。

管理驿站

计划引领未来：从“十四五”规划到个人职业生涯规划

2021年3月11日，第十三届全国人民代表大会第四次会议表决通过了《中华人民共和国国民经济和社会发展第十四个五年规划和2035年远景目标纲要》（简称《“十四五”规划纲要》）的决议。《“十四五”规划纲要》指出了我国在“十四五”时期的经济社会发展目标：经济发展取得新成效，改革开放迈出新步伐，社会文明程度得到新提高，生态文明建设实现新进步，民生福祉达到新水平，国家治理效能得到新提升。

《“十四五”规划纲要》是我国迈进新时代的第一个五年规划，也是我国开启全面建设社会主义现代化国家新征程的第一个五年规划，具有十分重要的地位和作用。它属于宏观性、全局性、综合性、引领性的中长期规划，既是年度规划和专项规划的依据，又是实现长远目标和长期规划的基础和阶梯，为进一步实现中华民族伟大复兴指明了方向。

大到一个国家、民族的发展需要有规划，小到一个企业甚至个人的发展同样需要有计划。我们应该清楚地认识到计划的引领和指导作用，及时制订日常的生活计划和学习计划，尽早确定未来的职业生涯规划，并制订相应的策略为之奋斗，在计划的指引下逐步实现个人的理想和价值。

2）按对组织影响范围和影响程度的不同分类

按对组织活动的影响范围和影响程度的不同，计划可分为战略、战术和作业计划，如表3-8所示。

表3-8　计划按对组织影响范围和影响程度的不同分类

计划的类型	概念解释
战略计划	也称战略规划，是应用于整个组织，为组织设立总体的较为长期的目标，寻求组织在环境中的地位的计划，具有总体性、长远性和纲领性等特征
战术计划	是组织内部某些部门在较短时期内的具体行动方案，是规定总体战略目标如何实现的细节计划，具有局部性、阶段性和具体性等特征
作业计划	是某一部门或个人的具体行动计划，一般具有个体性、可重复性和较大的刚性等特征

战略计划一般由高层管理者负责，而战术计划和作业计划往往由中层、基层管理者甚至具体的作业人员负责。战略计划对战术计划和作业计划具有指导作用，战术计划和作业计划的实施要确保战略计划的实现。

管理加油站

战略计划与战术计划有什么区别？

从范围上讲，战略是国家或一方势力根据形势需要，在整体范围内为自身经营和势力发展而制订的一种全局性的、具有指导意义的规划和策略；而战术是在特定的局部地区，为维持和发展自身、扫除已经出现或将要出现的威胁而采取的手段。

从时间上讲，战略是依据形势需求制订的长期方略，往往可以维持几年或几十年；而战术持续的时间相对较短，一般在一年以内。

从形式上讲，战略是全局的，是指导战术形成的总体构思；而战术是局部的，是围绕战略思想、地区环境而制订的有效方法，是战略的特殊体现。

3）按所涉及对象内容的不同分类

按所涉及对象内容的不同，计划可分为综合、专业和项目计划，如表 3-9 所示。

表 3-9 计划按所涉及对象内容的不同分类

计划的类型	概念解释
综合计划	是组织根据经营过程的各个方面所做的全面规划和安排，关系到组织的多个目标和多个方面内容，如企业的年度综合经营计划等
专业计划	是涉及组织内部某个方面或某些方面内容的活动计划，多是一种单方面的职能计划，如业务计划、财务计划、人事计划、生产计划、销售计划等
项目计划	是组织针对某个特定课题或活动所做的计划，其目的多是组织结构的变革，如组织的扩建计划、产品的开发计划、职工俱乐部的建设计划等

综合计划和专业、项目计划之间是整体与部分的关系，一个组织中可能同时存在许多个专业计划和项目计划，它们是综合计划的特殊安排，必须以综合计划为指导。

4）按明确程度和对执行者约束力的不同分类

按明确程度和对执行者约束力的不同，计划可分为指令性和指导性计划，如表 3-10 所示。

表 3-10 计划按明确程度和对执行者约束力的不同分类

计划的类型	概念解释
指令性计划	是由上级主管部门下达的具有行政约束力的计划，其一经下达，各级部门必须遵照执行
指导性计划	是由上级部门下达的具有参考作用的计划，其下达之后，各级部门可以根据实际情况决定是否完全遵照执行

5）按所针对管理活动类型的不同分类

按所针对管理活动类型的不同，计划可分为程序性和非程序性计划，如表 3-11 所示。

表 3-11　计划按所针对管理活动类型的不同分类

计划的类型	概念解释
程序性计划	是针对组织经常性、重复性出现的例行活动而制订的计划，具有重复性和稳定性等特征
非程序性计划	是针对组织不重复出现的非例行活动而制订的计划，具有创新性和不固定性等特征

管理风暴

综合计划一定是战略计划吗？项目计划一定是作业计划吗？这两种分类标准之间有何关系？

2．计划的要素

一般来说，计划的要素包括九个，分别是宗旨、目标、战略、政策、策略、程序、规则、规划和预算，如图 3-1 所示。

计划的要素

宗旨	其目的是说明组织存在的根本意义和价值，是不同组织相互区别的根本标志
目标	是宗旨的具体化和数量化，说明了组织活动所要达到的预期结果
战略	是为实现组织目标所确定的发展方向、行动方针、行为原则、资源分配等总体规划
政策	是组织在决策或解决问题时用来指导和沟通思想与行动方针的规定或行为规范
策略	是实现组织目标的具体谋略和方案
程序	是完成某项具体活动的方法和步骤，它将一系列行为按照某种顺序进行排列组合
规则	是在具体场合或具体情况下，针对特定行动的规定
规划	指为了实施既定方针而制订的综合性计划，它可大可小，一般具有纲领性的作用
预算	又称“数字化”的规划，是用数字表示预期结果的报告书

图 3-1　计划的要素

二、计划制订

（一）计划制订的影响因素

计划应根据组织自身和环境的特点来制订，组织及其所处的环境不同，计划工作的重点便不相同。**计划制订的影响因素主要有组织的层次、组织的周期、组织的文化及环境的波动。**

1．组织的层次

通常情况下，高层管理者主要制订具有全局性、方向性和长期性的计划，其计划工作的重点是战略计划；基层管理者主要制订局部性、具体性、短期性的计划，其计划工作的重点在于可操作性；而中层管理者制订的计划内容介于高层与基层管理者之间。组织层次与计划重点之间的关系如图 3-2 所示。

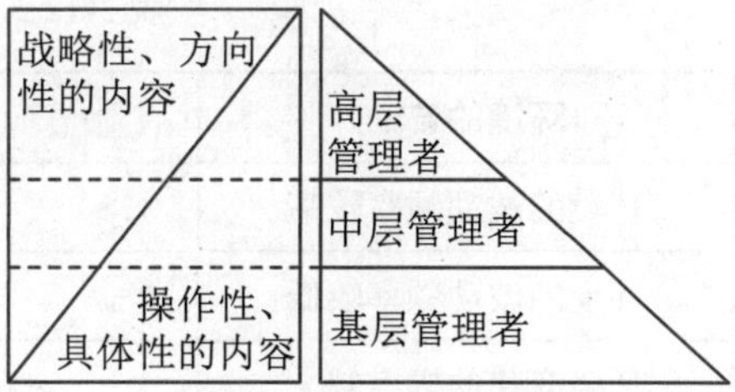

图 3-2 组织层次与计划重点的关系

2．组织的周期

任何组织都要经历一个从形成、成长、成熟到衰退的生命周期，在生命周期的各个阶段，组织的计划重点各不相同，如图 3-3 所示。

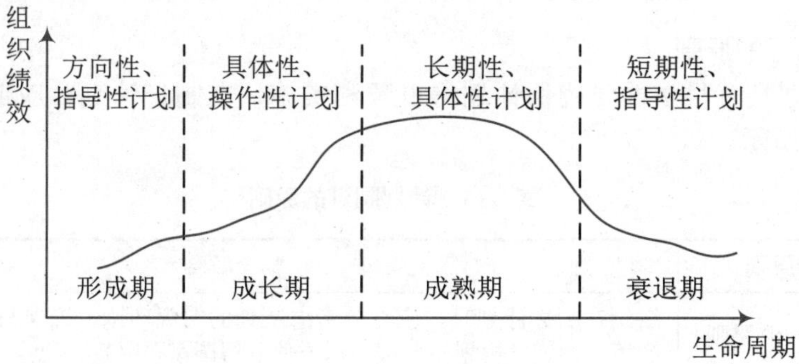

图 3-3 组织生命周期与计划重点的关系

当组织处于形成期时，各类不确定因素较多，组织的目标也是尝试性的，因此要求组织具有很高的灵活性，计划也应按照需要随时进行调整。此时，计划的重点应放在方向性和指导性的内容上，计划的期限宜短。

当组织处于成长期时，组织的目标更加确定，不确定因素逐渐减少。此时，计划的重点可以放在具体的操作性内容上，不过计划的期限仍宜短。

当组织处于成熟期时，组织面临的不确定性和波动性最小。此时，计划的重点可以放在长期性、具体性、可操作性的内容上。

当组织处于衰退期时，组织面临的变化和波动增多，需要重新考虑目标、分配资源。此时，计划的重点又回到短期性和指导性的内容上。

3．组织的文化

组织文化是组织精神、信念、道德、心理等各种文化因素的总和，它以无形的力量构成组织有效运行的内在驱动力，被称为“管理之魂”。

组织文化有强弱之分，内部成员对组织基本价值观念的接受程度和承诺越大，组织文化就越强。组织文化对组织内部成员具有一种感召力，也会对计划的重点产生影响。例如，在过程倾向型的组织文化中，组织的计划更侧重于具体的操作性内容；在结果倾向型的组织文化中，组织的计划则会侧重于目标性和指导性的内容。

4．环境的波动

任何组织的活动都要在一定的环境下进行，因此环境的不确定性和波动性必然会制约组织活动的方向和内容的选择。环境的波动对计划制订的影响如表 3-12 所示。

表 3-12　环境的波动对计划制订的影响

环境的波动	计划的重点	计划的次数
环境的波动频率较高	短期性内容	增多
环境的波动频率较低	长远规划内容	减少
环境变化的幅度较大	宏观性、长期性、战略性和指导性内容	—
环境变化的幅度较小	局部性、短期性、战术性和可操作性内容	—

（二）计划制订的原则与程序

1．计划制订的原则

为了使计划具有科学性，确保计划得以顺利实施，在制订计划时应遵循以下基本原则，如表 3-13 所示。

表 3-13　计划制订的原则

计划制订的原则	概念解释
与国家政策相一致原则	组织在制订计划时，应充分考虑所处的宏观环境，确保与国家的宏观经济政策、计划、规划相一致，以方便取得国家在财政、税收等方面的支持
综合平衡原则	这是计划管理的基本原则和计划工作的主要方法，实现综合平衡的关键是实事求是、全盘考虑
经济效益原则	提高经济效益是组织管理活动和计划工作的中心任务，关键是要做好市场预测，并进行可行性研究和量、本、利分析，以最低消耗取得最高效益
灵活性原则	计划指标必须具有灵活性和弹性，应留有一定的余地，以应对组织内外各种条件的意外变化
远粗近细、宏粗微细原则	即组织的长期计划和宏观计划应用粗线条勾画、涵盖面较广，而短期计划和微观计划则应更加细致具体、可操作性强
跟踪反馈原则	计划的制订、执行、反馈和调整是一个动态系统，计划执行过程中出现的问题一定要及时反馈给计划部门，以便及时纠正偏差

2．计划制订的程序

一个完整的计划一般需要八个步骤才能完成，如图 3-4 所示。在实际工作中，计划制订者应根据具体情况确定哪些步骤必不可少，哪些步骤可以省略，哪些步骤可以齐头并进，从而制订出符合组织实际情况的计划。

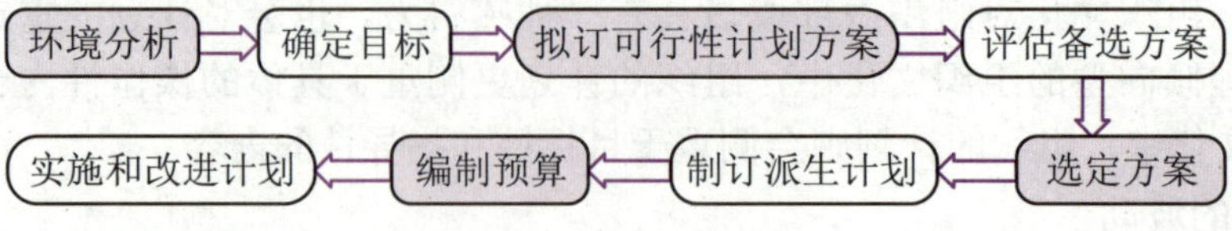

图 3-4　计划制订的程序

1）环境分析

组织环境因素对组织计划的制订起着关键性的影响作用。因此，组织的管理者应在分析组织自身经营能力的基础上，掌握外部环境的变化，从而制订出切合实际的计划。具体来说，组织应从宏观环境、行业环境和内部环境三个方面进行分析。

2）确定目标

目标是组织计划工作的核心，它可以为组织的管理决策指明方向，并且可以作为衡量组织绩效的标准。一般而言，组织在确定目标时必须注意四个方面的内容，即考虑目标的优先次序、选择适当的目标时间、确立合理的目标结构、明确目标的衡量标准。

3）拟订可行性计划方案

目标确定后，就需要拟订尽可能多的计划方案。可供选择的行动计划数量越多，被选计划的满意程度相对也越高，行动也越有效。在拟订可行性计划方案时，组织要广泛发动群众，充分利用组织内外部的专家，通过他们献计献策，产生尽可能多的行动计划。另外，计划方案的拟订既要依赖于过去的经验，又要依赖于创新。

4）评估备选方案

评估备选方案，即根据企业内外部条件和对计划目标的研究，充分分析各个方案的优缺点，并进行认真的评价和比较，挑选出风险最小、最接近许可条件和目标要求的方案。

5）选定方案

选定方案，即从多个备选方案中选择较优方案。在选择方案时，通常可采用如表 3-14 所示的方法。

表 3-14 选择方案时通常可采用的方法

方 法	概念解释
经验法	即依靠经验（包括管理者的经验和组织成员的经验）来进行评定
试点法	即对备选方案进行试验和试点
数理法	即借助数学模型进行研究与分析

如经分析和评估发现，备选方案中有两个以上的合适方案，那么管理者可以同时采用若干方案，而不必局限于一个方案。

6）制订派生计划

派生计划是为了支持主计划的实现，由各个下属部门或职能部门制订的计划。例如，生产计划、营销计划、财务计划等都是组织计划的派生计划。

7）编制预算

在做出决策和确定计划后，组织应进行预算编制，将决策和计划转化为预算，使之数字化，通过数字来反映整个计划。编制预算的目的主要有两个，一方面是使计划的指标体系更加明确，另一方面是方便组织对计划执行过程的控制。此外，由于实际情况总在变化，所以预算在必要时也应有所变化，以便能更好地指导实际工作。

8）实施和改进计划

制订计划并非计划职能的目的和全部，制订计划后还需要实施和改进。通过实施，组织可以对计划情况进行检查并反馈，当实施情况与目标不一致时，制订者应及时改进和完善计划。

计划制订的注意事项

（三）计划制订的方法

为了保证计划的合理性，确保组织目标的实现，计划制订过程中必须采用科学的方法。**常用的计划制订的方法有甘特图法、滚动计划法和网络计划技术等。**

1. 甘特图法

甘特图法是 20 世纪初由法国人亨利·甘特开发的，**又称线条图法或横线工作法**。甘特图是一种线条坐标图，横轴表示时间，纵轴表示任务，一定宽度的线条表示在整个期间内的计划和实际活动的完成情况，如图 3-5 所示。

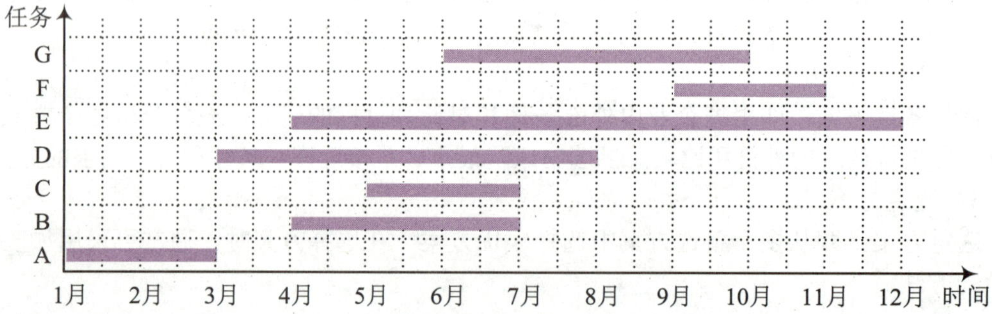

图 3-5 甘特图示例

甘特图法适用于具体实施的计划管理，操作简便、绘制简单。它可以直观地表明任务的开始时间和完成时间，并可将实际进展与计划要求进行对比检查。通过对甘特图的分析，管理者可以弄清一项任务的剩余工作，并评估整体的工作进度。

管理加油站

制作甘特图的软件

制作甘特图的软件有 GanttProject、Gantt Designer 和 Microsoft Project 等。此外，制作者也可以在 Microsoft Excel 中手动绘制甘特图。

2. 滚动计划法

滚动计划法是一种将短期计划、中期计划和长期计划有机地结合起来，根据近期计划的执行情况和环境的变化情况，定期修改未来计划并逐期向前推进的方法。

在计划工作中很难准确地预测未来各种影响因素的发展变化，而且计划期越长，这种不确定性就越大。因此，如果机械地按照几年前制订的计划实施，可能会导致重大的损失。滚动计划法可以避免这种不确定性带来的不良后果。

滚动计划法的应用示例图

1）滚动计划法的基本原理

滚动计划法的基本原理：① 在制订近期计划时，同时制订未来若干时期的计划，但计划内容采用“近细远粗”的办法，即近期计划的内容尽可能详尽，远期计划的内容则较粗略；② 在计划期的第一阶段结束时，根据该阶段的计划执行情况和内外部环境变化情况，对原计划进行修订，并将整个计划向前滚动一个阶段；③ 以后根据同样的原则逐期滚动。

2）滚动计划法的特点

总体来说，滚动计划法的特点如表 3-15 所示。

表 3-15　滚动计划法的特点

特　点	具体释义
预见性	制订滚动计划，可以有效地预测下期计划的情况和存在的问题，便于组织尽早采取措施，发展有利因素，克服不利因素
灵活性	环境等客观因素的变化对组织经营有较大影响，为了适应新变化，企业根据滚动计划法制订的计划也相应地具有较大的灵活性，能够及时根据主客观条件调整和修改计划
均衡性	滚动计划的制订既要考虑本期任务，又要预测下期情况，因而易于保证所有计划的均衡进行，避免出现大起大落的现象
连续性	按照滚动计划法，本期计划是在分析上期实际情况后制订的，既是上期计划的延续，又是制订下期计划的基础，因而可以密切衔接前后期计划；同时，滚动计划也便于不同时间期限的计划之间紧密衔接，从而充分发挥长期计划对短期计划的指导作用

3．网络计划技术

网络计划技术于 20 世纪 50 年代后期在美国产生和发展起来。**这种方法包括各种以网络为基础而制订计划的方法，如关键路径法、计划评审技术、组合网络法等。**

1）网络计划技术的基本原理

网络计划技术的基本原理：把一项工作或项目分解成各个作业，然后根据作业顺序进行排列，通过网络图的形式对整个工作或项目进行统筹规划和控制，以便用最少的人力、物力、财力，以最快的速度完成工作。网络计划技术的基本步骤如图 3-6 所示。

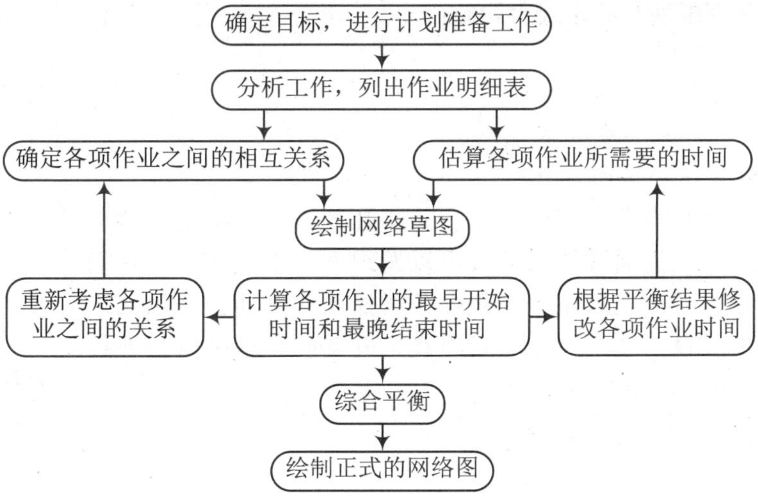

图 3-6　网络计划技术的基本步骤

2）网络图的构成要素

网络图是网络计划技术的基础。任何一项任务都可分解成多个步骤的作业，网络图是根据这些作业在时间上的衔接关系，用箭线表示它们的先后顺序，从而画出一个由各项作业相互联系并注明所需时间的箭线图。

网络图主要由工序、事项和线路三个要素构成。图 3-7 是简单的网络图示例。

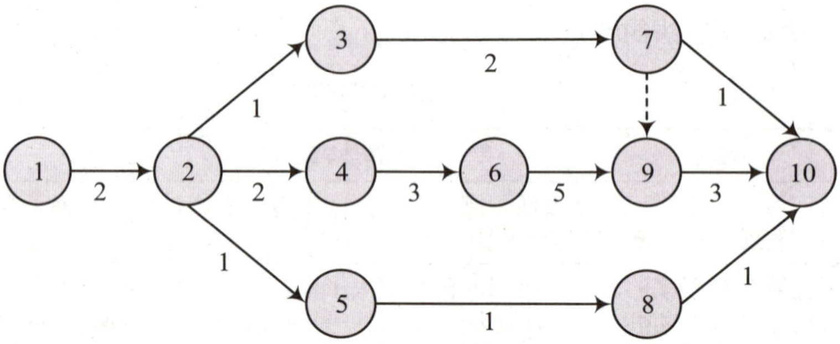

图 3-7　网络图示例

（1）工序，用“→”表示。工序是一项作业的过程，有人力、物力参加，经过一段时间才能完成。图 3-7 中箭线下的数字即表示完成该项作业所需要的时间。此外，网络图中还有一些虚设的工序，这些工序既不占用时间，也不消耗资源，叫作虚工序，用“⋯►”表示。网络图中应用虚工序的目的是正确表示工序之间先后衔接的逻辑关系，避免工序之间的关系含混不清。

（2）事项，用“○”表示。事项是两个工序之间的连接点。事项既不占用时间，也不消耗资源，只表示前道工序结束、后道工序开始的瞬间。一个网络图中只有一个始点事项和一个终点事项。

（3）路线。路线是网络图中由始点事项出发，沿箭线方向前进，连续不断地到达终点事项的一条通道。一个网络图中往往存在多条路线，例如，图 3-7 中从始点事项①连续不断地走到终点事项⑩的路线有四条：

①→②→③→⑦→⑩

①→②→③→⑦→⑨→⑩

①→②→④→⑥→⑨→⑩

①→②→⑤→⑧→⑩

比较各路线的路长，可以找出一条或几条最长的路线，这被称为关键路线，因为通过这条路线可以发现不必要的工序，从而不断简化路径，减少完成整个计划任务所需要的时间。应用网络计划技术的主要目的就是确定关键路线，并据此合理地安排各种资源，对各工序活动进行进度控制。

网络计划技术的优点

班级______________ 姓名______________ 学号______________

任务检测

一、客观题

1.【单选题】企业的年度综合经营计划属于（　　）。

A．项目计划　　B．综合计划

C．作业计划　　D．专业计划

2.【单选题】某企业想用滚动计划法制订 2021—2025 年的五年计划，则该企业应将（　　）年的计划制订得最为详细。

A．2024　　B．2023

C．2022　　D．2021

3.【单选题】（　　）是管理的首要职能，是组织生存发展的必要条件。

A．组织　　B．决策

C．沟通　　D．计划

4.【多选题】计划应根据组织自身及环境的特点来制订，一般来说，影响计划制订的因素包括（　　）。

A．组织的层次　　B．组织的周期

C．组织的文化　　D．组织的波动

5.【多选题】计划的分类方式很多，按其所针对的管理活动类型的不同，计划可分为（　　）。

A．程序性计划　　B．指令性计划

C．指导性计划　　D．非程序性计划

6.【多选题】计划是管理的首要职能，在各项管理职能中处于优先地位。计划的作用主要包括（　　）。

A．指明方向，协调活动　　B．预测变化，降低风险

C．配置资源，减少浪费　　D．有效控制，纠正偏差

7.【判断题】甘特图以横轴表示任务或项目，以纵轴表示时间刻度。（　　）

8.【判断题】作为管理的基本职能之一，计划具有首位性、目的性、唯一性和确定性等显著特点。（　　）

二、主观题

9.【简答题】简述组织的生命周期对计划制订的影响。

班级____________ 姓名____________ 学号____________

10.【简答题】简述计划的内容。

11.【案例分析】

计划与执行：吴经理与专家的智慧碰撞

某钢铁公司吴经理向一位效率专家请教如何更好地执行计划。该专家声称可以给吴经理一样东西，在10分钟内能使公司业绩提高50%。接着，专家递给吴经理一张白纸，说道："请在这张纸上写下你明天要做的6件最重要的事情。"吴经理大概用时5分钟写完。专家接着说："现在请用数字标明每件事情对于你和公司的重要性的次序。"吴经理又花了约5分钟做完。

专家说："好了，现在这张纸就是我要给你的。明天早上第一件事就是把这张纸拿出来，做第一项最重要的工作。在做的过程中，不要看其他的，只做第一项，直到完成为止。然后用同样办法对待第二项、第三项……直到下班为止。即使只做完一件事，也不要紧，因为你总是在做最重要的事。你可以试着每天都这样做，直到你觉得这个方法有价值时，再请你按照你认为的价值给我寄支票。"

一个月后，吴经理给专家寄去了一张20万元的支票，并在公司内部员工中普及这种方法。5年后，当年这个不为人知的小钢铁公司，成了行业内的佼佼者，引领着市场的潮流。

根据上述案例，运用计划的相关知识，谈谈这则案例给你的启示。

任务二 熟悉环境分析与目标管理

任务导入

王经理的目标管理蓝图

盛世集团公司是一家拥有 18 家子公司和 9 家分公司的大型集团公司，集团公司对分公司的管理方式是独立经营、集中核算。其中一家分公司的王经理最近听了有关目标管理的讲座，深受启发和鼓舞，计划在分公司内推行目标管理。在一次部门经理会议上，他详细叙述了这种方法的实际应用与发展情况，指出了在公司推行这种方法的好处，提出了在公司实施目标管理的建议，并要求下属部门经理认真考虑。

一段时间后，在又一次的部门经理会议上，大家对实施目标管理进行了讨论。财务经理提出，集团总公司对分公司下一年的目标没有明确指示；生产经理也提出，总公司对分公司的目标没有明确要求，分公司不清楚要做什么。听到这些后，王经理说："这些都无关紧要，不会影响我们实施目标管理。其实，目标并不神秘，我们分公司计划明年的销售额达到 2 000 万元，税后利润率达到 10%，投资收益率达到 16%，正在进行的新产品项目很快就能投产，我们以后还会有更进一步的目标，如今年年底前完成我们的新市场开发工作……保持员工流动率在 12%以下……"王经理越说越兴奋，"下个月，你们每个人要把这些目标转换成自己部门可考核的目标，并能用数字表述出来，这些数字加起来就构成我们分公司的总目标了。"

部门经理听到这里，对自己的领导提出的这些可考核目标，以及如此明确和自信的陈述感到惊讶，一时无言。

请思考

王经理制订目标的方法是否妥当？请阐述你的理由。

思考提示

本任务的知识和技能要求如表 3-16 所示。

表 3-16　知识和技能要求

类　型	具体内容	学习程度			
		了 解	熟 悉	掌 握	应 用
知识要求	环境分析		●		
	目标管理		●		
技能要求	根据计划制订的原则和程序及环境分析等知识，制订合理的计划				●

班级____________　姓名____________　学号____________

任务工单

（一）任务描述

以小组为单位，讨论组织环境分析的方法主要有哪些并简要绘制目标管理的过程图。

（二）任务分工

全班学生以 3～5 人为一组进行分组，每组设组长 1 名，小组讨论任务分工并将分工情况填写至表 3-17 中。

表 3-17　小组成员及分工情况

小组成员	姓　名	学　号	任务分工
组长			
组员			

（三）任务准备

请各组长组织组员进行预习，收集和整理相关资料，讨论并用通俗易懂的语言结合具体事例回答下列问题。

（1）环境分析是什么？

（2）目标管理是什么？目标管理的特点是什么？

班级__________　　姓名__________　　学号__________

（四）任务实施

通过课堂学习、小组合作查阅资料等，完成表 3-18。

表 3-18　组织环境分析的方法及目标管理的过程图

讨论内容	讨论结果
组织环境分析的方法	
目标管理的过程图	

（五）任务评价

各组派代表展示任务实施成果，并配合指导老师完成表 3-19 所示的任务评价。

表 3-19　任务评价

评价项目	评价内容	分　值	评价分数		
			自　评	组　评	师　评
职业素养考核目标（40%）	考勤、仪容仪表	10 分			
	责任意识、纪律意识	10 分			
	团队合作与交流	20 分			
专业能力考核目标（60%）	任务准备过程讨论及记录的完成度	20 分			
	任务实施过程记录的完成度	20 分			
	任务实施成果的展示效果	20 分			
合计		100 分			
综合评价	综合分数______（自评×25%+组评×25%+师评×50%） 综合等级______ 综合评语： 指导老师签字__________				

一、环境分析

（一）环境分析的概念

环境分析是通过对组织所处的内外环境进行充分的认识和评价，以便发现机会和威胁，确定自身的优势和劣势，从而为战略管理、计划制订等工作提供指导的一系列活动。环境分析包括内部环境分析和外部环境分析，其中，内部环境分析主要是企业资源条件分析，外部环境分析包括一般环境分析和行业环境分析。

环境分析是组织制订计划的第一步，是计划的前提和基础，具有极其重要的地位。

（二）环境分析的方法

1. SWOT 分析法（环境分析的框架）

SWOT 分析法，即基于内外部环境和条件下的态势分析，就是将与组织相关的各种内部优势、劣势，以及外部机会、威胁等，通过调查列举出来，并按照矩阵形式排列，然后用系统分析的思想，把各种因素匹配起来加以分析，从中得出一系列带有决策性质的结论。

SWOT 分析法

SWOT 分析法的四个字母分别表示：优势 S（Strengths），即组织内部的优势；劣势 W（Weaknesses），即组织内部的劣势；机会 O（Opportunities），即组织外部的机会；威胁 T（Threats），即组织外部的威胁。SWOT 分析矩阵如图 3-8 所示。

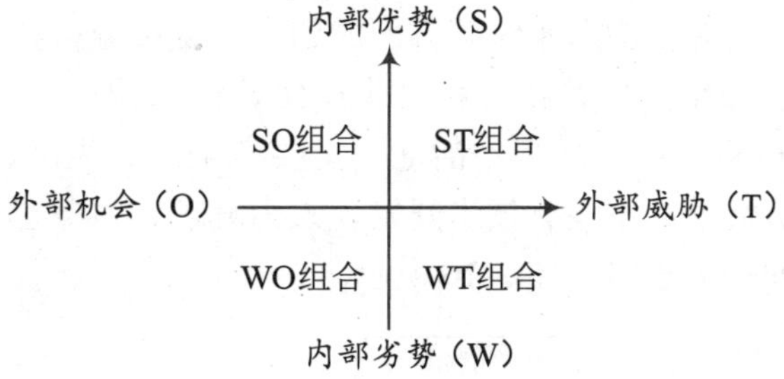

图 3-8　SWOT 分析法

管理驿站

SWOT 分析法：精准定位自我，科学制订计划

SWOT 分析法不仅适用于企业或组织的环境分析，还为我们提供了一个观察自我的新角度。通过 SWOT 模型分析，我们可以更加清晰地认识自己。

（1）优势。充分了解自身优势有助于发挥特长，最大化自身长板。这一步要做到“自我欣赏”和客观公正。

（2）劣势。劣势是我们进步和获得良好生活的阻力。这一步需要我们进行严格的自我审视。

（3）机会。机会是我们在所处的社会环境中占据的优势因素。任何人都无法摆脱社会环境而单独存在，及时抓住时代的机遇，是目标达成的关键所在。

（4）威胁。威胁是我们在所处的社会环境中面临的不利因素，对于这些不利因素我们应注意规避，减少不利因素的不良影响，采取行动化危为机。

中国自古就有“吾日三省吾身”的古训，这在现代生活中依然适用。我们应充分利用 SWOT 分析法，定期分析自身的优势和劣势，以及所处环境中的机会和威胁。只有清晰地认识了自己，才能有针对性地为自己建立目标、制订计划。

SWOT 分析法的基本思路如图 3-9 所示。

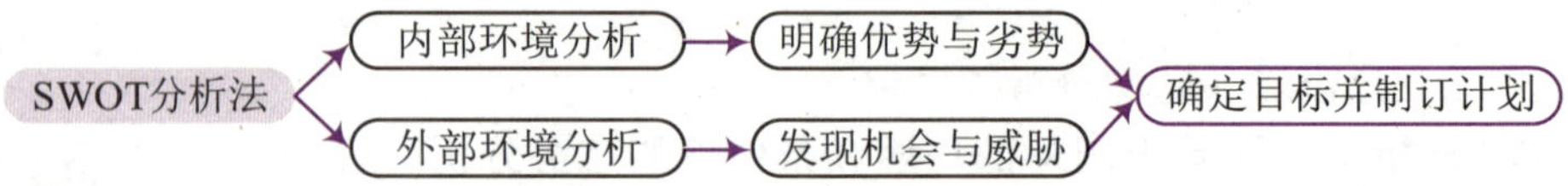

图 3-9　SWOT 分析法的基本思路

SWOT 分析法为组织的环境分析提供了基本的框架，但是想要进行更加具体的分析，还需要采用其他分析方法。一般情况下，内部环境分析通常采用价值链分析法，行业环境分析通常采用五力竞争分析法，外部一般环境分析则采用 PEST 分析法或 PESTEL 分析法。

2. 价值链分析法（内部环境分析）

价值链分析法主要是针对组织内部环境进行分析，需要收集组织的管理、营销、财务、生产研发、人力资源、沟通系统等方面的信息，从中分析企业的优势和劣势。

价值链，又称增值链，它是由一系列生产经营活动构成的链条，共同为组织创造价值。价值链主要包括两类：一是基本活动，主要有采购、生产、储运、营销、服务等功能或活动；二是支援活动，主要有技术开发、人力管理、财务管理等功能或活动。

价值链分析法的基本思路如图 3-10 所示。

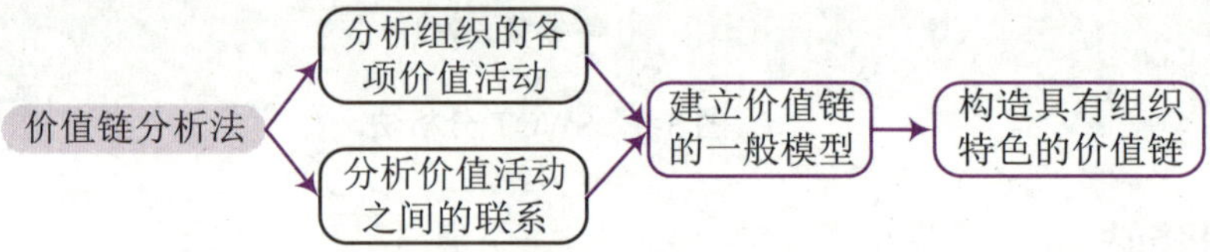

图 3-10　价值链分析法的基本思路

组织在进行系统的价值链分析后，应采取正确的竞争战略，不断增强自身的竞争优势。组织构建竞争优势的基本战略主要有三种，分别是寻求降低成本的成本领先战略、使产品区别于竞争对手的差异化战略、集中优势占领市场的集中化战略。

3. 五力竞争分析法（外部行业环境分析）

在日趋复杂的市场上，组织要想生存和发展，就必须进行充分的行业环境分析。对此，美国著名的管理学家迈克尔·波特提出了五力竞争模型的概念。**“五力”即现有竞争者的竞争能力、潜在竞争者的**

波特五力竞争模型

进入能力、替代品的替代能力、供应商的还价能力，以及购买者的议价能力，如表 3-20 所示。

表 3-20 五力竞争分析法

五 力	具体释义
现有竞争者的竞争能力	现有竞争者的竞争一般是组织所处的同行业之间的正面竞争，这是五力竞争中最主要的竞争力量，通常表现在价格、广告、售后服务等方面
潜在竞争者的进入能力	潜在竞争者是行业外部有可能并准备进入本行业的企业。潜在竞争者一旦进入，可能会给行业注入新活力，促进市场发展，也势必给行业内的现有企业带来竞争压力
替代品的替代能力	替代品是与本企业产品或服务具有相同功能，且对现有产品或服务具有替代效应的产品。替代品是否具有替代能力，关键在于替代品能否提供比现有产品更高的价值
供应商的还价能力	供应商的还价能力是企业的供应商在向企业提供产品和原材料时的讨价还价能力。一旦供应商能够确保所提供商品的价格、质量、性能和交货的可靠性，那么它就会成为一种强大的力量
购买者的议价能力	购买者的议价能力是购买者在购进企业的产品或服务时的讨价还价能力。购买者所采取的手段主要有要求降低价格或提高产品质量和服务水平，甚至迫使行业内的企业互相竞争等，这些手段都会降低企业的获利能力，因而不可忽视

管理风暴

你认同五力竞争分析法吗？在你看来，还有哪些因素可能影响到企业的竞争环境？

4．PEST 分析法（外部一般环境分析）

外部一般环境就是组织活动所处的大环境，也称宏观环境，能够较大范围地影响组织的发展，包括政治（Political）因素、经济（Economical）因素、社会（Social）因素、技术（Technological）因素。PEST 分析法就是对以上四种因素进行综合分析，它是分析组织外部一般环境的主要方法之一，如表 3-21 所示。

PEST 分析法

表 3-21 PEST 分析法

因 素	具体释义
政治因素	即一个国家的社会制度，执政党的性质，政府的方针、政策，以及国家的法律法规等。不同国家、社会制度和法制系统对组织经营有着不同的限制和要求
经济因素	即影响组织生存和发展的社会经济状况及国家经济政策等，包括社会经济体制、行业经济结构、宏观经济发展水平、微观经济政策等因素。一般来说，在宏观经济大发展的情况下，市场扩大，需求增加，组织的发展机会就多；反之，在宏观经济低速发展或停滞的情况下，市场需求减少，组织的发展机会就少

续表

因　素	具体释义
社会因素	其内容十分广泛，主要是指社会文化因素，包括组织所处地区的人口数量、民族特征、宗教信仰、文化传统、教育水平、价值观念、社会结构、风俗习惯、行为规范等因素，以及组织所处的地理位置、气候条件、自然资源、生态环境等
技术因素	即与组织生产经营活动相关的科学技术要素的总和，既包括国家和社会的科技体制、科技政策和科技水平，又包括行业的技术进步，还包括企业的新技术、新工艺、新材料的发明情况、应用程度和发展趋势等。科学技术是第一生产力，它推动了新兴行业的发展，对企业开拓市场、提高竞争力产生了重大影响

管理加油站

PESTEL 分析法

PESTEL 分析法是在 PEST 分析法的基础上加上环境（Environmental）因素和法律（Legal）因素形成的。

（1）环境因素，即一个组织的活动、产品或服务中能与环境发生相互作用的要素，包括自然资源的可用性、气候变化、污染控制等。随着环保意识的提高，环境因素对组织的影响日益显著，组织需要关注其对环境的影响，并制订相应的环保策略。

（2）法律因素，即组织外部的法律法规、司法状况和公民法律意识所组成的综合系统，包括反垄断法、劳动法、税法、环境保护法、产品安全法等。法律环境的变化将直接影响组织的合规性和经营风险。

读故事悟管理

从“舔手指”到“好口味”：肯德基跨越了文化鸿沟

1973 年，肯德基第一次进军中国香港。随着一声声“好味道舔手指”的广告语，第一家肯德基在中国香港正式开业，但是谁料它一年后便失败了。肯德基这次失败的主要原因在于，“好味道舔手指”这句世界闻名的广告语很难被注重风雅的中国香港居民所接受。

时隔八年，肯德基第二次进军中国香港市场。这一次，肯德基改用“甘香鲜美好口味”的宣传语，新的广告词带有浓厚的港味，更容易被香港居民所接受。

【管理启示】不同的社会文化环境决定了不同的消费观念和消费行为，“入乡随俗”应该是企业适应市场的基本规律。

二、目标管理

（一）目标管理的概念

目标管理（Management by Objective，MBO），是美国管理学家彼得·德鲁克在其1954年所著的《管理的实践》一书中提出来的概念。**它是一个组织的管理者和组织内所有成员共同制订目标，实现自我控制，并完成目标的管理方法，因其特别适用于对管理人员的管理而被称为"管理中的管理"。**

目标管理的目的是鼓励创新，防止在工作中出现目标矛盾或目标虚无的现象。实现目标管理需要一定的基础和前提条件。

（二）目标管理的特点与原则

1．目标管理的特点

与其他传统的管理方法相比，目标管理具有如表3-22所示的几个特点。

表3-22　目标管理的特点

目标管理的特点	具体解释
明确性	在目标管理中，组织的目标具有明确性，高水平业绩的基础是高标准的目标
参与性	目标管理是一种参与性的管理制度，目标的实现者也是目标的制定者，即由上级和下级一起共同确定目标，它既是自上而下的，又是自下而上的
层次性	在目标管理中，组织的目标可分为环境层、组织层、个人层三个层次
时间性	目标管理强调时间性，每一个目标的制定都有明确的时间期限
奖惩性	目标管理根据绩效，总结经验和教训，并按绩效考核进行奖励和惩罚
反馈性	目标管理中，目标的实现情况会不断地反馈给个人，以便个人及时调整行动
自控性	目标管理是一种自我控制目标实施的管理方式，具有极大的自主性，组织成员自觉追求目标的实现，以自我调节代替被动服从

2．目标管理的原则

为了确保目标管理的顺利进行，组织需要遵循SMART原则，如图3-11所示。

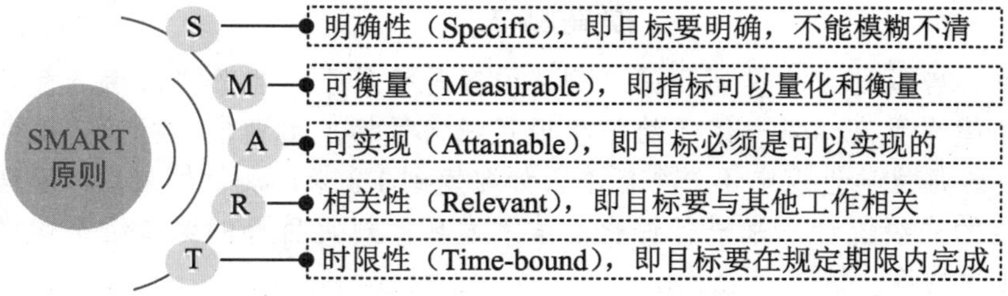

SMART原则

图3-11　SMART原则

读故事悟管理

马和驴的目标

唐太宗贞观年间，长安城西的一家磨坊里，有一匹马和一头驴，它们是好朋友。马在外面拉车，驴在屋里拉磨。贞观三年，马被玄奘大师选中，前往印度取经。

十七年后，马驮着佛经回到长安。它回到磨坊会见它那位驴老弟，老马谈起这次旅途的经历，令驴目瞪口呆。驴惊叹道：“你有那么多的见闻啊，那么遥远的道路，我想都不敢想。”马说：“其实，我们走的路程都差不多，不同的是，我同玄奘大师有一个远大的目标，并始终如一地朝着目标前进，所以取得了斐然的成绩；而你却年复一年地围着磨盘转，所以始终走不出这个狭隘的天地。”

【管理启示】成功的计划与失败的计划之间，最根本的差别可能就在于有无明确合理的目标。有了明确的发展目标，企业会像马一样不断前进；而若缺乏目标，企业则会像驴一样，永远不会有所发展和超越。

（三）目标管理的过程与评价

1．目标管理的过程

目标管理是按照一定的程序进行的，如图 3-12 所示。

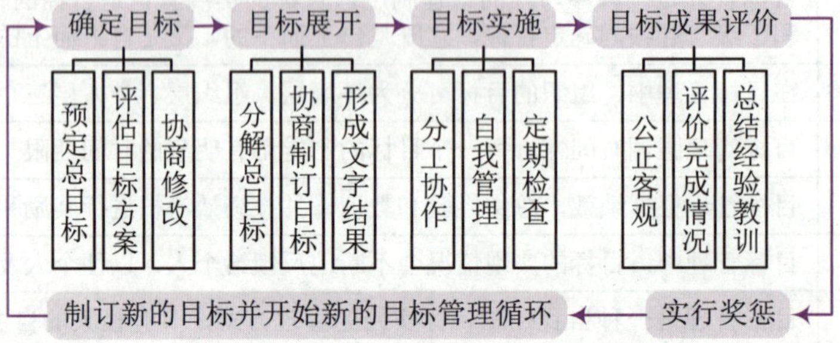

目标管理的过程

图 3-12　目标管理的过程

管理驿站

摸高测试

管理学家们曾做过一次摸高测试。测试内容是将若干学生分成两组进行摸高比赛，看哪一组摸得更高。第一组不给学生规定任何目标，由他们自行确定摸到的高度；第二组则给每位学生规定了一个标准，如要摸到 1.8 米。测试结束后，管理学家们将两组学生的成绩统计出来进行评比，结果发现，规定目标的第二组平均成绩高于没有规定目标的第一组。

由此可见，目标对于激发人的潜能具有巨大的作用。我们在日常的学习、生活及工作中，要时常给自己确定一个一个的小目标，并着手去实现，在逐个完成小目标的过程中提高自己的能力、挖掘自身的潜能，从而更加自信从容地应对更高更远的目标。

2．目标管理的评价

目标管理在管理活动中是一个必不可少的重要环节，也是目前应用最广泛的实际管理方法之一。目标管理的优缺点如图 3-13 所示。

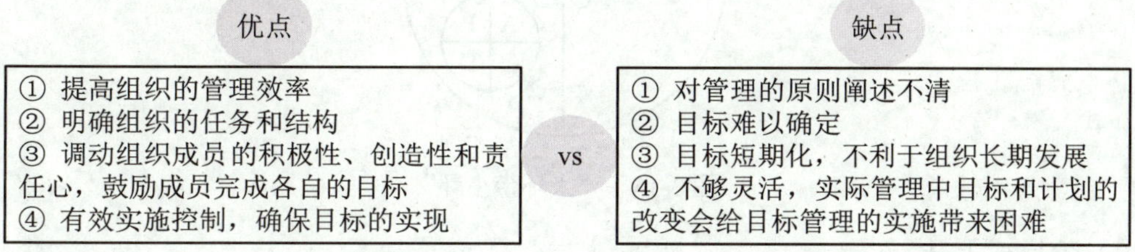

图 3-13 目标管理的优缺点

目标管理在管理的发展中还是一种新趋势，需要各级管理者和各类组织成员不断探索、总结经验，使之不断完善。

管理风暴

有人认为："目标管理只管理结果，不管理过程。"你同意这一观点吗？为什么？

（四）目标管理的应用

1．PDCA 循环

PDCA（计划、实施、检查、处理）循环的概念最早是由美国质量管理专家戴明提出来的，因此又称"戴明循环"。掌握和运用 PDCA 循环理论，对于提高管理体系运行的效率和效果十分重要。PDCA 方法适用于所有过程，其模式如图 3-14 所示。

PDCA 循环具有两个显著的特点，一是"大环带小环"，二是阶梯式上升。

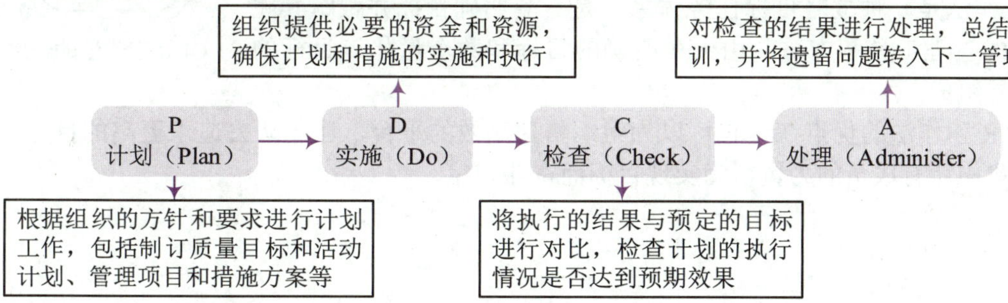

图 3-14 PDCA 模式

1）"大环带小环"

如果将组织的工作看成一个大的 PDCA 循环，那么各个部门、团队还有各自小的 PDCA 循环，大环带动小环，一级带动一级，构成一个有机的运转体系，如图 3-15 所示。

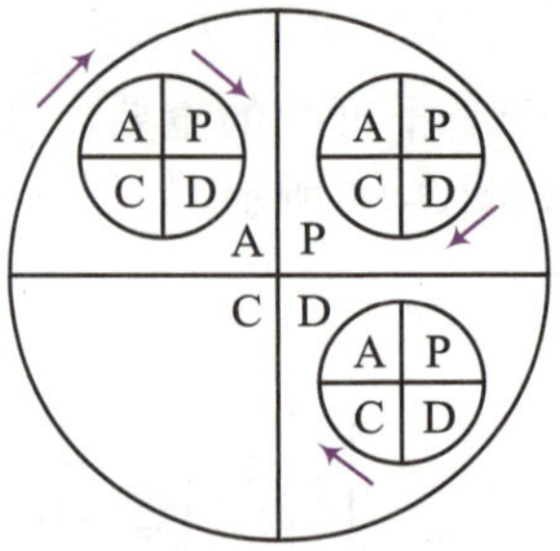

图 3-15　“大环带小环”

2）阶梯式上升

PDCA 循环不是在同一水平上循环，每循环一次，就能解决一部分问题、取得一部分成果，工作水平就能提高一步，如此层层递进，阶梯式上升，如图 3-16 所示。

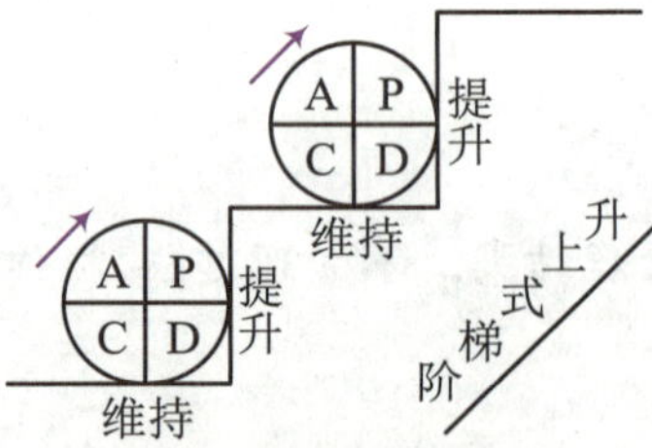

图 3-16　阶梯式上升

2. OKR 工作法

OKR 工作法即目标与关键成果法，全称“Objectives and Key Results”。O（Objectives）表示目标，就是想做什么事情；KR（Key Results）表示关键成果，就是如何确认做到了这件事。总结来说，OKR 工作法是一种战略目标任务体系，是一套明确目标并跟踪其完成情况的管理工具和方法，由一个明确的目标和数个量化该目标的关键成果组成。

OKR 工作法的作用

OKR 工作法的优点在于它可以为组织搭建高效的平台，让团队去追求更高的目标，并能够集中所有成员的力量，为实现目标而奋斗。

班级____________ 姓名____________ 学号____________

任务检测

一、客观题

1.【单选题】根据迈克尔·波特的观点，（ ）是五力竞争中最主要的竞争力量。

A．现有竞争者的竞争能力 B．潜在竞争者的进入能力

C．替代品的替代能力 D．供应商的还价能力

2.【单选题】（ ）是组织制订计划的第一步，是计划的前提和基础，因而具有极其重要的地位。

A．外部分析 B．内部分析

C．政策分析 D．环境分析

3.【单选题】目标管理是美国管理学家（ ）提出的。

A．法约尔 B．德鲁克

C．马斯洛 D．波特

4.【多选题】SWOT 分析法是一种基于内外部环境的态势分析，为组织的环境分析提供了基本的框架。SWOT 分析法的分析要素包括（ ）。

A．内部优势 B．外部机会

C．内部劣势 D．外部威胁

5.【多选题】PDCA 循环是目标管理的尝试和应用，有利于提高管理体系的运行效率。下列属于 PDCA 循环模式的是（ ）。

A．计划 B．实施

C．指挥 D．处理

6.【多选题】价值链分析法主要是针对组织内部环境进行分析，需要收集组织（ ）等方面的信息，从中分析企业的优势和劣势。

A．生产研发 B．营销

C．人力资源 D．沟通系统

7.【判断题】一般而言，组织在进行环境分析时，分析内部环境要采用价值链分析法，分析外部环境则采用五力竞争分析法和 PEST 分析法（或 PESTEL 分析法）。（ ）

8.【判断题】OKR 工作法可为组织搭建高效的平台，让团队去追求更高的目标。（ ）

二、主观题

9.【简答题】简述 PEST 分析法。

班级____________ 姓名____________ 学号____________

10.【案例分析】

目标管理折戟：李经理的困惑

伟业公司李经理在一次职业培训中学习到很多目标管理的内容。他对目标管理逻辑上简单清晰的特点及其预期收益印象非常深刻。因此，他决定在公司内部实施这种管理方法。首先他需要为公司的各部门制订工作目标。李经理认为，由于各部门的目标决定了整个公司的业绩，因此应该由他本人为他们确定较高目标。确定了目标之后，他就把目标下发给各个部门的负责人，要求他们如期完成，并口头说明在目标完成后要按照目标的要求进行考核和奖惩。但是，他没有想到的是中层经理在收到目标计划书的第二天，就集体上书表示无法接受这些目标，致使目标管理方案无法顺利实施。李经理对此感到很困惑。

根据上述案例，分析回答下列问题。

（1）根据目标管理的基本思想和目标管理实施的过程，你认为李经理的做法存在哪些问题？

（2）你认为李经理应该如何更好地实施目标管理？

班级____________ 姓名____________ 学号____________

项目实训——制订学习计划

一、实训目标

通过制订专业学习计划，学生能够深入了解计划的类型和内容，熟悉计划制订的过程，并感悟在制订计划过程中所使用的原则或方法。

二、实训内容

1．总体要求

要求全班每位学生根据所学习的计划知识，为自己制订一份详细可行的专业学习计划，计划可以短至本学期，也可以长至本学年或整个大学阶段。

2．具体步骤

（1）环境分析。每位学生应首先根据自己的实际情况，对自身的优势和弱点进行总结，并分析自己所处的学习环境有哪些机会，又有哪些威胁或挑战。

（2）确定目标。在分析自身和环境后，每位学生可以初步确立一定期限内想要达到的目标。在这个过程中，需要注意目标的优先次序、完成时间和衡量标准等。

（3）拟订可行性计划方案。每位学生需要针对上一步所确定的目标，制订初步的可行性计划方案。在这一过程中，学生可以咨询老师或同学，也可以参照一些典型的计划书、策划书等。

（4）评估并选定方案。每位学生应充分分析上一步所确定的方案的优缺点和可行性，并进行比较，挑选出几个较优计划，并确定最终方案。

（5）制订辅助计划。每位学生还需制订一些辅助计划，以确保所制订的专业学习计划得以顺利实现。

3．汇报评价

（1）计划思路和内容确定后，每位学生将自己的专业学习计划汇总成一份完整的书面文字材料，并上交给老师。

（2）老师根据学生撰写的专业学习计划进行评分，并挑选 3～4 份较为优秀的计划方案在班级传阅。

班级____________ 姓名____________ 学号____________

项目评价

评价内容	分 值	评价分数		
		自 评	组 评	师 评
日常考勤和课堂纪律	10 分			
学习态度和课堂参与	10 分			
完成任务检测并保证题目的正确率	50 分			
参与项目实训并积极完成各项任务	30 分			
合计	100 分			
综合评价	综合分数______（自评×25%+组评×25%+师评×50%） 综合等级______ 综合评语： 指导老师签字__________			

4 项目四

组织能力

组织是管理的重要职能，任何计划都必须依靠一系列的组织活动来贯彻落实。组织工作做得好，可以形成整体力量的汇聚和放大效应，否则，就容易出现“一盘散沙”的局面。只有做好组织工作，才能顺利实施计划方案，保证组织目标的实现。因此，组织工作在现代企业管理中具有十分重要的作用。

本项目主要介绍组织能力，具体内容包括组织概述、组织结构、组织设计与组织文化。

项目导览

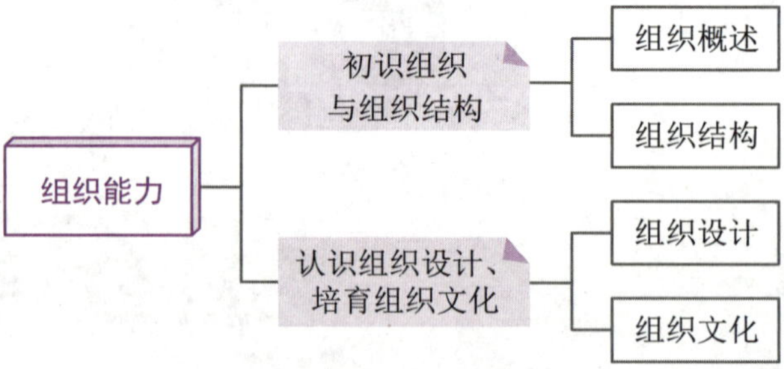

学习目标

» 知识目标

（1）了解组织的概念与特征、组织的类型与职能、组织结构的概念与影响因素、组织设计的概念与原则，以及组织文化的特性与构成。

（2）熟悉组织结构的类型、组织设计的程序，以及组织文化的概念与功能。

（3）掌握组织文化的培育。

» 技能目标

（1）能够识别组织的类型及组织结构的类型。

（2）能够在协调责权关系的基础上进行组织设计并建立简单的组织结构。

» 素质目标

（1）增强集体主义意识，培养集体主义情感，并在实践中践行集体主义价值观。

（2）在学习组织文化的过程中，感悟中国共产党人的革命精神，建立政治自信。

任务一 初识组织与组织结构

任务导入

徐经理的烦恼：组织结构带来的困惑

安厦建筑公司原本是一家小型公司，仅有十多名员工，主要承揽一些小型建筑项目和室内装修工程。经过多年的努力经营，该公司目前已经发展成为员工过百的中型建筑公司，有了比较稳定的客户，公司走上了比较稳定的发展道路。虽然如此，公司仍有许多问题让徐经理感到头疼。

创业初期，公司人手较少，徐经理和员工不分彼此，大家也没有明确的分工，一个人可以顶几个人用。拉项目、与工程队谈判、监督工程进展……谁在谁干，大家不分昼夜，不计较报酬，有什么事情在饭桌上就可以讨论解决。由于徐经理为人随和，十分体贴员工，所以大家的工作热情很高，公司也因此得到了快速发展。

然而，随着公司业务的不断拓展，徐经理逐渐感觉做公司的管理工作不如以前得心应手了。首先，让徐经理感到头疼的是那几位与自己一起创业的“元老”，他们自恃劳苦功高，对后来新加入公司的员工一律不放在眼里。这些“元老”们工作散漫，不听从主管人员的安排。这种散漫的作风很快在公司内部蔓延开来，对新员工产生了不良的示范作用。其次，徐经理感觉到公司内部的沟通也不顺畅。大家都不愿意承担责任，一遇到事情就向他汇报，但也仅仅是遇事汇报，很少有解决问题的建议，结果导致许多环节只要他不亲自去推动，似乎就要“停摆”。最后，徐经理还感到公司内部的质量意识开始淡化，对工程项目的管理大不如从前，客户的抱怨也逐渐增多。

上述问题令徐经理焦急万分，他认识到必须尽快管理整顿。他觉得有许多事情要做，但一时又不知道从何处入手，因为徐经理本人从公司创建以来一直一门心思地埋头苦干，并没有太多的时间琢磨如何让别人更好地去做事。

出于无奈，徐经理请来了管理顾问，并坦诚地向顾问说明了自己遇到的难题。管理顾问在做了多方面的调研之后，将安厦建筑公司目前出现问题的原因归纳为以下几点：① 公司规模扩大，但管理工作没有及时跟进；② 徐经理需要处理的事务增多，对“元老”们疏于管理；③ 公司的开销增大，资源利用效率下降。

徐经理对管理顾问的分析表示赞同，并迫不及待地询问解决问题的“良方”。

请思考

1. 安厦建筑公司现在的组织结构是怎么样的？
2. 如果你是管理顾问，你会向徐经理提出哪些可行的改进建议？

思考提示

本任务的知识和技能要求如表 4-1 所示。

表 4-1　知识和技能要求

类　型	具体内容		学习程度			
			了 解	熟 悉	掌 握	应 用
知识要求	组织概述	组织的概念与特征	●			
		组织的类型与职能	●			
	组织结构	组织结构的概念与影响因素	●			
		组织结构的类型		●		
技能要求	识别组织的类型及组织结构的类型					●

班级__________ 姓名__________ 学号__________

任务工单

（一）任务描述

以小组为单位，绘制五种组织结构的类型简图。

（二）任务分工

全班学生以 3～5 人为一组进行分组，每组设组长 1 名，小组讨论任务分工并将分工情况填写至表 4-2 中。

表 4-2 小组成员及分工情况

小组成员	姓 名	学 号	任务分工
组长			
组员			

（三）任务准备

请各组长组织组员进行预习，收集和整理相关资料，讨论并用通俗易懂的语言结合具体事例回答下列问题。

（1）组织是什么？组织的类型有哪些？

（2）组织结构是什么？

班级__________ 姓名__________ 学号__________

（四）任务实施

通过课堂学习、小组合作查阅资料等，完成表 4-3。

表 4-3　组织结构的类型简图

组织结构的类型	简　图

（五）任务评价

各组派代表展示任务实施成果，并配合指导老师完成表 4-4 所示的任务评价。

表 4-4　任务评价

<table>
<tr><th rowspan="2">评价项目</th><th rowspan="2">评价内容</th><th rowspan="2">分　值</th><th colspan="3">评价分数</th></tr>
<tr><th>自　评</th><th>组　评</th><th>师　评</th></tr>
<tr><td rowspan="3">职业素养
考核目标
（40%）</td><td>考勤、仪容仪表</td><td>10 分</td><td></td><td></td><td></td></tr>
<tr><td>责任意识、纪律意识</td><td>10 分</td><td></td><td></td><td></td></tr>
<tr><td>团队合作与交流</td><td>20 分</td><td></td><td></td><td></td></tr>
<tr><td rowspan="3">专业能力
考核目标
（60%）</td><td>任务准备过程讨论及记录的完成度</td><td>20 分</td><td></td><td></td><td></td></tr>
<tr><td>任务实施过程记录的完成度</td><td>20 分</td><td></td><td></td><td></td></tr>
<tr><td>任务实施成果的展示效果</td><td>20 分</td><td></td><td></td><td></td></tr>
<tr><td colspan="2">合计</td><td>100 分</td><td></td><td></td><td></td></tr>
<tr><td>综合评价</td><td colspan="5">综合分数______（自评×25%+组评×25%+师评×50%）
综合等级______
综合评语：

指导老师签字__________</td></tr>
</table>

一、组织概述

（一）组织的概念与特征

1．组织的概念

从静态方面来看，组织是组织结构，即反映人员、职位、任务，以及它们之间特定关系的网络；从动态方面来看，组织是组织设计，即通过组织的建立、运行和变革，配置组织资源、完成组织任务和实现组织目标的过程。

组织设计的最终结果是形成组织结构。一个良好的组织可以有效地配置资源，使组织内部人员的能力得到最大限度发挥，而组织设计就是要合理设计并保持组织中各种角色之间的关系，这也是管理的组织职能。

管理学中所讲的组织，一般是一种静态概念，就是人们为了达到共同目标，通过责权分配和层次结构所构成的一个完整的有机体，它以人为主体，会随着时间成长、发展、成熟、衰落，甚至消亡。

2．组织的特征

所有的组织一般都具有目的性、整体性、开放性和人本性等特征，如表 4-5 所示。

表 4-5 组织的特征

组织的特征	具体释义
目的性	任何组织的存在都有一定的目的。没有目的，组织就失去了活动的方向，也就失去了存在的意义和价值。组织目的通常被具体化为组织在各个层次的目标，即组织在一定时期内的工作任务
整体性	任何组织都是一个相对独立存在的社会实体单位。组织内部存在着多个部门，而部门之间，以及部门和组织之间的关系是以组织整体为主进行协调的。因此，良好的组织要求局部服从整体，使整个组织的效果达到最优
开放性	组织的开放性既是一种维持生存和发展的方式，也是一种存在的基本状态。一方面，组织要为社会提供产品或服务，这种“输出”要获得社会的认可，就必须向社会开放；另一方面，组织要从社会中“输入”人才、物资、技术、信息等资源，更需要向社会开放
人本性	组织是人造的“社会产物”，是由人构成的集体，没有人的参与，就无法形成组织。组织中人的作用发挥得越好，就越容易实现良性循环；如果人的作用发挥得不好，即使是制度完善、设备精良、资金充裕、技术先进的组织，其整体活力也会越来越差。因此，组织的发展必须充分考虑并尊重人的需求，挖掘和释放人的创造性和潜能

管理风暴

电影院里的观众是否构成了组织？电影院里的全体工作人员是否构成了组织？请分别说明理由。

（二）组织的类型与职能

1．组织的类型

组织的类型

社会上存在着各种各样的组织，如政治组织、经济组织、军事组织、学术组织、教育组织、宗教组织等。按不同的标准，组织有不同的分类方式。

1）按所要实现目标的不同分类

按所要实现目标的不同，组织可分为营利性组织和非营利性组织，如表 4-6 所示。

表 4-6　组织按所要实现目标的不同分类

组织的类型	概念解释
营利性组织	是经工商行政管理机构核准并登记注册的，以营利为目标的，自主经营、独立核算、自负盈亏的，具有独立法人资格的组织，包括工厂、银行、商店等
非营利性组织	是不以营利为目标的组织，其目的通常是支持或处理个人关心、公众关注的议题或事件

2）按运行机理的不同分类

按运行机理的不同，组织可分为机械组织和有机组织，如表 4-7 所示。

表 4-7　组织按运行机理的不同分类

组织的类型	概念解释
机械组织	又称官僚式组织，是综合使用传统组织原理而产生的一种组织类型，具有高复杂化、高正规化和集权化等特点，与传统意义上的金字塔形组织具有较大的相似性
有机组织	又称适应性组织，是综合运用现代组织原理而产生的一种组织类型，具有低复杂化、低正规化和分权化等特点

3）按有无正式结构分类

按有无正式结构，组织可分为正式组织和非正式组织，如表 4-8 所示。

表 4-8　组织按有无正式结构分类

组织的类型	概念解释
正式组织	是为了有效实现组织目标而规定组织成员之间的职责范围和相互关系的一种官方的组织类型
非正式组织	是人们在共同的工作或活动中，由于具有共同的社会感情、兴趣爱好或共同利益而自发形成的一种组织类型

正式组织和非正式组织的特点分别如下。

（1）正式组织的特点：① 不是自发形成的，反映一定的管理思想和信仰；② 有明确的目标，组织成员为实现目标而有效工作；③ 有明确的效率指标，组织成员都为提高效率而共同努力；④ 具有强制性，即用明确的规章制度来约束组织成员的行为。

（2）非正式组织的特点：① 自发性，即其是为了满足成员的各种心理需求而自发形成的；② 内聚性较强，这是由于组织成员之间拥有相同的利益关系；③ 不稳定性，即非正式组织容易因环境变化而发生变动；④ 领袖人物具有较大的权威性，在非正式组织中发挥着较大的作用。

管理风暴

有人认为："任何组织不论规模大小，都存在着非正式组织。"你认为这种说法正确吗？你所在的班集体里是否也存在着非正式组织？非正式组织是否在任何情况下都对正式组织起着阻碍和破坏作用？

2. 组织的职能

组织职能的发挥是实现管理功能的重要保证。一般来说，组织具有以下职能。

（1）**建立组织机构。**首先，应按照不同业务工作的分工，将组织分为若干部门或单位；其次，应根据管理工作的分工，设立各种层次的管理机构；最后，应明确规定不同层次、不同部门之间的纵向隶属关系和横向协作关系。

（2）**划分职责权力。**职责是为完成任务所必须承担的工作，权力是具备为完成任务所需手段的能力。组织存在的意义就是要明确划分职责与权力，避免在同一层次出现职责空白或权力重叠，造成推诿扯皮的现象，影响工作效率。

（3）**形成信息渠道。**组织建立机构、划分职权的过程，也是形成信息沟通渠道的过程。信息沟通是将组织各部门、各成员联系在一起，以实现共同目标的有效手段，任何组织都有必要形成畅通无阻的信息沟通渠道。

（4）**有效配置资源。**组织的资源是有限的，组织的职能就是要以最少的资源消耗实现最多的既定目标。配置资源就是要保证人力、物力、财力在组织各部门及各环节的合理比例关系。

读故事悟管理

摩西携民逃荒，队伍从混乱变为有序

据《圣经》记载，摩洛哥大旱之时，居民们为了活命，就跟着一个叫摩西的人去欧洲逃荒。这支队伍刚开始也是扶老携幼、拖男带女、乱乱纷纷、熙熙攘攘，行进速度非常缓慢。人们大小事情都找摩西解决，搞得摩西狼狈不堪。

后来，摩西听从了岳父的意见，将居民以 10 人一组分成若干组，每组选 1 个能干的人当"十夫长"，再从"十夫长"中选出更加精明的人当"五十夫长"。如此逐级递推，依次选出"百夫长""千夫长"，最后选出若干"首领"。这些"首领"则由摩西直接指挥。居民有事，逐级处理或上报；摩西有令，逐级下达和执行。这样一来，居民们就形成了有秩序的队伍，行进速度加快了很多，很快便到达了目的地。

【管理启示】摩西携民逃荒之所以能成功，关键在于形成了组织。这则故事启示我们，要想合理地安排人员开展工作，就必须建立一个合理、高效的组织。

二、组织结构

（一）组织结构的概念与影响因素

1．组织结构的概念

组织结构即一个组织的框架体系，是组织内部各构成要素，以及它们之间的相互关系。组织结构的内容是进行部门和人员划分，明确各自的职务、职责、权力及其相互关系，其本质是确定部门和成员之间的分工与协作。

组织结构主要涉及部门构成、岗位设置、职权关系、业务流程、管理流程、内部协调与控制等。它是实现组织宗旨的平台，直接影响着组织的行为和效率，间接影响着组织目标的实现。

2．组织结构的影响因素

各种力量相互作用的结果也会使组织结构出现一系列的变化。影响组织结构的因素主要有以下方面。

（1）**环境**。环境包括一般环境和特定环境。一般环境是对组织目标产生间接影响的经济、文化、技术、社会等环境条件；特定环境是对组织目标产生直接影响的政府、顾客、竞争对手、供应商等环境条件。环境是不断变化的，具有很大的不确定性，只有与外部环境相适应的组织结构才能成为有效的组织结构。

（2）**战略**。战略是决定和影响组织活动性质和根本方向的总目标，以及实现总目标的途径和方法。高层管理者的战略选择往往会影响到组织结构的设计，组织结构只有根据发展战略适时地调整，才能保证组织的自适应性。

（3）**技术**。由于组织需要依靠技术将投入转换为产品，因而组织结构会随着技术的变化而改变。一般来说，组织的技术可分为常规性技术和非常规性技术。常规性技术是自动化、标准化的技术活动；非常规性技术则是需根据不同的要求而变化的技术活动。

（4）**规模**。组织规模是影响组织结构的重要因素之一。通常情况下，随着组织规模的不断扩大，组织的复杂化程度也会不断提高，具体表现为内部员工不断增加、管理层次不断增多、专业化程度不断加强等。

（5）**成员**。组织的构成离不开组织成员，二者相互影响。组织成员可以顺应不同的组织结构，在不同的组织结构中高效工作并获得满足感；当组织结构能全面为组织成员考虑，并与组织宗旨相匹配、能够实现组织目标时，组织成员的工作热情和效率会更高。

管理风暴

除上述因素外，你还能说出其他影响组织结构的因素吗？

（二）组织结构的类型

在现代社会中，常见的组织结构的类型有直线制结构、职能制结构、直线职能制结构、事业部制结构、矩阵制结构，以及新时代下形成的新型结构。

组织结构的类型

1．直线制结构

直线制结构，又称垂直式结构或军队式结构，是最简单的一种组织结构。其突出特点是不设职能机构，组织中的各种职务按照垂直系统直线排列，命令从最高管理层经过各级管理人员逐步下达到组织末端，各级管理人员执行统一的指挥，担负全部的管理职能。直线制结构的基本形式如图4-1所示。

华为的企业组织结构变化之路

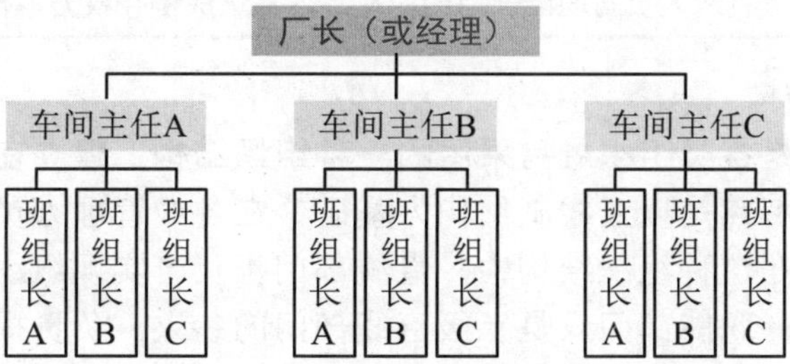

图4-1　直线制结构的基本形式

直线制结构的优缺点如表4-9所示。

表4-9　直线制结构的优缺点

优缺点	具体内容
优点	① 结构简单、决策迅速、权力集中、命令统一；② 职权明确，不易出现管理混乱的情况，且便于评价组织成员绩效；③ 容易维持组织纪律和秩序，管理费用较低
缺点	① 缺少弹性，组织内部缺乏民主和合作精神；② 每个成员只听从上级指挥，每个部门只关心本部门的工作，从而导致横向协调不够；③ 权力过于集中，容易发生决策失误，下属对管理者的依赖性较大

2．职能制结构

职能制结构，又称多线型组织结构，其特点是在高层管理者之下按照职能划分部门，各个部门各司其职，在自己的职权范围内向下级下达命令和指示，实行分工与协作。例如，在企业中，将同类业务集中起来，设立研发、生产、财务、销售等部门，各个部门直接管理下级的相应工作，并对上级管理人员负责。职能制结构的基本形式如图4-2所示。

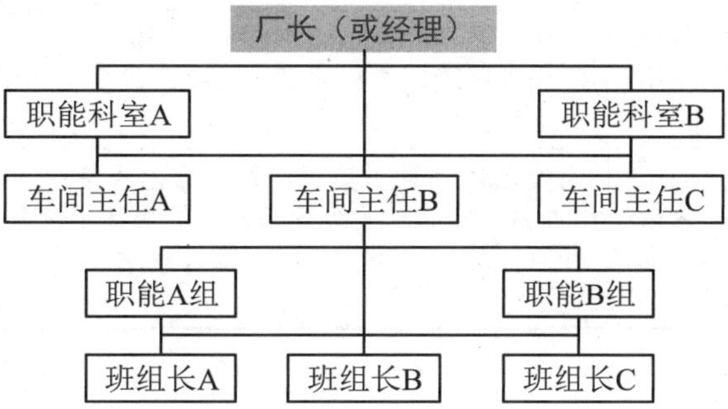

图4-2　职能制结构的基本形式

职能制结构的优缺点如表4-10所示。

表 4-10 职能制结构的优缺点

优缺点	具体内容
优点	① 能够适应现代生产技术复杂、管理分工细致的特点，充分发挥职能机构的专业管理作用；② 每个管理者只负责某一方面的工作，减轻了直线管理者的负担；③ 实行职能分工，使管理者的选用和培养更加便利
缺点	① 妨碍了必要的集权和统一指挥，容易形成多头领导，从而造成管理混乱；② 不利于明确划分直线人员与职能部门的职权，容易造成争夺权力、推卸责任等情况

3. 直线职能制结构

直线职能制结构是各类组织最常采用的一种组织结构，建立在直线制结构和职能制结构的基础之上。其特点是以直线制结构为基础，在各级管理人员之下设置相应的职能部门从事专业管理。在这种组织结构中，直线部门担负着实现组织目标的直接责任，并拥有对下属的指挥权；职能部门只是上级直线部门的参谋，负责提供信息和建议，并对下级机构进行业务指导，但无权对下级直线部门下达命令。直线职能制结构的基本形式如图 4-3 所示。

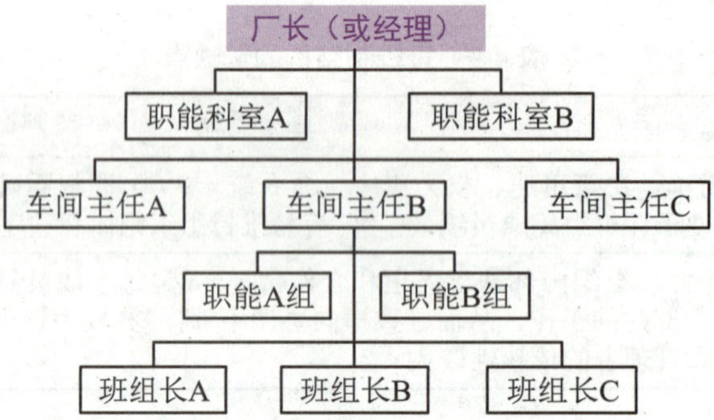

图 4-3 直线职能制结构的基本形式

直线职能制结构的优缺点如表 4-11 所示。

表 4-11 直线职能制结构的优缺点

优缺点	具体内容
优点	① 把直线制结构与职能制结构的优点结合起来，既能保持集中的统一指挥，又能发挥职能部门的作用；② 分工明确，责权清楚，各部门仅负责领域内的工作，办事效率较高；③ 秩序井然，稳定性较高
缺点	① 部门之间缺乏信息交流，不利于集思广益地做出决策；② 直线部门与职能部门之间的目标不易统一和协调，增加了上级管理人员的协调工作量；③ 难以从组织内部培养熟悉组织全面情况的管理人才；④ 分工太细、规章过多、信息传递的路线较长，组织结构的适应性较差

4. 事业部制结构

事业部制结构，又称“斯隆模型”，是一种高度分权制的组织结构。其特点包括以下两点：① 集中决策、分散经营，即在公司总部领导下设立多个事业部，各个事业部拥有自己独立的产品和市场，实行独立核算；② 事业部不是按照职能划分的，而是按照企业所经营的事业项目划分的，是一种具有经营自主权的专业化生产经营单位。事业部制结构的基本形式如图 4-4 所示。

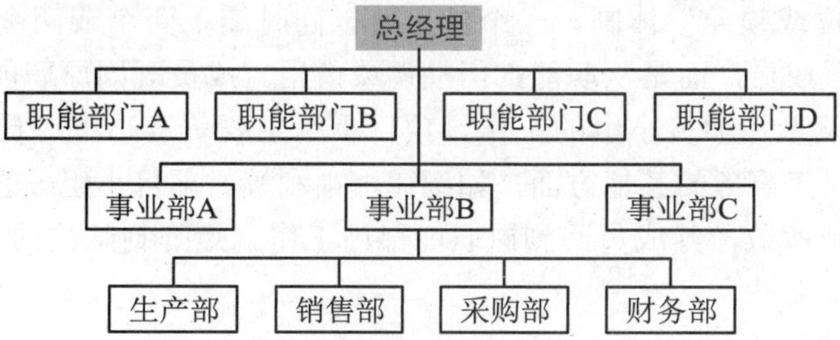

图 4-4 事业部制结构的基本形式

事业部制结构的优缺点如表 4-12 所示。

表 4-12 事业部制结构的优缺点

优缺点	具体内容
优点	① 使高层主管部门摆脱了日常的行政事务，从而能够专注于战略决策事务；② 有利于发挥事业部的积极性和主动性，更好地适应市场竞争环境；③ 能够锻炼事业部经理的能力，有利于培养综合性的管理人才；④ 可以在各事业部之间展开竞争，从而克服组织僵化和官僚化
缺点	① 由于每个事业部都需要职能部门，因而造成管理人员增多、管理成本提高，管理的经济性较差；② 各事业部容易产生本位主义思想，难以控制和协调，限制了组织资源的有效利用和共享；③ 对总公司和事业部管理人员的水平要求较高，增加了培训的难度

管理风暴

你认为事业部制结构与直线职能制结构的本质区别是什么？

管理驿站

杜绝本位主义思想，践行集体主义价值观

本位主义是只为自己所在的小单位打算，不顾整体利益的思想作风或行为。本位主义者缺乏全局意识，考虑问题时往往以小团体为中心，为了维护少数人的利益而忽视整体利益，严重者甚至不惜损害集体的利益而换取部分人的私利。

与本位主义相对立的是集体主义。集体主义强调国家利益、社会利益与个人利益的辩证统一，体现为古而有之的“天下兴亡，匹夫有责”，体现为战火纷飞年代的“苟利社稷，死生以之”，体现为和平建设时期的“敢教日月换新天”，体现为复兴路上的“个人梦融入中国梦”，更体现为抗击灾害中的齐心协力、同舟共济、守望相助，是中华民族伟大的精神形态。大学生应增强集体主义意识，培养集体主义情感，杜绝本位主义思想，并努力在实践中践行集体主义价值观。

5．矩阵制结构

矩阵制结构是由纵横两套系统组成的矩形组织结构，一套是按照职能划分的部门系统，一套是按照产品、服务或工程项目划分的项目系统。其特点是打破了传统的“一个员工只有一个岗位或领导”体制，一个员工可以同时属于两个或两个以上的部门。这种结构不专门设置成员，而是从职能部门抽调或借用。成员既同原职能部门保持组织与业务上的联系，又参加项目小组的工作。项目小组主要负责小组成员的技术表现，职能部门主要负责员工事务的其他方面，如纪律、福利等。项目小组一般为临时性组织，完成任务后就自动解散，其成员回到原职能部门工作。矩阵制结构的基本形式如图 4-5 所示。

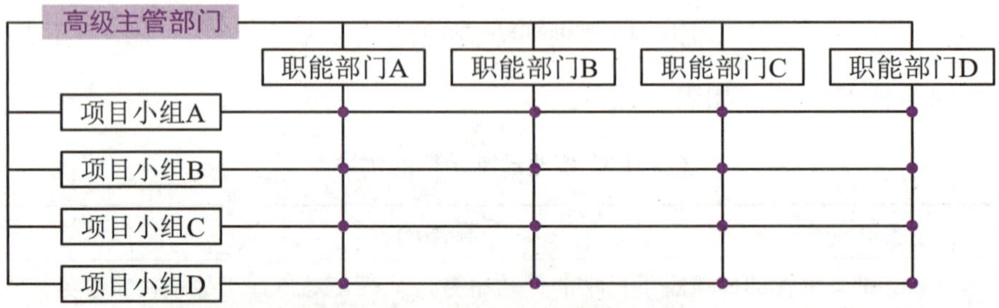

图 4-5　矩阵制结构的基本形式

矩阵制结构的优缺点如表 4-13 所示。

表 4-13　矩阵制结构的优缺点

优缺点	具体内容
优点	① 加强了不同部门之间的配合与信息交流，具有较强的适应性和机动性；② 由于它按照一定的任务要求分配相关人员，因而能够集中各部门专业人员的智慧，加强组织的协调性和整体性；③ 可以避免各部门的重复劳动，一个员工可以同时参与多个项目小组，提高了人员的利用效率；④ 有利于资源在不同产品间灵活分配，对市场竞争的适应性较强
缺点	① 项目小组具有一定的临时性，稳定性较差；② 实行双重领导，容易造成管理混乱；③ 难以协调各职能部门的活动，项目小组与职能部门之间易发生矛盾，从而影响任务的完成效率

6．新型结构

自 20 世纪 80 年代以来，经济的全球化发展极大地改变了企业的外部经营环境。为了应对快速变化的市场条件和不断增加的竞争压力，管理学者们开始积极探索新型的组织结构。其中，**具有代表性和创新性的组织结构包括三叶草型组织结构、网络型组织结构、阿米巴组织结构及多维立体组织结构。**

不同组织结构的适用范围

1）三叶草型组织结构

三叶草型组织结构由英国的管理学家查尔斯·汉迪提出，它是一种以基本管理人员和员工为核心、以外部合同工人和兼职工人为补充的组织结构。三叶草型组织结构的构成模式如图 4-6 所示。

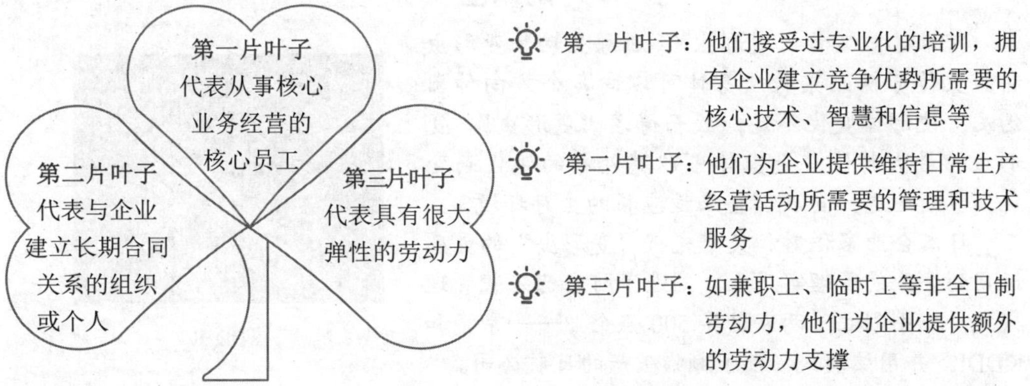

图 4-6　三叶草型组织结构的构成模式

2）网络型组织结构

网络型组织结构是一种以项目为中心，通过与其他组织建立研发、制造、营销等业务合同网，有效发挥核心业务专长的组织结构，如图 4-7 所示。它包括内部的网络、稳定的网络和动态的网络三种基本形式。网络型组织结构的优势是打破了企业与外部组织之间的屏障，拓展了企业间传统的供求关系，具有更大的柔性和灵活性；组织结构精练简单，趋于扁平化，效率较高。其缺点是可控性较差，员工对组织的忠诚度也较低。

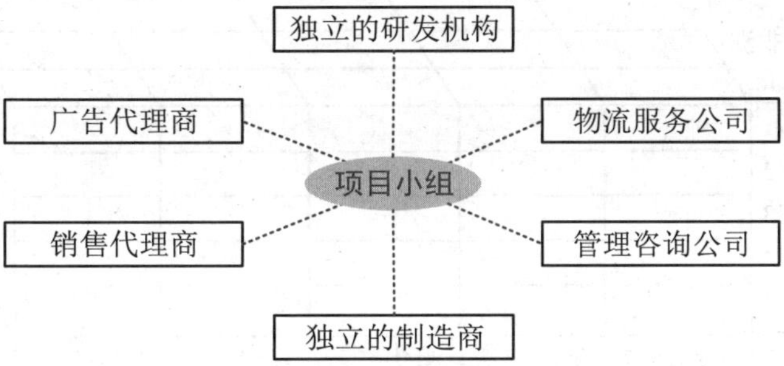

图 4-7　网络型组织结构的形式

3）阿米巴组织结构

阿米巴，既是一种经营方法，又是一种组织结构，即把组织划分为一个一个的小团队，各个团队独立核算、自主经营，并在企业内部不断培养具有经营意识的管理者，实现全体员工共同参与经营。其精髓是从管理走向经营，将管理问题转化为经营问题来解决，关注的焦点在于各个团队创造的附加值。

管理加油站

阿米巴

阿米巴，又称“变形虫”，属原生动物变形虫科。虫体赤裸而柔软，身体可以向各个方向伸出伪足，使形体变化不定，故而得名“变形虫”。变形虫的最大特性就是身体可以随外界的变化而变化，不断地进行自我调整来适应新的生存环境。

日本企业家稻盛和夫率先将“变形虫”的灵感运用到企业的管理实践上，创造了阿米巴经营管理模式，一手创立了两家世界500强企业——京瓷和KDDI，并用该模式拯救了濒临破产的日航公司。

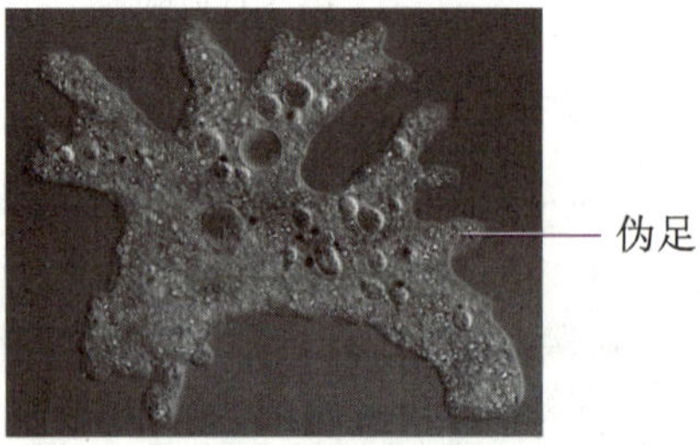

变形虫

4）多维立体组织结构

多维立体组织结构是从系统的观点出发构建的一种复杂的组织结构。如图4-8所示，其结构分为三维：① 产品利润中心，即按产品划分的事业部；② 专业成本中心，即按职能划分的专业参谋机构；③ 地区利润中心，即按地区划分的管理机构。在多维立体组织结构中，上述三个方面的机构协调一致、紧密配合，共同为实现企业的总目标服务。这种结构适用于多种产品开发、跨地区经营的跨国公司，为这些公司的不同产品在不同地区增强市场竞争力提供组织保证。

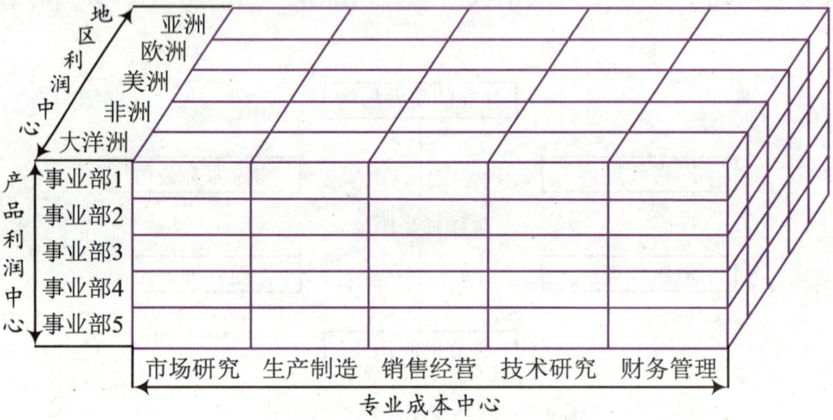

图4-8　多维立体组织结构

以上介绍的几种组织结构是对实际存在的组织结构的抽象概括，它们只是基本的框架。在实际应用中，组织并不会只采用一种结构，多数组织都是多种类型结构的综合体。随着社会生产力的发展，以及人们对管理规律认识的不断深化，组织结构的类型也将得到进一步的发展和完善。

管理风暴

与传统组织结构相比，新型组织结构有哪些特点？

班级＿＿＿＿＿＿　　姓名＿＿＿＿＿＿　　学号＿＿＿＿＿＿

任务检测

一、客观题

1.【单选题】下列选项中，(　　)不属于正式组织的特点。

A. 是为了满足成员的各种心理需求而自发形成的

B. 有明确的目标，且组织成员为实现组织目标而有效工作

C. 有明确的效率指标，组织成员都为提高效率而共同努力

D. 用明确的规章制度来约束组织成员的行为

2.【单选题】(　　)，又称“斯隆模型”，它是一种高度分权制的组织结构。

A. 直线制结构　　B. 事业部制结构

C. 矩阵制结构　　D. 职能制结构

3.【单选题】(　　)是由部门系统和项目系统纵横两套系统组成的组织结构。

A. 直线制结构　　B. 职能制结构

C. 直线职能制结构　　D. 矩阵制结构

4.【多选题】下列有关直线制组织结构的说法中，正确的有(　　)。

A. 结构简单、决策迅速、权力集中、命令统一

B. 职权明确，不易出现管理混乱的情况

C. 不易维持组织纪律和秩序，管理费用较高

D. 权力过于集中，容易发生决策失误

5.【多选题】组织职能的发挥是实现管理功能的重要保证。一般来说，组织具有的职能包括(　　)。

A. 建立组织机构　　B. 划分职责权力

C. 形成信息渠道　　D. 有效配置资源

6.【多选题】按不同的标准，组织有不同的分类方式。按有无正式结构的标准，组织可分为(　　)。

A. 正式组织　　B. 机械组织

C. 有机组织　　D. 非正式组织

7.【判断题】职能制结构，又称垂直式结构或军队式结构。它是最简单的一种组织结构。(　　)

8.【判断题】阿米巴组织结构的精髓是从管理走向经营，将管理问题转化为经营问题来解决。关注的焦点在于各个团队创造的附加值。(　　)

二、主观题

9.【简答题】简述组织的特征。

班级____________ 姓名____________ 学号____________

10.【简答题】简述组织结构的影响因素。

11.【案例分析】

集团的组织模式变革势在必行

某企业的后勤部门，在多年的改革和发展中，通过项目承包、自主经营、实行公司制等方式，现已成为拥有多家子公司的企业集团，经营范围涉及餐饮、食品加工、机械、电子、房地产等多个领域。但其在组织模式上还是沿用过去实行的集权的直线职能制形式，严重制约了公司的发展和员工积极性的提高。最近，公司领导意识到必须改变这一做法以促进公司的进一步发展。

根据上述案例，运用组织结构的相关知识，说明目前该集团应采取什么类型的组织结构。

任务二 认识组织设计、培育组织文化

任务导入

周宇的困境：管理改革遇阻碍，才华难展愁云罩

周宇近来感到十分沮丧。一年半前，他获得某知名大学工商管理硕士学位后，在毕业生人才交流会上，凭借着自己的出众口才，力挫群雄，成为某大公司的高级管理职员。一年后，周宇又凭借自己卓越的管理才能，被公司委以重任，出任总公司下属一家面临困境的工厂厂长。当时，总公司经理及董事会希望周宇能重新整顿工厂，使其扭亏为盈，并保证周宇拥有完成这些工作所需要的权力。考虑到周宇年轻且肩负重任，总公司还为他配备了一位高级顾问赵磊（原工厂主管生产的副厂长），为其出谋划策。

然而，在担任厂长半年后，周宇开始对自己的能力产生怀疑。他向办公室高主任抱怨道："在我执行工厂管理改革方案时，我要求各部门制定明确的工作职责、工作目标和工作程序。赵磊却认为，管理固然重要，但眼下第一位的还是紧抓生产、开拓市场。更糟糕的是，原赵磊手下的主管人员居然也持有类似的想法，结果导致经集体讨论而定的管理措施难以执行，那些生产方面的工作推行起来倒是十分顺利。有时我觉得，在厂里发布命令，就像往水里扔石头，我只看见了水花，过不了多久，所有的事情便又回归到发布命令之前的状态，什么都没改变。"

请思考

1．周宇和赵磊的权力分别来自何处？

2．赵磊在实际工作中行使的是什么权力？作为高级顾问，他应行使什么职权？

3．这家下属工厂在管理中存在什么问题？如果你是总公司经理助理，请你就案例中该工厂存在的问题向经理提出建议以改善现状。

思考提示

本任务的知识和技能要求如表 4-14 所示。

表 4-14　知识和技能要求

类　型	具体内容		学习程度			
			了 解	熟 悉	掌 握	应 用
知识要求	组织设计	组织设计的概念与原则	●			
		组织设计的程序		●		
	组织文化	组织文化的概念与功能		●		
		组织文化的特性与构成	●			
		组织文化的培育			●	
技能要求	在协调责权关系的基础上进行组织设计并建立简单的组织结构					●

班级____________ 姓名____________ 学号____________

任务工单

（一）任务描述

以小组为单位，讨论组织设计的程序有哪些，组织文化培育的步骤有哪些。

（二）任务分工

全班学生以3～5人为一组进行分组，每组设组长1名，小组讨论任务分工并将分工情况填写至表4-15中。

表4-15 小组成员及分工情况

小组成员	姓 名	学 号	任务分工
组长			
组员			

（三）任务准备

请各组长组织组员进行预习，收集和整理相关资料，讨论并用通俗易懂的语言结合具体事例回答下列问题。

（1）组织设计是什么？组织设计的原则有哪些？

（2）组织文化是什么？组织文化的特性有哪些？

班级____________ 姓名____________ 学号____________

（四）任务实施

通过课堂学习、小组合作查阅资料等，完成表 4-16。

表 4-16 组织设计的程序及组织文化培育的步骤

讨论内容	讨论结果
组织设计的程序	
组织文化培育的步骤	

（五）任务评价

各组派代表展示任务实施成果，并配合指导老师完成表 4-17 所示的任务评价。

表 4-17 任务评价

评价项目	评价内容	分 值	评价分数		
			自 评	组 评	师 评
职业素养考核目标（40%）	考勤、仪容仪表	10 分			
	责任意识、纪律意识	10 分			
	团队合作与交流	20 分			
专业能力考核目标（60%）	任务准备过程讨论及记录的完成度	20 分			
	任务实施过程记录的完成度	20 分			
	任务实施成果的展示效果	20 分			
合计		100 分			
综合评价	综合分数______（自评×25%+组评×25%+师评×50%） 综合等级______ 综合评语： 指导老师签字____________				

一、组织设计

（一）组织设计的概念与原则

1．组织设计的概念

组织是管理过程中不可或缺的手段，组织设计可以帮助组织实现自身的目标。

从概念上来讲，**组织设计即设计清晰的组织结构，分析和规划组织内各职能部门的职责与职权，确定组织中直线部门、职能部门和参谋部门的活动范围并编制职务说明书，建立相应的整合协调机制等。**

组织设计的目的是通过创建灵活的组织，动态地反映环境变化的要求，并在组织发展过程中，对组织开展工作、实现目标所必需的各种资源进行积聚和安排；同时协调组织中部门与部门、人员与任务之间的关系，保证组织活动的有效开展，最终实现组织的目标。

2．组织设计的原则

组织所处的环境、采用的技术、制定的战略、发展的规模不同，所需要的部门及其相互关系也不同，但是任何组织在进行组织设计时，都必须遵循以下原则，如图 4-9 所示。

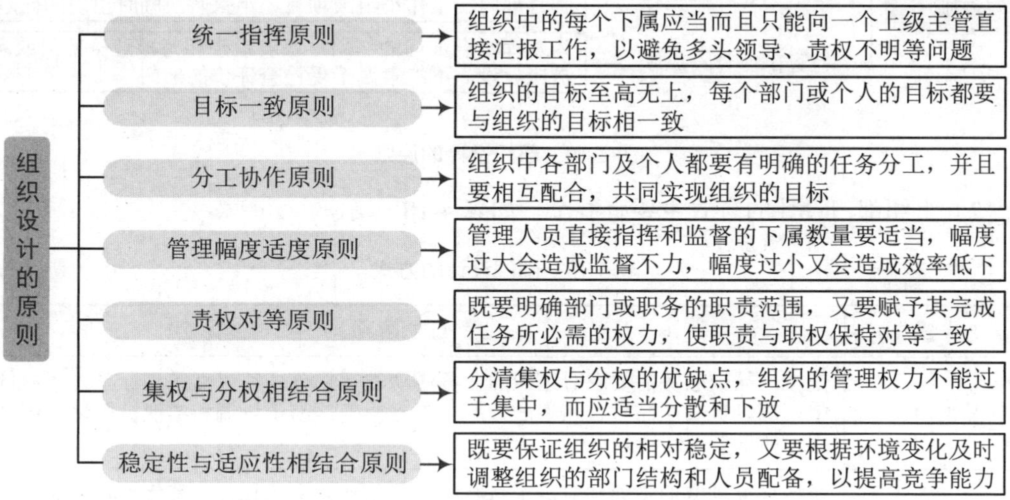

图 4-9　组织设计的原则

（二）组织设计的程序

根据组织设计所要达到的目的，组织设计的程序包括以下几个基本步骤。

1．工作设计

工作设计是为了有效地实现组织目标、满足个人需要而进行的工作内容、工作职能和工作关系的设计。

工作设计一般通过编制职务说明书的形式来实现。职务说明书就是用文字或表格的形式，具体说明每项职务的工作任务、职责和权限，以及与其他职务和部门的关系。其基本内容包括工作描述和任职说明两部分。其中，工作描述一般用来说明工作内容、任务、职责、环境等；任职说明则用来表述任职者所需的资格要求，如技能、学历、经验、体能等。

随着组织规模的不断扩大，工作专门化成为工作设计的主要趋势。工作专门化就是把组织中的工作划分为若干步骤，每一步骤安排一个人去完成。在实践中，组织通常通过定期轮岗换岗、扩大工作范围、丰富工作内容和增强工作特色等方法，不断增加工作细化和专门化的程度。

2．部门设计

部门设计是根据职能相似、活动相似、关系紧密等原则，将组织中的岗位按其特征进行分类，然后将相应职务的人员聚集在一个部门，从而构成组织的各个内部机构，以便进行有效的管理。部门设计主要是解决组织的横向结构问题，其目的在于确定组织中各项任务的分配与责任的归属，以求分工合理、职责分明，有效地实现组织目标。

（1）组织在进行部门设计时，必须遵循以下原则，如图 4-10 所示。

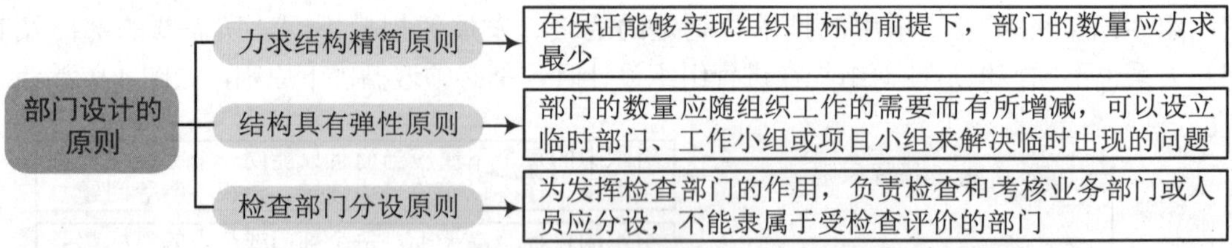

图 4-10　部门设计的原则

（2）组织部门设计的方式主要有五个，如表 4-18 所示。

表 4-18　部门设计的方式

方　式	概念解释
产品部门化	是按产品或服务的要求对组织的业务活动进行划分。其优点是目标单一，力量集中，可以提高产品质量和生产效率；分工明确，易于协调和实现机械化；部门独立，便于管理和绩效评估
顾客部门化	是按目标顾客的不同利益需求对组织的业务活动进行划分。其优点是能够使产品或服务更加切合顾客的实际要求；缺点是降低了技术专业化的优势
地区部门化	是按地理位置的分散程度对组织的业务活动进行划分。其优点是相关部门可以更加充分地了解所负责的地区，各项业务的开展也更加切合当地的实际需要；缺点是容易产生各自为政的弊端
职能部门化	是以职能为基础进行部门划分，即把相同或相似的工作岗位放在同一部门。其优点是可以实现责权统一，便于专业化；缺点是会因责权过分集中而出现决策迟缓和本位主义现象
生产部门化	是按生产流程对组织的业务活动进行划分。其优点是所形成的部门专业化程度较高，因此生产效率也比较高，通常用于组织大批产品的加工制造

3．层次设计

层次设计就是确定组织中每个部门的职位和等级，即在工作设计和部门设计的基础上，根据组织内外部的人力资源状况，对各个职务和部门进行综合平衡；同时根据每项工作的性质和内容，确定管理层次和管理幅度，使组织形成一个严密有序的系统。

层次设计

（1）管理层次，也称组织层次，是组织内部从高级别管理层到低级别管理层之间的各个组织等级。管理层次反映组织内部的纵向分工关系，各个层次负责不同的管理职能。管理实践表明，理想的管理层次有三层，即高层管理、中层管理和基层管理。

（2）管理幅度，也称管理跨度或管理宽度，是组织中的管理人员能够直接有效地指挥和领导下属人员的数量。实践证明，管理幅度应是有限的。合理的管理幅度有利于管理的控制和沟通，可以加快上情下达和下情上报的速度，便于管理者及时做出决策，也有利于下属贯彻上级的命令和指示。

（3）管理层次与管理幅度的关系包括以下两个方面。

① 管理幅度决定管理层次，管理层次与管理幅度在数量上成反比关系。如图 4-11 所示，在组织规模一定的情况下，管理幅度越大、管理层次就越少；反之，管理幅度越小，管理层次就越多。

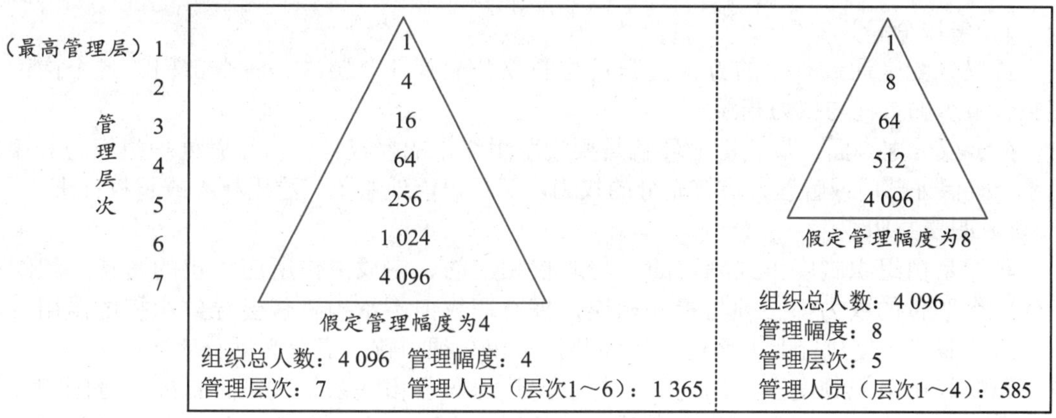

图 4-11 管理层次与管理幅度的关系

一般而言，管理层次较少的组织结构被称为“扁平式组织结构”，管理层次较多的组织结构被称为“锥形组织结构”。两种结构的优缺点如图 4-12 所示。

② 管理层次对管理幅度有一定的制约作用。与管理幅度相比，管理层次具有较高的稳定性。无论是何种组织，都不能频繁地改变管理层次，这就从反方向上要求管理幅度在一定程度上要服从于既定的管理层次。

扁平式组织结构

优点：信息沟通和传递的速度较快，信息的失真度较低；管理人员对下属的控制相对较小，有利于发挥组织成员的积极性和创造性

vs

缺点：过大的管理幅度增加了管理人员对下属的监督和协调难度，组织成员的提升机会较少

锥形组织结构

优点：有利于管理人员对下属进行及时的指导和控制；各个管理层次之间关系密切，有利于工作任务的衔接，为下属提供了更多的提升机会

vs

缺点：过多的管理层次降低了信息的传递速度，信息的失真度较高，从而增加了组织的沟通和协调成本，以及管理工作的复杂性

图 4-12　扁平式组织结构与锥形组织结构的优缺点

管理加油站

苛希纳定律是什么？

苛希纳定律阐明了这样一种管理现象：在管理中，如果实际管理人员比最佳人数多 2 倍，那么工作时间就会多 2 倍，工作成本会多 4 倍；如果实际管理人员比最佳人数多 3 倍，那么工作时间就会多 3 倍，工作成本会多 6 倍。

这个定律告诉我们：在管理中，并不是人数越多越好，有时管理人员越多，工作效率反而会越低；要想铲除“十羊九牧”的现象，就必须精兵简政，寻找最佳的管理幅度，这样才能构建高效精干、成本合理的管理经营团队。

4. 责权分配

责权分配是通过有效的方式将职责与职权分配到各个层次、各个部门、各个岗位，使整个组织的责任与权力相统一。

在责权分配方面，最关键一环就是要规范组织中的授权程序，正确处理集权与分权的关系，既保证部门或管理人员有充分的权力，又尽可能地避免其滥用权力或越权行事。

1）职责与职权

职责是由组织制度正式确定的、与职权相应的、完成工作所应承担的责任。组织中任何一个职位的权力都必须与责任相连，拥有职权但不承担责任会导致职权的滥用，有职责而无职权会使执行者无所适从。因此，责权必须一致，责权必须分明。

职权是由组织制度正式确定的，与一定管理职位相联系的决策、指挥、分配和奖惩的权力。每一个管理职位都具有某种特定的、内在的权力，即职权与组织内部的职位相关，而与担任者的个人特征无关。职权分为三种形式，如表 4-19 所示。

表 4-19　职权的形式

职权的形式	概念解释
直线职权	是管理者直接领导和指挥下属工作的职权，由组织的顶端开始，延伸向下至最底层，形成一条指挥链。其特点是对直线主管的能力要求较高，直线主管的责任较大
参谋职权	是管理者拥有的某种特定的建议权或审核权，拥有该权力的管理者可以评价直线权力方面的活动情况，进而提出建议或提供服务。其目的是弥补直线主管在能力方面的缺陷
职能职权	是一种权益职权，由直线管理者向辖属以外的部门或个人授权，允许其在一定的职能范围内行使某种职权。其优点是能够充分发挥部门和个人的作用，减轻直线主管的任务负荷，从而提高管理工作的效率

2）授权

授权是组织的管理者把自己的某些职权或权力授予下级代为执行的行为，这是一种主要的权力分配方式。授权之后，下级可以在职权范围内自行决断、灵活处置，但负有完成任务并向上级报告的责任，上级仍然保留对下级的指挥权和监督权。

管理者在授权时要充分考虑职位高低、下属素质、组织内外条件等因素的影响，按照责权一致、级差授权、授权有度、有效控权等原则，合理分配与授予职权。同时，要以适当的方式和手段进行必要的监管，以保证权力的正确运用，以及组织目标的顺利实现。在工作任务完成后，要对授权效果、工作业绩进行考核和评价。

3）集权与分权

集权与分权是组织设计中两种相反方向的权力分配方式。集权是决策权在组织系统中一定程度的集中，即决策权集中于组织较高层次的少数人中；反之，分权是决策权在组织系统中一定程度的分散，即决策权分散在各个较低管理层次的较多数人中。

集权与分权只是两个相对的概念，它们是组织在权力分配方面的两种倾向。在现实社会中，不同的组织同时具有不同程度的集权与分权，绝对的集权与绝对的分权是不存在的。

管理风暴

集权与分权的程度是随条件变化而变化的。你能说出影响集权与分权程度的因素吗？

读故事悟管理

子贱放权：少就是多

孔子的学生子贱奉命担任某地方官吏。他到任以后，却时常弹琴自娱，不管政事，但是他所管辖的地方却井井有条。这使那位卸任的官吏百思不得其解，因为他每天即使起早摸黑，从早忙到晚，也没有把地方治理好。于是，他便请教子贱："为什么你能治理得这么好？"子贱回答说："你只靠自己的力量行事，所以十分辛苦；我却是借助别人的力量来完成任务。"

【管理启示】在组织管理方面，管理者要相信"少就是多"的道理，有时抓得越少反而会收获越多。管理者当然既要管"头"又要管"脚"（即既要管人又要管资源），但是不能从"头"管到"脚"。也就是说，管理的权力不能过于集中，同时也要注意不能过于分散。

5．整体协调

层次设计和责权分配确定了组织内部各个部门之间从上到下的纵向关系，但组织作为一个整体，要实现其既定目标，必须要求各部门在工作过程中形成共同协作的横向关系，从而使各部门的工作能够达到整体化与同步化的要求。

下面介绍四类组织进行整体协调的方式。

1）汤普森的三种协调方式

美国管理学家汤普森认为，组织中各个部门之间存在三种不同类型的相互依赖关

汤普森的三种相互依赖关系

系，即间接影响的波动型关系、直接影响的连续型关系及相互影响的交叉型关系。对于不同类型的相互依赖关系，应采取不同的协调方式。

（1）对于波动型关系，可以通过建立标准化的决策程序和制度法规来协调，保证各部门按照既定的规则开展工作。

（2）对于连续型关系，可以通过共同确定的计划、预算和工作顺序来协调。

（3）对于交叉型关系，应加强部门之间的信息沟通和互动反馈，并共同做出决策，彼此达成协议，必要时可以设置专门的协调部门和人员以解决组织内部的冲突。

2）明茨伯格的三种协调方式

加拿大管理学家明茨伯格认为，组织工作的本质就是协调，协调有三种基本方式。

（1）相互调整的协调方式，即在简单的组织中，组织成员之间通过非正式的、默契配合的工作方式来协调。

（2）直接监督的协调方式，即上级通过向下级发出指令并进行监督的方式来协调。

（3）标准化的协调方式，即通过制定工作标准和规范来协调。

3）达福的六种协调方式

美国管理学家达福提出了组织的六种协调方式，适用范围更广，如表 4-20 所示。

表 4-20　达福的六种协调方式

协调方式	概念解释
文书档案	即应用备忘录、报告、通报、简报等进行协调
直接接触	即相关人员直接面对面地沟通和交流，实现意见统一、步调一致
设置联络员	即在部门内部专门设置一个岗位，由其专职负责与其他部门的协调沟通
设置临时委员会	即由相关部门组成临时委员会，互相沟通和协商，问题解决后便可解散委员会
设置专职协调员	即在组织中设置独立于其他部门的专职协调职位，承担组织的协调工作
设置常设委员会	即设置具有固定人员和固定办公场所的委员会，并建立健全协调机制和程序

4）协调会议机制

在我国的组织管理中，建立各种协调会议机制是一种比较常见且有效的协调方式。这种会议一般由组织中较高一层的领导主持，召集相关部门的负责人一起围绕特定的主题进行协商讨论，从而形成一致的意见或行动方案。

二、组织文化

（一）组织文化的概念与功能

1. 组织文化的概念

组织文化的概念与功能

组织文化是组织在长期的实践活动中所形成的、被组织成员普遍认可和遵循的、具有本组织特色的价值观念、团体意识、工作作风、行为

习惯和思维方式的总和。由于组织是按照一定的目的和形式构建起来的社会集合体，因此必须有共同的目标追求和行为标准，才能满足自身运作的需求。组织文化的任务就是创造共同的价值体系和行为准则。

组织文化是一种亚文化，包含着三种不同的文化形态，如图 4-13 所示。

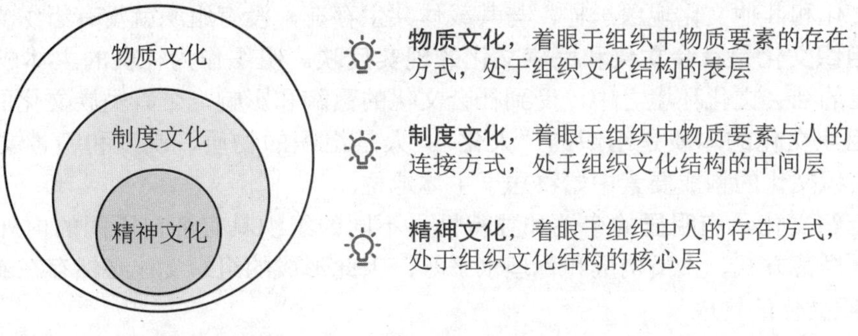

图 4-13　组织文化包含的文化形态

2．组织文化的功能

组织文化不同于一般的社会文化，它在组织管理中发挥着重要的功能，主要表现为如图 4-14 所示的几个方面。

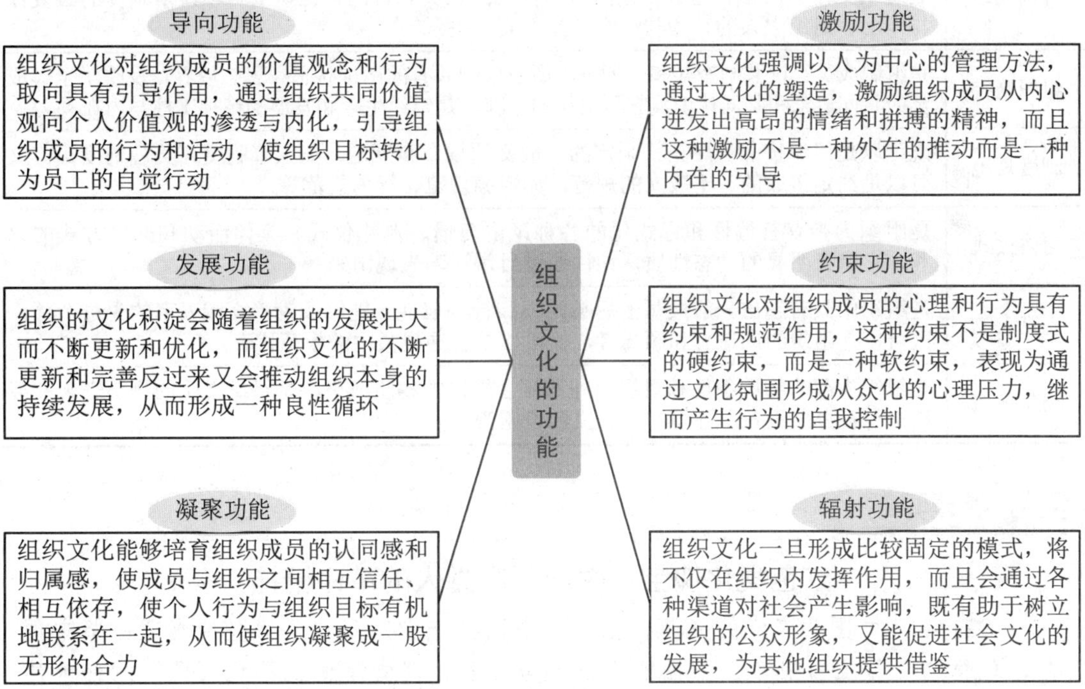

图 4-14　组织文化的功能

（二）组织文化的特性与构成

1. 组织文化的特性

组织文化作为一种特殊的文化形式，具有以下特性。

（1）**组织文化是一种客观存在的社会现象**。作为人类文化系统的一个重要组成部分，组织文化和其他文化现象一样，与其载体共生存在，没有组织就没有组织文化。

（2）**组织文化是社会文化和民族文化的现实反映**。组织作为社会的主体成员之一，存在于一定的社会文化环境之中，受到社会文化的熏陶和影响，带有民族文化的印迹。

（3）**组织文化的本质是组织的"人化"**。人是组织的物质、制度和精神文化的创造者，人在组织文化的构成要素中始终居于主体地位。

（4）**组织文化具有明显的个性和独特性**。不同的组织具有各自不同的内外部环境、产品特点、经营方式、人员构成和管理水平等，因此形成的组织文化必然存在着差异。

2. 组织文化的构成

组织文化的内容构成相当广泛，其中最能体现文化特性的内容构成如表4-21所示。

表4-21　组织文化的构成

构成内容	解　释
价值观念	是组织及全体成员对该组织的生产、经营、服务等客观活动的价值观念和一般看法，它是组织文化的核心和基石，包括组织存在的意义和目的、组织中各项规章制度的必要性与作用、组织中人的行为与组织利益之间的关系等
组织精神	是组织成员经过共同奋斗和长期培养所形成的共有的精神状态和思想境界，反映了全体成员的共同追求和共同认识，它是组织的灵魂，是组织生存和发展的精神支柱与内在动力
制度规范	既可以是组织按照程序正式制定的、成文的规章和规定，如人事制度、奖惩制度等；又可以是约定俗成的、不成文的规范，如道德规范、行为规范等
习俗仪式	是组织内带有普遍性和程式化的各种风俗习惯、典礼仪式、集体活动和娱乐方式的总和，它带有明显的动态性质，往往通过日常活动表现出来
先进人物	是组织中具有超出一般成员的思想境界和行为表现，能够成为榜样或表率的先进个体，既可以是组织的创造者和领导者，又可以是普通成员中的模范代表
物化环境	是组织内部的物质条件和组织向外部社会提供的物质成果，是组织文化的物质表现和凝结，包括办公设备、环境布置、文创设施等

管理驿站

红色文化瑰宝：中国共产党人的革命精神

1921年，中国共产党的先驱们创建了中国共产党，形成了"坚持真理、坚守理想，践行初心、担当使命，不怕牺牲、英勇斗争，对党忠诚、不负人民"的伟大建党精神，这是中国共产党的精神之源。自成立以来，中国共产党不断弘扬伟大建党精神，在长期奋斗中构建起这个伟大组织的精神谱系，锤炼出鲜明的政治品格。中国共产党人的主要革命精神及内涵如下。

(1) 井冈山精神：坚定信念、艰苦奋斗、实事求是、敢闯新路、依靠群众、勇于胜利。

(2) 长征精神：把全国人民和中华民族的根本利益看得高于一切，坚定革命的理想和信念，坚信正义事业必然胜利的精神；为了救国救民，不怕任何艰难险阻，不惜付出一切牺牲的精神；坚持独立自主、实事求是，一切从实际出发的精神；顾全大局、严守纪律、紧密团结的精神；紧紧依靠人民群众，同人民群众生死相依、患难与共、艰苦奋斗的精神。

(3) 延安精神：实事求是、理论联系实际的精神，全心全意为人民服务的精神，自力更生、艰苦奋斗的精神。

(4) 西柏坡精神：永不停步，将革命进行到底；执政党要坚持以经济建设为中心；坚持“两个务必”，保持党的优良传统和作风；团结高效，加强党的集中统一。

(5) 抗美援朝精神：祖国和人民利益高于一切、为了祖国和民族的尊严而奋不顾身的爱国主义精神，英勇顽强、舍生忘死的革命英雄主义精神，不畏艰难困苦、始终保持高昂士气的革命乐观主义精神，为完成祖国和人民赋予的使命、慷慨奉献自己一切的革命忠诚精神，为了人类和平与正义事业而奋斗的国际主义精神。

(6)“两弹一星”精神：热爱祖国、无私奉献、自力更生、艰苦奋斗、大力协同、勇于登攀。

(7) 探月精神：追逐梦想、勇于探索、协同攻坚、合作共赢。

历史证明，中国共产党是一个能够自我革命的先进组织，中国共产党人的革命精神已经深深融入我们党、国家、民族、人民的血脉之中，为我们立党兴党强党、实现中华民族伟大复兴的中国梦提供了丰厚滋养。我们应大力弘扬红色传统，传承红色基因，赓续共产党人精神血脉，鼓起迈进新征程、奋进新时代的精气神。

(三) 组织文化的培育

组织文化的培育是一个长期的过程，同时也是组织发展过程中的一项艰巨且细致的系统工程。一般来说，组织文化的培育需要经过以下步骤。

(1) **选择价值观**。组织的价值观是组织文化的核心，选择正确的组织价值观是塑造良好组织文化的关键。组织价值观要体现组织的基本宗旨和发展方向，还要符合环境要求和组织特点。组织在选择价值观时，要注意发挥组织成员的创造精神，听取成员的意见，采用自上而下和自下而上相结合的方式，筛选出既符合组织特点又能被组织成员认可和接纳的组织价值观和文化模式。

(2) **强化认同感**。组织在选择并确立了组织价值观和文化模式后，应通过各种强化方法使组织的价值观深入人心。强化的方法包括以下三个方面：① 利用宣传媒介在组织内部广泛宣传组织文化的内容和要求；② 培养和树立典型，为组织成员提供可供效仿的榜样；③ 加强培训教育，使组织成员系统地接受组织的价值观并强化认同感。

(3) **提炼与定格**。提炼与定格就是在充分分析和全面归纳的基础上，把经过科学论证和实践检验的组织价值观、组织精神、制度规范、习俗礼仪等条理化、完善化、格式化，再经过必要的理论加工和文字处理，用精练的语言表述出来。

（4）**巩固与落实**。为了成功塑造组织文化，必须对已提炼定格的组织文化加以巩固和落实，其主要做法有以下两点：① 建立必要的制度保障，保证组织文化的巩固与落实；② 发挥管理者在建设组织文化过程中的示范效应和决定作用。

（5）**丰富与发展**。组织文化是特定历史环境和条件下的产物，当时代和组织内外部条件发生变化时，组织文化也应进行适时的丰富和发展，通过不断循环往复达到更高层次。

班级＿＿＿＿＿＿　姓名＿＿＿＿＿＿　学号＿＿＿＿＿＿

任务检测

一、客观题

1.【单选题】（　　）是根据职能相似、活动相似、关系紧密等原则，将组织中的岗位按其特征进行分类，以便进行有效的管理。

A．工作设计　B．层次设计　C．部门设计　D．整体设计

2.【单选题】组织设计需要遵循一定的原则，其中（　　）原则要求管理人员直接指挥和监督的下属数量要适当。

A．统一指挥　B．目标一致

C．责权对等　D．管理幅度适度

3.【单选题】在组织部门设计的五种基本方式中，（　　）是根据生产流程对组织的业务活动进行划分。

A．产品部门化　B．生产部门化

C．顾客部门化　D．职能部门化

4.【多选题】下列有关管理层次与管理幅度的说法中，不正确的有（　　）。

A．管理层次与管理幅度在数量上成反比关系

B．管理层次决定了管理幅度

C．与管理层次相比，管理幅度具有较高的稳定性

D．管理层次较少的组织结构被称为“锥形组织结构”

5.【多选题】组织设计的原则包括（　　）。

A．责权对等原则　B．分工协作原则

C．集权与分权相结合原则　D．管理幅度适度原则

6.【多选题】组织文化不同于一般的社会文化，它在组织管理中发挥着（　　）等重要的功能。

A．导向功能　B．凝聚功能　C．激励功能　D．约束功能

7.【判断题】在扁平式组织结构中，信息传递和沟通的速度较慢，信息的失真度也比较高。（　　）

8.【判断题】职权与组织内部的职位以及担任者的个人特征相关，应由组织制度正式确定。（　　）

二、主观题

9.【简答题】简述组织设计程序中的责权分配。

班级____________ 姓名____________ 学号____________

10.【案例分析】

北京同仁堂的组织文化

北京同仁堂是我国中药行业著名的老字号，创立于清康熙八年（1669 年），至今已经有 350 多年的历史，“同仁堂”商标也伴随着它走过了多年的风雨历程。数百年来，历代同仁堂人一直恪守“炮制虽繁必不敢省人工，品味虽贵必不敢减物力”的传统古训，树立“修合无人见，存心有天知”的自律意识，制药过程严格依照配方，选用地道药材，从不偷工减料、以次充好，确保了同仁堂金字招牌长盛不衰。其产品以“配方独特，选料上乘，加工精湛，疗效显著”而享誉海内外。

随着时代的发展，同仁堂在继承传统文化精髓的基础上，不断融入新的文化内涵，确立了与时代发展相适应的经营观、义利观、质量观、激励观、发展观和人本观，始终坚持“同修仁德，济世养生”的企业宗旨。优秀的企业文化培育指导着同仁堂人不断创新进取，使得同仁堂在市场竞争中不断发展壮大。

根据上述案例，分析回答下列问题。

（1）同仁堂的组织文化是什么？

（2）同仁堂的组织文化主要发挥了什么功能？

班级__________ 姓名__________ 学号__________

项目实训——创办模拟公司

一、实训目标

通过创办模拟公司的实践活动，学生能够深入理解组织结构的相关内容，并在实践过程中领悟组织设计的原则与程序。

二、实训内容

1. 分组准备

（1）将全班学生分成若干小组，每个小组至少4位成员，分别负责创办模拟公司的各个环节。

（2）分组观看视频或学习文字材料，了解国内外著名企业在成立之初的组织建设情况，如小米、华为、通用集团等的成功案例。

2. 创办模拟公司

（1）工作设计。负责工作设计的学生需要确定本小组模拟公司的业务方向和基本职务，并编制职务说明书，具体说明每项职务的工作任务、职责和权限等。

（2）部门设计。负责部门设计的学生需要将经工作设计确定的岗位，按照职能相似、活动相似、关系紧密等原则进行划分，从而构成公司的各个内部机构。

（3）层次设计。负责层次设计的学生需要在上两步的基础之上，对各个职务和部门进行综合平衡；同时根据每项工作的性质和内容，确定公司的管理层次和管理幅度。

（4）责权分配与整体协调。负责这一环节的学生需要确定公司各部门之间从上到下的纵向关系，同时协调公司各部门之间共同协作的横向关系，保证公司的整体化与同步化。

3. 汇报评价

（1）每个小组的模拟公司初步创办成功后，小组成员需制作一份PPT向全班展示本公司的组织结构。

（2）汇报结束后，学生应向老师提交模拟创办过程中制作的公司职务说明书、公司管理层次和幅度报告等材料。老师根据学生提交的材料及小组的汇报情况进行综合评分。

班级____________ 姓名____________ 学号____________

项目评价

评价内容	分值	评价分数		
		自评	组评	师评
日常考勤和课堂纪律	10分			
学习态度和课堂参与	10分			
完成任务检测并保证题目的正确率	50分			
参与项目实训并积极完成各项任务	30分			
合计	100分			
综合评价	综合分数______（自评×25%+组评×25%+师评×50%） 综合等级______ 综合评语： 指导老师签字__________			

5 项目五

领导能力

领导是管理的基本职能，是管理活动的重要方面。领导者主要通过与被领导者的双向互动，把组织成员的个体目标和组织目标进行匹配，从而促使组织成员更加有效地实现组织目标。因此，学会有效地领导是现代领导者必须掌握的一项基本技能。

本项目主要介绍领导能力，具体内容包括领导概述、领导艺术与领导的各种理论。

项目导览

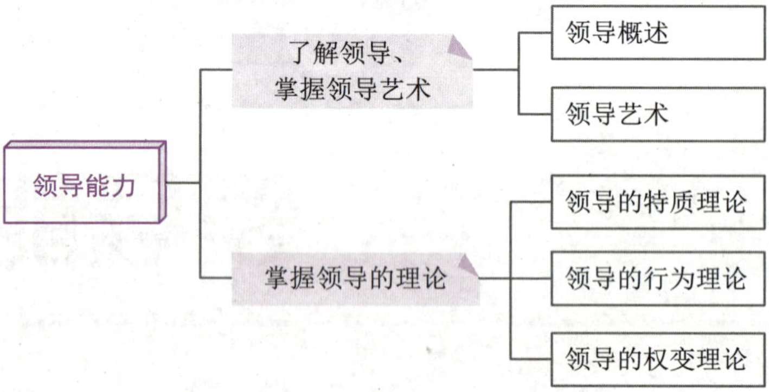

学习目标

» 知识目标

（1）了解领导的概念与功能、领导艺术的概念与特点。

（2）熟悉领导者。

（3）掌握领导艺术的内容，以及领导的理论。

» 技能目标

（1）能够运用所学知识分析著名企业家的领导方式、风格及特点等。

（2）能够运用领导的理论分析真实的领导案例。

» 素质目标

（1）树立文化自信，自觉从中华传统优秀著作中汲取精华，为管理所用。

（2）坚持党的领导，始终在思想上、政治上、行动上同党中央保持高度一致。

任务一 了解领导、掌握领导艺术

任务导入

任正非领导之力，华为突起之基

华为，这个科技界的传奇巨擘，从深圳一家小公司起家，如今已成长为全球领先的科技公司。这一惊人的成就，其卓越的创始人——任正非起着举足轻重的作用。作为领导者，任正非成功地发挥了自己的气质个性和能力偏好。他具备远见卓识，善于决策和沟通，有坚定的执行能力，注重人才管理和风险管理；同时拥有创新思维、谦逊品质、同理心和终身学习的精神。

1．战略远见锚定方向

任正非深谙“江水奔流不息”的发展哲学，强调企业须顺应时代浪潮，以开放姿态拥抱技术变革。他早年提出“要用世界上最好的零部件和工具造世界上最好的产品”，推动华为融入全球产业链；面对制裁后，他又迅速调整战略，加大自主研发力度，展现了“向死而生”的魄力。其全球化视野与危机意识，使华为始终立于技术前沿。

2．组织创新激活动能

任正非摒弃传统集权模式，首创轮值CEO制度，通过集体决策与权力制衡激发组织活力。他强调“人才是核心资产”，打造“狼性”团队文化——既鼓励竞争与拼搏，又注重协作与学习。华为的人力资源管理体系以“放权+赋能”为特色，通过全员持股、破格提拔等机制，将个人成长与企业目标深度绑定，形成强大的内生动力。

3．文化信仰凝聚共识

任正非以身作则，践行“低调华丽”的价值观。他隐身于聚光灯外，却在电梯间倾听员工意见并迅速解决问题，以行动诠释“以客户为中心”的理念。这种文化基因使华为在逆境中仍能保持韧性，持续突破技术壁垒。

任正非的领导力是战略理性与人文情怀的结合体。这种领导范式，既是中国科技企业突破“卡脖子”困境的实践范本，更是全球化竞争中“中国智慧”的生动诠释。所以，没有任正非这样的领导，就没有华为的成功。

请思考

1．作为领导者，任正非具备哪些素质？

2．任正非具备的这些素质是每一位优秀的领导者所必须具备的吗？

思考提示

本任务的知识和技能要求如表 5-1 所示。

表 5-1　知识和技能要求

<table>
<tr><th rowspan="2">类　型</th><th rowspan="2" colspan="2">具体内容</th><th colspan="4">学习程度</th></tr>
<tr><th>了 解</th><th>熟 悉</th><th>掌 握</th><th>应 用</th></tr>
<tr><td rowspan="6">知识要求</td><td rowspan="3">领导概述</td><td>领导的概念</td><td>●</td><td></td><td></td><td></td></tr>
<tr><td>领导的功能</td><td>●</td><td></td><td></td><td></td></tr>
<tr><td>领导者</td><td></td><td>●</td><td></td><td></td></tr>
<tr><td rowspan="3">领导艺术</td><td>领导艺术的概念</td><td>●</td><td></td><td></td><td></td></tr>
<tr><td>领导艺术的特点</td><td>●</td><td></td><td></td><td></td></tr>
<tr><td>领导艺术的内容</td><td></td><td></td><td>●</td><td></td></tr>
<tr><td>技能要求</td><td colspan="2">运用所学知识分析著名企业家的领导方式、风格及特点等</td><td></td><td></td><td></td><td>●</td></tr>
</table>

班级____________ 姓名____________ 学号____________

任务工单

（一）任务描述

以小组为单位，讨论领导的功能有哪些，领导艺术的内容有哪些。

（二）任务分工

全班学生以 3～5 人为一组进行分组，每组设组长 1 名，小组讨论任务分工并将分工情况填写至表 5-2 中。

表 5-2 小组成员及分工情况

小组成员	姓 名	学 号	任务分工
组长			
组员			

（三）任务准备

请各组长组织组员进行预习，收集和整理相关资料，讨论并用通俗易懂的语言结合具体事例回答下列问题。

（1）领导是什么？领导者是什么？

（2）领导与管理的区别和联系有哪些？

（3）领导艺术是什么？

班级__________　　姓名__________　　学号__________

（四）任务实施

通过课堂学习、小组合作查阅资料等，完成表 5-3。

表 5-3　领导的功能及领导艺术的内容

讨论内容	讨论结果
领导的功能	
领导艺术的内容	

（五）任务评价

各组派代表展示任务实施成果，并配合指导老师完成表 5-4 所示的任务评价。

表 5-4　任务评价

<table>
<tr><th rowspan="2">评价项目</th><th rowspan="2">评价内容</th><th rowspan="2">分　值</th><th colspan="3">评价分数</th></tr>
<tr><th>自　评</th><th>组　评</th><th>师　评</th></tr>
<tr><td rowspan="3">职业素养考核目标（40%）</td><td>考勤、仪容仪表</td><td>10 分</td><td></td><td></td><td></td></tr>
<tr><td>责任意识、纪律意识</td><td>10 分</td><td></td><td></td><td></td></tr>
<tr><td>团队合作与交流</td><td>20 分</td><td></td><td></td><td></td></tr>
<tr><td rowspan="3">专业能力考核目标（60%）</td><td>任务准备过程讨论及记录的完成度</td><td>20 分</td><td></td><td></td><td></td></tr>
<tr><td>任务实施过程记录的完成度</td><td>20 分</td><td></td><td></td><td></td></tr>
<tr><td>任务实施成果的展示效果</td><td>20 分</td><td></td><td></td><td></td></tr>
<tr><td colspan="2">合计</td><td>100 分</td><td></td><td></td><td></td></tr>
<tr><td>综合评价</td><td colspan="5">综合分数______（自评×25%+组评×25%+师评×50%）
综合等级______
综合评语：

指导老师签字__________</td></tr>
</table>

一、领导概述

（一）领导的概念

1. 领导的实质

领导是领导者及其领导活动的简称。在现代企业中，领导者居于独特的地位，发挥着独特的作用。从组织目标的角度看，领导者往往成为影响组织经营成败的重要因素；从员工利益的角度看，领导者是员工福祉和满意度的首要影响者。

领导的实质可概括为领导者依靠其影响力，指挥、带领、引导和鼓励个人、群体或组织，在一定条件下实现组织目标的活动过程。致力于实现这一过程的人，则被称为领导者。

管理小贴士

为了更好地理解领导的概念，我们还应注意以下三个方面的基本含义。

（1）领导是一种指挥、带领、引导和鼓励组织成员完成工作、实现目标的活动。

（2）领导实质上是一种对他人的影响力。领导者能够影响被领导者，使其做出某种符合组织期望的行为。

（3）领导的目的是实现组织目标。领导者必须通过某种方式使组织成员为实现组织目标而奋斗。

2. 领导与管理

管理活动是多种多样的，比领导活动的范围更广，领导活动只是众多管理活动的一个方面。领导与管理，既相互联系，又相互区别。

从共性上看，二者都是在组织内部通过对他人的影响进行协调，从而实现组织目标的过程；二者的基本权力都来自组织层级的岗位设置。

从区别上看，领导活动是管理活动的一个方面，属于管理活动的范畴；领导活动侧重于对人的指挥和激励，强调领导者的影响力、艺术性和非程序化管理；而管理活动更强调管理者的职责，以及管理工作的科学性和规范性。二者的具体区别如表 5-5 所示。

表 5-5 领导与管理的区别

比较项目	领 导	管 理
职能范围	领导活动属于管理活动的范畴	管理活动包括领导活动
岗位设置	领导者必定是管理者	管理者未必是领导者
计划制订	指明方向，展现未来的远景和目标；给出战略，提出达到远景目标的总体方略	为达成目标，编制详细的计划、进度和预算，并进行资源配置
人员组织	侧重于指导组织成员：同成员沟通、指明方向，让成员更好地理解战略目标及其效益，引导成员根据需要组建工作组、建立合作伙伴关系等	侧重于组织及配备人员：组建组织所需的结构、配备人员并规定责权关系，制定具体的政策和规程，建立系统和制度以监督下属工作情况

续表

比较项目	领　导	管　理
执行过程	一般采取鼓励和激励的方式，在思想上动员和鼓励组织成员克服障碍与困难，推动各项工作顺利进行	强调采取控制的方式解决问题，通过具体详细的计划，监督组织成员的工作进程和结果
效果实现	可以充分挖掘组织成员的潜在能力，从而在组织内部取得较大进展和变革	具有一定程度的预见性，能够建立良好的秩序，充分发挥成员的现有能力

（二）领导的功能

领导的功能

领导的基本功能包括组织功能和激励功能两个方面。

1. 组织功能

领导的组织功能包括指挥作用、协调作用、控制作用、沟通作用，如图 5-1 所示。

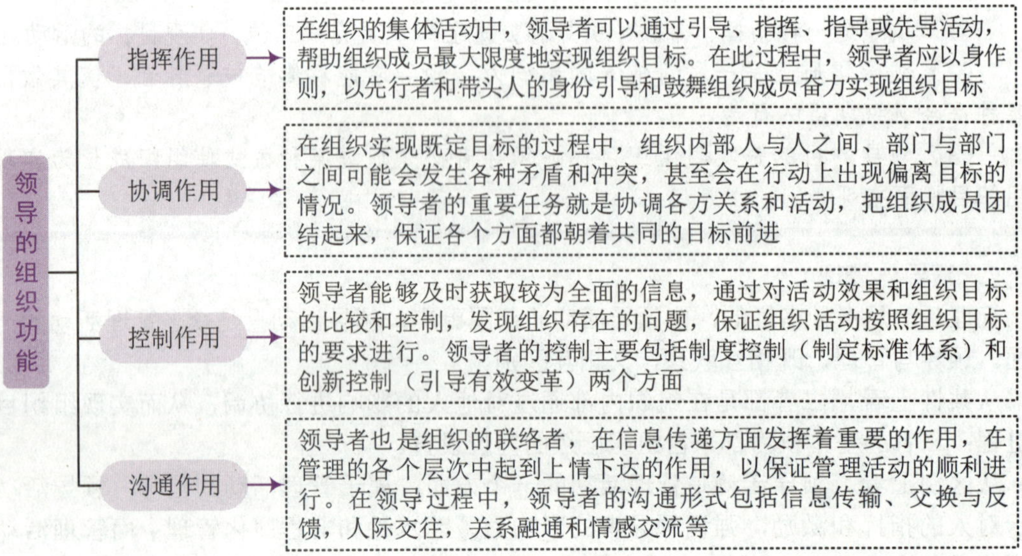

图 5-1　领导的组织功能

2. 激励功能

组织由具有不同能力、需求、欲望、个性、情趣和态度的个人组成，因而组织成员的个人目标与组织目标不可能完全一致。领导的任务就是要发挥激励功能，引导组织成员提高工作热情，为实现组织目标而全力以赴。领导的激励功能主要表现为以下方面。

（1）**提高被领导者接受并执行目标的自觉性。**个体积极性与个体目标和组织目标的一致程度成正比，领导者要想提高组织成员的积极性，就必须将组织目标与成员需要统一起来，增加成员对组织的认同感，从而提高组织成员接受并执行目标的自觉性。

（2）**激发被领导者实现组织目标的热情。**领导者在员工心中的权威性和暗示性对组织成员具有极大的感染力，也就是说，领导者与被领导者之间存在着一种情感关系，领导者应满足员工的心理需要。

（3）**提高被领导者的工作效率。**领导者行为水平的高低、影响力的大小关系着被领导者工作效率的高低、贡献的大小，以及能力水平的发挥程度等，因此领导者应为组织成员创造良好的物质环境和心理环境，提高组织成员的工作效率。

读故事悟管理

小赞美，大勇气：清洁工勇斗小偷记

我国某大型公司的一名清洁工人，在一天晚上公司保险箱被窃时，与小偷进行了殊死搏斗。事后，有人问他为何如此英勇，他的回答却出人意料。他说是因为公司总经理从他身边走过时，总是会赞美他“打扫得真干净”。

【管理启示】精神激励的作用是无穷的，领导者要重视员工有被赏识的需求。

（三）领导者

1．领导者的素质及新要求

一位优秀的领导者应具备如图5-2所示的四个方面的素质。其中，知识素质包括专业知识、管理知识及其他相关知识等，能力素质包括决策能力、组织能力、协调能力、控制能力、创新能力、学习能力等。

图5-2　领导者应具备的素质

随着经济全球化的发展，新时代对领导者提出了新要求。一般认为，组织的领导人员应具备十大特质，即建立远景、决策指挥、配置资源、有效沟通、激励他人、培养人才、承担责任、诚实守信、真学实干及快速学习。

2．领导者的权力

领导者的权力是领导者有目的地影响下属心理与行为的能力。**领导者的权力主要来自职位权力和个人权力两个方面。**

1）职位权力

职位权力是领导者的组织性权力，即职权，也称正式权力。这种权力是由组织和上级赋予的，根据领导者在组织中所处职位的不同而变化。职位权力主要包括法定权力、奖励权力和强制权力三种，如表5-6所示。

表 5-6 领导者的职位权力

权力类型	概念解释
法定权力	是组织内部各领导职位所固有的、法定的、正式的权力。法定权力通常由组织按照一定的程序和形式赋予，其作用是保证职权的权威性。法定权力不一定必须由领导者本人来实施，而是可以通过制定相关政策和规章制度来实施
奖励权力	是对组织成员进行物质和非物质奖励的权力，如升职、加薪、表彰等。奖励权力来自下属成员满足物质或非物质追求的欲望，建立在利益性遵从的基础之上
强制权力	是领导者使下属成员强制服从其领导力量的权力，下属成员如不服从领导者的命令或指示，就会受到惩罚。因此，强制权力实质上是一种惩罚性的权力，惩罚措施一般包括降薪、降职、批评、解雇等

读故事悟管理

只有一块奶酪

布莱德利成为参议员时，头顶两个光环——他不但是普林斯顿最优秀的学生，还曾是美国职业篮球联赛的著名球星。有一次，他应邀去一个大型宴会发表演讲。这位自信的议员坐在贵宾席上，等待发表演讲。这时一位工作人员走了过来，将一块奶酪放进他盘中。布莱德利立刻拦住了他：“打扰一下，请问能给我两块吗？”

“对不起，”工作人员回答道，“一个人只有一块奶酪。”

“我想，你一定不知道我是谁吧？”布莱德利高傲地说道，“我是罗氏奖学金获得者、职业篮球联赛球员、世界冠军、美国议员比尔·布莱德利。”

听了这句话，工作人员回答道：“那么，也许您也不知道我是谁吧？”

“这个啊，说实话，我还真不知道。”布莱德利回答道，“您是谁呢？”

“我啊，”工作人员不紧不慢地说，“我是主管分配奶酪的人。”

【管理启示】俗话说“县官不如现管”。故事中的工作人员虽不如布莱德利的权力多，却拥有合理分配奶酪的决定权。这则故事幽默地阐明了职位所具有的法定权力的重要性。

2）个人权力

个人权力是领导者的个人性权力，也称非正式权力，主要指领导者的威信。这种权力来自领导者自身的某些特殊条件，依靠领导者的自身素质及行为赢得。个人权力主要包括专长权力及模范权力，如表 5-7 所示。

表 5-7 领导者的个人权力

权力类型	概念解释
专长权力	又称专家权力，是领导者因具有某种特殊技能或专业知识而产生的权力。专长权力来自下属成员对领导者的敬佩和理性崇拜，领导者拥有的专长权力越多，就越容易获得下属成员的尊重、信任和服从
模范权力	又称个人影响权力，是领导者因其特殊的品质、个性、魅力、资历、背景等形成的权力。一个具有良好品质和作风的领导者，会得到下属成员的认同、敬仰和崇拜，下属成员进而愿意接受其影响，模仿其行为和态度

管理风暴

你觉得职位权力和个人权力哪个更为重要呢？请举例说明你的理由。

3．领导集体

在一个组织中，领导往往不是一个人的职能，而是一个领导集体或领导班子的共同职能。一个具有合理结构的领导集体，不仅能够使每个成员各尽其才，做好本职工作，而且能通过有效的组合，发挥巨大的集体作用。

领导集体的结构一般包括年龄结构、知识结构、能力结构、专业结构四个方面，如图 5-3 所示。

领导集体的结构

年龄结构：不同年龄的人具有不同的智力和经验，领导集体应具有最佳的年龄结构。一般来说，领导集体应该是老、中、青三结合，并向年轻化趋势发展

知识结构：指领导集体中不同成员的知识水平构成。领导集体各成员都应具备较高的知识水平，领导集体应不断向知识型结构转变，这样才能胜任现代化的管理工作

能力结构：领导集体应包括不同能力类型的人员，既要有思想家，又要有组织者，还要有干实事的人，从而形成最优的能力结构，在组织管理中充分发挥作用

专业结构：领导集体各成员的配备应由各种专门人才组成，从而形成合理的专业结构，整体强化领导集体的专业力量

图 5-3　领导集体的结构

管理加油站

党的领导：新时代中国特色社会主义的领航灯塔

中国共产党领导是中国特色社会主义最本质的特征，是全党全国各族人民共同意志和根本利益的体现，是决胜全面建成小康社会、夺取新时代中国特色社会主义伟大胜利的根本保障。推进党的领导制度化、法治化，既是加强党的领导的应有之义，也是法治建设的重要任务。党是我们各项事业的领导核心，古人讲的“六合同风，九州共贯”，在当代中国，没有党的领导，这个是做不到的。

新的征程上，我们必须坚持党的全面领导，不断完善党的领导，增强“四个意识”，坚定“四个自信”，做到“两个维护”，牢记“国之大者”，不断提高党科学执政、民主执政、依法执政水平，充分发挥党总揽全局、协调各方的领导核心作用。

二、领导艺术

（一）领导艺术的概念

领导工作既是一门科学，又是一门艺术。第一，领导工作是一门科学，这表明领导工作具有内在的客观规律，领导者必须遵循规律，结合组织的实际情况，有效地开展工

作；第二，领导工作是一门艺术，这表明领导工作的方式是多种多样的，要求领导者灵活地运用各种领导方式和方法，创造性地开展工作。

领导艺术，就是领导者在其知识、经验、才能和气质等因素的基础上形成的，巧妙地运用各种领导条件、领导原则和领导方法的基本技能。这是领导者的一种特殊技能，表现为灵活且创造性地运用领导的科学知识和方式方法，是领导者智慧、学识、才能、胆略、经验、作风、气质、品格及创造性思维等的综合体现。

一般而言，领导艺术可分为三个层次：① 悟性层次，即在经验基础上的直觉判断；② 理性层次，即对相关理论的灵活运用；③ 智慧层次，即高超智慧的艺术表现。

（二）领导艺术的特点

领导艺术作为领导者的一种特殊技能，同样具有自身的特点。一般认为，领导艺术的特点可以概括为四项，分别是经验性、随机性、多样性及创造性，如表 5-8 所示。

表 5-8　领导艺术的特点

特　点	具体表述
经验性	领导艺术来自领导者广博的知识、丰富的阅历，以及通过成败得失总结而来的经验与教训。它不是按照逻辑从理性中推化而来，而是由经验提炼而成；它不是感性认识或理性认识的简单相加，而是对过去经验的不断升华
随机性	领导艺术没有统一固定的模式，它体现的是领导者的系统思考能力和处理随机事件的应变能力。它不遵循规范化的程序，也不信守呆板僵化的教条，而是因人而异、因地制宜，随机应变地认识问题、分析问题、处理问题
多样性	领导艺术是一种活泼多样的处事协调技能。不同的领导者在处理同一事情时，往往有着截然不同的技巧；即使同一个领导者在不同时刻、不同地点处理类似的问题时，也会有着截然相反的解决办法
创造性	领导艺术体现了领导者的创造力，体现了领导者的个人智慧与才华，因此方式多变、风格常新；同时，领导艺术的丰富和发展没有止境，它是一个高度开放的系统，随着领导实践的不断深入而不断发展革新

（三）领导艺术的内容

领导艺术的内容十分丰富，一般包括领导他人的艺术、处理工作的艺术及利用时间的艺术三个方面，贯穿于领导过程的始终。

1. 领导他人的艺术

（1）**建立良好的上下级关系。**领导者在领导工作中，不能仅仅依靠职位权力，还要凭借个人的影响力，与下级部门和成员建立良好的关系，取得下属的信任与合作。为此，领导者应做到品德高尚、作风正派、平易近人、相信他人、关心体贴、公平公正等。

（2）**合理授权。**在领导工作中，领导者要适当给予下属一定的权力和责任，使下属能够在一定的范围内，拥有处理问题的自主权和决定权，并在完成工作任务的过程中取得锻炼与提升、获得成就与激励。

（3）**善于用人。**第一，领导者应根据工作需要和职位要求，挑选有专长、有能力的人才；第二，领导者应给予下属足够的信任，做到“疑人不用，用人不疑”，激发下属的工作热情；第三，领导者应采取多种方式培养人才，不断提高下属的工作能力和水平。

读故事悟管理

刘邦的用人之道

公元前202年，经垓下之战，刘邦灭掉项羽登上皇位。问及成功的原因，群臣皆把功劳归于刘邦一人，并极尽赞美之词。刘邦却说：“你们讲得都不对。我之所以能成功，是因为我会用人。运筹帷幄，决胜千里，我不如张良；囤积粮草，安抚百姓，我不如萧何；两军对垒，百战百胜，我不如韩信。他们都是人中豪杰，而我能够重用他们，这就是我成功的原因。项羽虽有范增辅佐，却因怀疑戒备而不能重用，这就是项羽失败的原因。”

【管理启示】用人之长，人事相宜。巧匠无弃木，圣人无弃才。为官择人者治，为人设官者乱，在用人问题上一定要讲求艺术、用人不疑。

（4）**建立激励机制**。只有充分激发下属的积极性和主动性，下属才会愿意努力工作；只有在工作受到表扬和鼓励，下属才能获得满足感和成就感。因此，领导者应根据各部门的实际情况及下属的工作情况，建立相对持久、行之有效的激励机制，更好地完成领导工作和组织目标。

读故事悟管理

墙下的温情：老禅师的育人哲学

古代有位老禅师，一晚在禅院散步，发现院墙边有一把椅子，立即明白这是有人违反寺规翻墙出去了。老禅师没有声张，只是静静地走到墙边，移开椅子就地蹲下。

不到半个时辰，老禅师便听到墙外有响动。少顷，一个小和尚翻墙而入，黑暗中踩着老禅师的脊背跳进了院子。当他双脚着地时，才发觉自己方才踏上的不是椅子，而是自己的师父。小和尚顿时惊慌失措，张口结舌，只得站在原地，等待师父的责罚。

不料，师父并没有厉声责备小和尚，只是以平和的语调对他说：“深夜天凉，快去多穿一件衣服。”从此以后，小和尚再也没有违反寺规翻墙而出过。

【管理启示】温暖的关爱有时胜于严厉的惩罚。很多企业对员工管理严格，往往会造成人性的压抑，这时就需要领导者创造包容、温暖、充满关怀的文化环境，构建和谐的人际关系，激励员工的工作热情。

（5）**强化沟通与协调**。领导者应具备良好的人际沟通与协调能力，妥善解决各种人际矛盾。在沟通与协调方面，领导者应做到态度和蔼、平等待人、积极倾听、尊重信任；在解决人际矛盾方面，领导者应做到宽以待人、审时度势、把握分寸、讲究策略。

2. 处理工作的艺术

（1）**科学决策**。科学决策是领导艺术的重中之重，决策失误是领导工作的最大失误。领导者在决策时应做到：① 从环境出发，认真分析综合态势；② 注意时机，当机立断；③ 抓住重点，不被小事干扰；④ 理智对待决策，不被情感左右；⑤ 参考多方意见，制订多种备选方案。

（2）**合理用权**。领导者的权力可以概括为以职位权力为主的“硬权力”和以个人影响力为主的“软权力”。在领导工作中，领导者应合理慎重地使用“硬权力”，多在实践中培养自身的“软权力”，提高个人威信和影响力。

（3）**提高效率**。领导者处理工作的关键在于提高工作效率，具体来说应做到：① 善于把握工作重心，分清工作的轻重缓急，不应事事亲力亲为；② 有计划地、系统地开展工作，注意上下级之间的纵向沟通，以及各部门、各员工之间的横向协调；③ 精兵简政，取消繁文缛节，避免文山会海；④ 及时反思工作中出现的问题，总结经验与教训。

3. 利用时间的艺术

（1）**记录时间消耗**。其一，领导者应珍惜时间，把有限的时间用在自己的本职工作上，并养成记录时间消耗的习惯；其二，领导者应定期对自己的时间消耗进行分析比对，找到用时不合理之处，从而做出更加合理的时间安排。

（2）**合理利用时间**。时间的利用因组织的特点、制度、结构、分工，以及领导者个人的职责和习惯而异，总体而言，领导者应根据自身的工作计划和任务安排，合理地分配时间、提高工作效率，并不断总结经验与教训，减少不必要的时间消耗和浪费。

班级__________ 姓名__________ 学号__________

任务检测

一、客观题

1.【单选题】领导的基本功能包括组织功能和（　　）功能两个方面。

A. 指挥　　B. 协调

C. 激励　　D. 控制

2.【单选题】判断力属于美国学者西拉季提出的六种特质理论中的（　　）特质。

A. 智力　　B. 性格

C. 体质　　D. 社会背景

3.【单选题】领导具有控制作用，领导者的控制主要包括（　　）控制和创新控制。

A. 权力　　B. 部门

C. 制度　　D. 人员

4.【多选题】领导者的权力主要来自职位权力和个人权力两个方面。下列几项权力中，属于个人权力的是（　　）。

A. 法定权力　　B. 奖励权力

C. 专长权力　　D. 模范权力

5.【多选题】在一个组织中，领导往往不是一个人的职能，而是一个领导集体的共同职能。领导集体的结构一般包括（　　）。

A. 年龄结构　　B. 知识结构

C. 能力结构　　D. 专业结构

6.【多选题】领导艺术是领导者的一种特殊技能，具有其自身的特点。下列选项中，属于领导艺术特点的有（　　）。

A. 固定性　　B. 随机性

C. 创造性　　D. 经验性

7.【判断题】领导工作是一门艺术，表明领导工作因人而异，没有内在的客观规律，领导者需要灵活地运用各种领导方法，创造性地开展工作。（　　）

8.【判断题】管理者的领导活动是管理活动的一个方面，属于管理活动的范畴。（　　）

二、主观题

9.【简答题】简述领导艺术的特点。

班级____________ 姓名____________ 学号____________

10.【案例分析】

唐僧掌舵，师徒取经创传奇

《西游记》的神话故事妇孺皆知。在去西天取经的途中，大徒弟孙悟空神通广大，上天入地无所不能，他火眼金睛，妖魔鬼怪都逃不脱他的法眼，最终均能降服，但有时也会因直言不讳，惹师傅生气。二徒弟猪八戒好吃懒做，又喜欢拈花惹草，常常会惹是生非，但每当师徒中出现关系不和谐时，他总是出面和解，所以能左右逢源。三徒弟沙僧，踏踏实实地挑着所有人的行李，默默无闻地为大家做好后勤服务，从无怨言，遇到事情，能服从大局，合作共处，共渡难关。师傅唐僧，凡人一个，不会武功，关键时刻，一心念佛，祈求保佑，似乎本事最小。然而，正是这样一个看似难以掌控的团队，却在师傅唐僧的带领下完成了去西天取经的重大使命。在此，唐僧的领导作用与才能功不可没。

根据上述案例，分析回答下列问题。

（1）你认为唐僧是一个“好领导”吗？为什么？

（2）你觉得领导的关键是什么？

任务二 掌握领导的理论

任务导入

骏驰公司三雄争霸，三种不同领导方式谁领风骚？

骏驰公司是一家中等规模的汽车配件生产企业。最近，该公司总经理对三个重要部门的经理进行了一次有关领导方式的调查。

1. 王川

王川是生产部经理，他对本部门的产出感到非常骄傲。他总是强调控制生产过程和生产量的必要性，叮嘱下属人员必须充分理解生产指令，以得到迅速、完整、准确的反馈。遇到小问题时，王川会放手交给下级去处理；当问题很严重时，他则委派几个有能力的下属人员去解决问题。通常情况下，他会严格规定下属的工作方针、工作任务及完成期限。王川认为只有这样才能促使部门良好合作，避免重复工作。

王川认为，作为经理，对下属人员采取"敬而远之"的态度是最好的行为方式，所谓的"亲密无间"只会使纪律松懈。他不主张公开谴责或表扬某个员工，他相信每一位下属都有自知之明。

王川认为管理中的最大问题是下级不愿意承担责任。他觉得下属人员可以有机会做许多事情，但他们并不会很努力地去做。

2. 赵垒

赵垒认为每位员工都有人权，他主张管理者有义务和责任去满足员工的需要。因此他经常为员工做一些小事，例如定期给员工发放艺术展览券等。他认为，每张门票才50元，但这样做取得的价值对员工和企业来说却远超50元。这种方式也是对员工过去几个月工作的肯定。

赵垒每天都要去工厂一趟，并与至少1/4的员工交流谈心。他不愿意为难别人，并觉得王川的领导方式过于死板，王川的员工也许并不那么满意，但除了忍耐别无他法。赵垒的想法是以一个友好的、粗线条的管理方式对待员工。他承认他所领导的部门在工作效率上可能比不过其他部门，但他相信他的下属都具有很高的工作热情和忠诚度，并坚信员工们会因他开明的领导方式而努力工作。

3. 李阳

李阳认为，纪律就是使每位员工不停地工作，以预防各种问题的发生。他认为，一个好的管理者没有时间像赵垒那样握紧每一位员工的手，告诉他们正在从事一项伟大的工作。他觉得，如果一个经理为了确定将来的提薪与升职而对员工工作进行考核的话，员工就会更多地考虑自身，这样反而会产生很多问题。

他主张一旦给员工分配了工作，就应该取消工作检查，让他们以自己的方式去做。他相信大多数员工都是知道自己的工作表现的。

请思考

1．上述三个部门的经理分别采取了何种领导方式？这些领导方式将各自产生什么样的结果？

2．是否每一种领导方式在特定的环境下都适用？为什么？

思考提示

本任务的知识和技能要求如表 5-9 所示。

表 5-9　知识和技能要求

类　型	具体内容	学习程度			
		了 解	熟 悉	掌 握	应 用
知识要求	领导的特质理论			●	
	领导的行为理论			●	
	领导的权变理论			●	
技能要求	运用领导的理论分析真实的领导案例				●

班级____________ 姓名____________ 学号____________

任务工单

（一）任务描述

以小组为单位，讨论领导的理论按发展阶段划分的类别有哪些，它们各自的代表性理论有哪些。

（二）任务分工

全班学生以 3～5 人为一组进行分组，每组设组长 1 名，小组讨论任务分工并将分工情况填写至表 5-10 中。

表 5-10 小组成员及分工情况

小组成员	姓 名	学 号	任务分工
组长			
组员			

（三）任务准备

请各组长组织组员进行预习，收集和整理相关资料，讨论并用通俗易懂的语言结合具体事例回答下列问题。

（1）领导理论的宗旨是什么？

（2）领导的理论按发展阶段划分的各大类别的主要观点是什么？

班级____________ 姓名____________ 学号____________

（四）任务实施

通过课堂学习、小组合作查阅资料等，完成表 5-11。

表 5-11 领导的理论按发展阶段划分的类别及各自的代表性理论

讨论内容	讨论结果
领导的理论按发展阶段划分的类别及各自的代表性理论	

（五）任务评价

各组派代表展示任务实施成果，并配合指导老师完成表 5-12 所示的任务评价。

表 5-12 任务评价

评价项目	评价内容	分 值	评价分数		
			自 评	组 评	师 评
职业素养考核目标（40%）	考勤、仪容仪表	10 分			
	责任意识、纪律意识	10 分			
	团队合作与交流	20 分			
专业能力考核目标（60%）	任务准备过程讨论及记录的完成度	20 分			
	任务实施过程记录的完成度	20 分			
	任务实施成果的展示效果	20 分			
合计		100 分			
综合评价	综合分数______（自评×25%+组评×25%+师评×50%） 综合等级______ 综合评语： 指导老师签字__________				

领导理论的宗旨是通过长期的管理实践和经验积累，总结一般规律，用于指导管理和领导的有效性问题。管理学家们进行了长期的研究，**按发展阶段，将领导理论划分为三大类，即领导的特质理论、领导的行为理论和领导的权变理论。**

一、领导的特质理论

领导的特质理论形成于20世纪初到20世纪40年代，**重点研究领导者的素质与特征**，将领导者的素质与特征作为描述和预测其领导成效的标准，具体包括领导者个人所具备的品德、能力、知识、修养和领导艺术等。该理论认为，一个领导者只要具备了某些优秀的个人素质或特征，就能有效地发挥其领导作用。

领导的特质理论

管理学家们对于领导者应具备的素质与特征有过不同表述，代表性理论有早期特质理论中的“六种特质理论”“七种个性特征”“十六种性格特质”，以及现代特质理论中的“十大条件论”“十项品德和十项能力”。

领导的特质理论具有的局限性如图5-4所示。

领导的特质理论具有的局限性

- ① 特质只有在特定的情境下才能预测领导力。没有一种普遍适用的特质可以保证在所有情境下都能预测领导力
- ② 特质只能在一定程度上预测领导者的行为表现，但无法预测组织的成败，也难以断定其与组织成败之间的因果关系
- ③ 领导者特质的表现机会与组织规范的严明程度呈负相关，即在规范严明的组织中，特质的表现机会较少；在自由度较高的组织中，特质的表现机会较多

图5-4 领导的特质理论具有的局限性

二、领导的行为理论

20世纪40年代到60年代，随着行为科学的兴起，领导的行为理论逐渐形成。该理论认为，领导者的领导才能和领导艺术都是以领导方式为基础的，领导者的个人特质难以说明其与领导有效性之间的联系。因此，对于领导者的研究应从领导者的内在特质转移到其外在行为上，寻找最为有效的领导行为和方式。**具有代表性的理论主要有领导方式理论、连续统一体理论、领导系统理论、领导行为四分图理论以及管理方格理论等。**

（一）领导方式理论

领导方式是领导者在实施职能的过程中表现出来的特点和倾向。美国心理学家和行为学家勒温、利比特、怀特等通过实验，对领导者的行为进行了研究，最终将**领导方式划分为三类，即专制型领导方式、民主型领导方式和放任型领导方式**，如表5-13所示。

表 5-13　领导方式理论

领导方式	一般表述	领导者的特点	总　结
专制型领导方式	又称独裁领导方式，即由领导者单独决策、发布指令，明确规定下属或部门的行为，并实行严格的监督和控制	① 独断专行，不考虑下属的意见，下属只能奉命行事；② 主要依靠行政手段进行管理，如命令、训斥、惩罚、纪律约束等，很少有奖励；③ 很少参加集体活动，与下属保持较远的心理距离	专制型领导方式是一种“管、卡、压”式的简单领导方式，领导者依靠强权迫使下属被动执行任务，下属没有选择和发挥的自由
民主型领导方式	领导者与下属共同讨论、集思广益后再进行决策，寻求上下融合、合作一致	① 讲求民主，与下属协商讨论、共同决策；② 分配任务时尽量照顾下属的个人能力、兴趣和爱好；③ 执行任务时给予下属充分、灵活的自由发挥空间；④ 积极参加集体活动，与下属几乎没有心理距离	民主型领导方式能够最大限度地调动下属的积极性和主动性，使上下级关系融洽，增强组织的凝聚力，这是一种最佳的领导方式
放任型领导方式	领导者对下属实行高度的授权，下属可以完全独立地开展工作	① 没有责任心，对决策的制定和实施放任不管，一切工作都由下属自行决定；② 没有权威，对下属既无指导，也无约束；③ 缺乏监督，工作效果全凭员工的自觉程度	放任型领导方式中的领导者只是一个摆设，这种领导方式在实际生活中很少见

勒温等人指出，在实际工作中，很少有领导者完全表现出某一种领导风格，大多数领导者的领导方式往往介于这三种类型之间。

管理风暴

你认为历史上有哪些伟大的领导者？请简述他们的领导事迹，并判断其主要采取的领导方式。

（二）连续统一体理论

连续统一体理论是由美国学者南鲍姆和施密特提出的一种领导方式理论。他们认为，领导方式的基本要素是领导者运用权威的程度，以及下级制定决策的自由权限。在以领导者为中心的专制型领导方式和以下级为中心的民主型领导方式之间，存在着多种领导方式，共同构成“连续的统一体”，如图 5-5 所示。

连续统一体理论表明，在专制型领导方式和民主型领导方式之间有多种选择，并不是非此即彼。有效的领导者应根据自身能力、下级能力及任务要求等因素，灵活地选择最为适当的领导方式。

（三）领导系统理论

美国管理学家利克特等人对领导者的行为进行了长期研究，认为可以将其划分为四个基本系统，如表 5-14 所示。

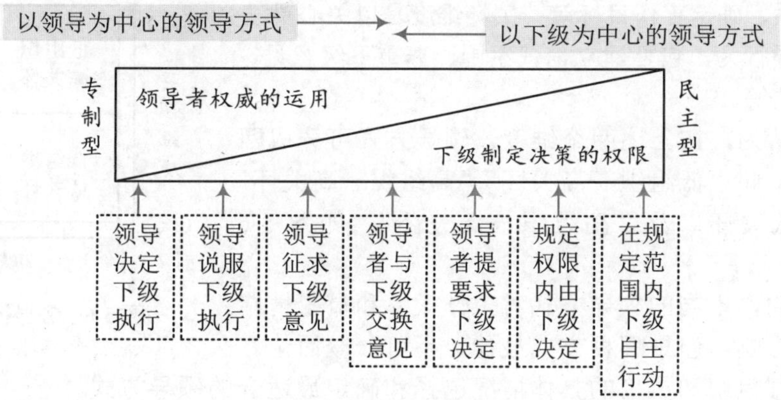

图 5-5　连续统一体理论

表 5-14　领导系统理论

领导作风变量	第一系统（专制式集权领导）	第二系统（温和式集权领导）	第三系统（协商式民主领导）	第四系统（参与式民主领导）
下属对领导者的信心和信任程度	毫无信心和信任	有点信心和信任	有较大的信心和信任	有充分的信心和信任
下属感到的自由程度	根本没有自由	只有非常少的自由	有较大的自由	有充分的自由
领导者征求和采纳下属意见的程度	很少采纳下属的意见和建议	有时采纳下属的意见和建议	一般能听取下属的意见和建议，并积极采纳	经常听取下属的意见和建议，并总是积极地采纳

第一系统：权力高度集中于最高层，下属没有任何发言权。上级只对下级发号施令，没有交流与沟通，上下级之间互不信任。

第二系统：权力仍高度集中于最高层，但是允许下级在有限的范围内发表意见并做出决定。表面上，上下级之间关系融洽；实际上，上级对下级不能真正信任，下级对上级有所畏惧，处处小心谨慎，缺乏主动性。

第三系统：重要问题由高层决定，一般问题授权中下层处理。上下级之间沟通联系较多，相互信任并互相支持。

第四系统：分权式管理，上下级处于平等地位，下级可以直接参与决策。上下级之间有良好的双向沟通，相互信任并能保持友谊，关系十分融洽。

管理学家们认为，**在以上四种领导系统中，第四系统的效果最好，第一系统的效果最差**。因此，领导者在选择领导方式时，应尽量向民主管理靠拢。

（四）领导行为四分图理论

领导行为四分图理论又称二元理论，是由美国俄亥俄州立大学研究小组在大量调查的基础上提出的一种领导方式理论。研究人员最终将**领导的行为因素归纳为组织维度和关怀维度两大类**。其中，组织维度是以关心组织任务为导向的领导行为，包括进行组织设计、

领导行为四分图理论

明确责权关系、确定工作目标等；关怀维度是以关心员工为导向的领导行为，包括建立信任氛围、尊重下级意见、注意下级情感等。

该理论认为，按上述两个维度，领导方式可分成四个基本类型，即“低组织—高关怀”“高组织—高关怀”“低组织—低关怀”及“高组织—低关怀”，如图 5-6 所示。

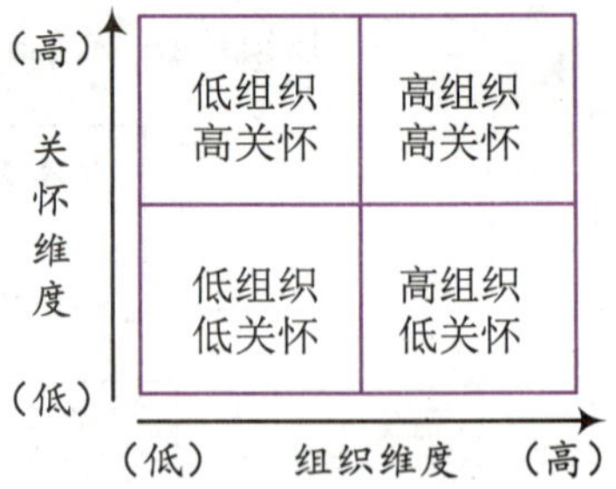

图 5-6　领导行为四分图

研究表明，不同的领导方式对工作效率和员工情绪有着不同的影响，但是哪种方式最佳，不可一概而论。领导者应根据组织和员工的具体情况选择和确定最适合的领导方式。

（五）管理方格理论

管理方格理论

管理方格理论的提出者是美国管理学家布莱克和穆顿，他们认为领导主要通过处理人与处理生产的关系来体现。**该理论可以用一张方格图来表示，横轴表示领导者对生产的关心程度，纵轴表示领导者对人的关心程度。**每条轴划分为 9 个小格，第 1 格代表关心程度最低，第 9 格代表关心程度最高，纵横交叉构成 81 个方格，如图 5-7 所示。

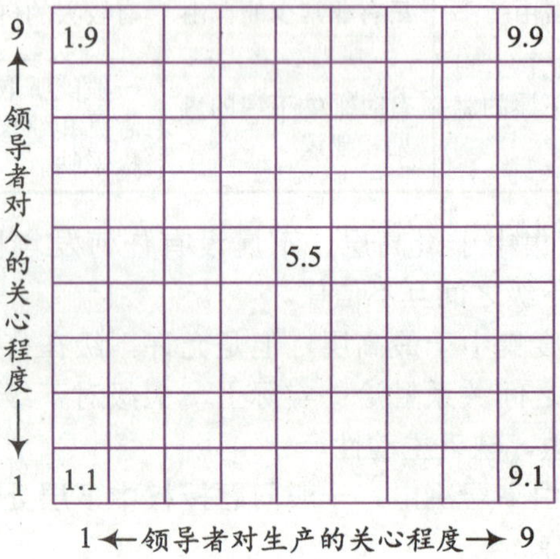

图 5-7　管理方格图

布莱克和穆顿列举了管理方格图中的五种典型的领导方式。

（1）9.1 型（任务型）：只关心生产，不关心人，不利于调动下属的积极性。

（2）1.9 型（俱乐部型）：只关心人，不关心生产，是一种轻松的领导方式。

（3）5.5 型（中间型）：既不过于关心人，也不过于关心生产，较为和谐与平衡。

（4）1.1 型（贫乏型）：既不关心人，也不关心生产，是一种放任自流的领导方式。

（5）9.9 型（团队型）：既高度关心生产，又高度关心人，员工积极性和效率极高。

实践研究，领导者应在不低于 5.5 型的水平上，根据生产工作、员工状态、环境因素等情况，在关心生产与关心人之间做出适当的倾斜，实现动态平衡，并努力向 9.9 型靠拢。

管理风暴

试分析你的班主任对班级的管理方式属于管理方格图中的哪种类型，并标明位置。你是否赞同这种方式？为什么？

三、领导的权变理论

20 世纪 60 年代以后，不少管理学者认为，要找到一个适合所有组织、所有工作的固定领导方式是不现实的，因为领导方式应该是由领导者特征、被领导者特征及环境因素等共同决定的，具体的领导方式需要视情况而定，这就是领导的权变理论。其中，**较为著名的理论有菲德勒模式、目标–途径理论及领导生命周期理论等。**

（一）菲德勒模式

菲德勒模式的提出者是美国管理学家菲德勒，他认为有效的领导方式取决于领导者特征与环境因素的合理匹配。**菲德勒模式可以大体分为三个步骤，即先确定领导者特征，再确定环境因素，最后将领导者特征与环境因素相匹配。**

菲德勒模式

（二）目标–途径理论

目标–途径理论是由加拿大多伦多大学组织行为学教授豪斯等人共同提出的。**该理论认为，领导的有效性取决于领导者激励下属完成组织目标的能力，以及满足下属工作需要的能力。**领导者应提供必要的指导和支持，帮助下属完成目标，并创造各种机会满足下属的需要。

根据目标–途径理论，共有四种领导方式可供领导者选择，分别是**指令型领导方式、支持型领导方式、参与型领导方式及成就取向型领导方式**，如表 5-15 所示。

表 5-15 目标–途径理论

领导方式	显著特征
指令型领导方式	由领导者发布指示并给予指导，下属不参与决策
支持型领导方式	领导者对于下属很友善，并更多地考虑员工的要求
参与型领导方式	领导者较多地征求并采纳下属的合理建议，员工参与决策和管理
成就取向型领导方式	领导者为下属确立具有挑战性的目标，并相信员工能够完成目标

在实际的管理活动中，究竟采用哪种领导方式，还需要根据环境变化及员工的个人特点等权变因素，并结合领导活动的效果，加以恰当选择。

（三）领导生命周期理论

领导生命周期理论是由美国管理学家科曼和布兰查德等人提出的。该理论指出，有效的领导方式应该要使任务行为、关系行为与被领导者的成熟度相适应，随着被领导者成熟度的不断提高，领导方式也要做出相应的改变。

所谓成熟度，是指被领导者对个体行为直接负责的能力和意愿，包括工作成熟度和心理成熟度。其中，工作成熟度是指被领导者完成任务应具有的相关技术技能和知识水平等；心理成熟度是指被领导者的自信心和自尊心等。

任务行为、关系行为与被领导者的成熟度之间是一种曲线关系。随着被领导者由不成熟走向成熟，领导方式也随之呈现周期性的变化，如图 5-8 所示。其中，横坐标的上半部分表示以关心工作为主的任务行为，下半部分表示被领导者的成熟度；纵坐标表示以关心人为主的关系行为。

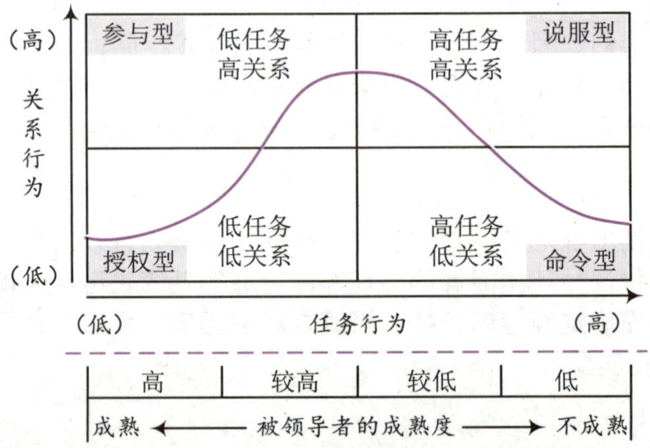

图 5-8　领导生命周期图

根据图 5-8 可知，将任务行为、关系行为与被领导者的成熟度相匹配，可以组合成 4 种有效的领导方式，如表 5-16 所示。

表 5-16　领导生命周期理论

领导方式	适用情形	具体做法
命令型 （高任务–低关系）	适用于下属成熟度很低的情形，即下属既没有能力也不愿意承担责任	领导者可以采取单向沟通的方式，明确规定下属的工作任务和工作规程
说服型 （高任务–高关系）	适用于下属成熟度较低的情形，即下属愿意承担责任但缺乏应有的能力	下属的工作任务仍由领导者决定，但领导者需要给予下属指导、鼓励和支持
参与型 （低任务–高关系）	适用于下属成熟度较高的情形，即下属有能力但不愿意承担责任	领导者可以与下属进行双向沟通，共同制定决策，并支持下属发挥能力
授权型 （低任务–低关系）	适用于下属成熟度很高的情形，即下属有能力且愿意承担责任	领导者可以授予下属自行处理问题的权力，自身只起到监督作用

管理小贴士

被领导者的成熟度是相对的。成熟与不成熟，就一项工作而言，因人而异；就一个人而言，因工作而异。领导者应根据下属的成熟度选择适当的领导方式，也要积极地创造条件、提高下属的能力，使下属在尽可能短的时间内获得较高的成熟度。

班级____________ 姓名____________ 学号____________

任务检测

一、客观题

1.【单选题】（　　）领导方式能够最大限度地调动下属的积极性和主动性，使上下级关系融洽，从而增强组织的凝聚力。

A．专制型　　B．民主型　　C．放任型　　D．集权型

2.【单选题】根据领导生命周期理论，在员工成熟度很高的情况下，即员工有能力且愿意承担责任时，应采取（　　）领导方式。

A．命令型　　B．参与型　　C．说服型　　D．授权型

3.【单选题】下列关于领导的特质理论的选项，说法错误的是（　　）。

A．特质只有在特定的情境下才能预测领导力

B．特质只能在一定程度上预测领导者的行为表现

C．特质的表现机会与组织规范的严明程度呈负相关

D．特质能够预测组织的成败

4.【多选题】领导行为四分图理论，是由美国俄亥俄州立大学研究小组提出的一种领导方式理论。研究人员将领导的行为因素归纳为（　　）两大类。

A．组织维度　　B．沟通维度　　C．激励维度　　D．关怀维度

5.【多选题】美国管理学家利克特等人对领导者的行为进行了长期研究，认为可将其分为几个基本系统。下列选项中，属于上述基本系统的有（　　）。

A．协商式集权领导　　B．专制式集权领导

C．温和式民主领导　　D．参与式民主领导

6.【多选题】根据目标-途径理论，管理者的领导方式包括（　　）。

A．指令型领导方式　　B．俱乐部型领导方式

C．成就取向型领导方式　　D．参与型领导方式

7.【判断题】目标-途径理论认为，领导的有效性取决于领导者激励下属完成组织目标的能力，以及满足下属工作需要的能力。（　　）

8.【判断题】连续统一体理论认为，领导方式的基本要素是领导者运用权威的程度以及下级制定决策的自由权限，在专制型领导方式和民主型领导方式之间，还存在着多种其他领导方式。（　　）

二、主观题

9.【案例分析】

校长的管理艺术

某校校长管理教师分三种情况：对于青年教师，尤其是新来的教师，校长每月给他们布置一次任务，并告诉他们具体应该怎样去完成；对于中年教师，校长很注意关心他们在生活中遇到的困难，也善于听取他们在教学工作上的意见；对于老教师，除了关心

班级____________ 姓名____________ 学号____________

他们的身体，在日常的教学工作上，校长一概不问。

根据上述案例，你赞成这位校长的做法吗？为什么？

10.【案例分析】

领导职能的发挥与运用

场景一　A 企业

下午 1 点，总经理还没有吃午饭。他正在接今天的第 28 个电话。一位营销员向他请示某款 PC 机降价 100 元是否可以出售，他对此做了回复。

接着，总经理与一位在公司工作了两年却因对薪酬不满而提出辞职的员工谈话。谈话结束后，总经理开始考虑如何分配这位员工手里的十几位客户。

忽然，总经理想起今晚还需请一位合作方吃饭。于是他按铃请秘书进来，安排他去预约晚饭地点。

随后，财务经理敲门进来，向他询问税务局明日查账的相关事宜。

财务经理走后，营销部经理又敲门进来，手上拿着员工出差用款单，请他签字。

之后，财务总监又进来了。因为公司仓库库存太大，占用了很多资金，他来向总经理请示该怎么做。

……

这天，总经理一直忙到晚上 12 点。当他拖着疲惫的身体回到家时，他的家人早已进入梦乡。

场景二　B 企业

在飞往加拿大的专机上，首席执行官正用电脑浏览着本公司分布在全球各地的下属分公司的财务分析报表和库存记录。

此时，财务总监刚从摩根银行出来，随身携带着收购某企业的贷款协议，贷款金额为 160 亿美元。

运营总监正在制订一份将存货期从 8 天压缩至 4 天的计划。

技术总监和市场总监正在研究一款 3 天前就已研制出来的新产品的样机。

同一时间，公司的管理学院有批 40 多人的学员正在学习高级管理培训课程。

公司的 15 位董事正在听取一家著名咨询公司为他们制定的打入 M 国市场的战略报告。

根据上述案例，分析回答下列问题。

（1）你认为案例中两个场景的领导者分别属于哪种领导风格？

（2）哪个企业的领导者效率更高？你从中能够得到什么启示？

班级____________ 姓名____________ 学号____________

项目实训——演讲比赛

一、实训目标

通过演讲比赛，学生可以树立信心，了解更多伟人或企业家的领导方式、风格和特点，巩固领导能力的相关知识。

二、实训内容

1. 分组准备

（1）将全班学生分为 6 个小组，每组选出 1 名小组长，讨论确定组名。

（2）小组长带领小组成员进行头脑风暴，列举多个适用于演讲比赛的伟人（领导者）或著名企业家。

（3）组内投票最终确定演讲主题，并搜集各种影像文字资料，合作撰写演讲稿。

（4）小组长带领组员熟悉演讲稿，并组织每位成员进行模拟演讲，随后通过组内投票选出 1 名成员代表小组参加演讲比赛。

2. 演讲比赛

（1）邀请 3 位老师组成教师评委团；从全班不参赛的学生中，选取 1 名主持人组织所有小组进行演讲比赛，6 名评分员组成学生评委团，2 名记分员负责统计选手得分，1 名计时员负责提醒选手比赛用时，1 名摄像人员负责拍照留念。

（2）各参赛选手抽签决定演讲顺序，每位选手的演讲时间为 5 分钟。

（3）主持人邀请选手上台演讲，并保证演讲比赛的有序进行。

（4）每位选手演讲结束后，由 3 位评委老师进行点评，学生和教师评委团打分，记分员统计每位选手得分并交给主持人。

（5）所有选手比赛结束后，主持人公布各参赛选手的最终得分。

3. 评价奖励

（1）根据选手得分，设置一等奖 1 名、二等奖 2 名、三等奖 3 名，并由全体学生投票选出“最受欢迎奖”“最佳台风奖”和“最佳合作小组奖”，分别颁发奖品以资鼓励。

（2）老师对此次演讲比赛进行点评和总结，表扬学生优点，发现问题并提出改进方向；将演讲比赛的照片进行整理，张贴在班级文化墙，展示学生风采。

班级____________　姓名____________　学号____________

项目评价

<table>
<tr><th rowspan="2">评价内容</th><th rowspan="2">分　值</th><th colspan="3">评价分数</th></tr>
<tr><th>自　评</th><th>组　评</th><th>师　评</th></tr>
<tr><td>日常考勤和课堂纪律</td><td>10 分</td><td></td><td></td><td></td></tr>
<tr><td>学习态度和课堂参与</td><td>10 分</td><td></td><td></td><td></td></tr>
<tr><td>完成任务检测并保证题目的正确率</td><td>50 分</td><td></td><td></td><td></td></tr>
<tr><td>参与项目实训并积极完成各项任务</td><td>30 分</td><td></td><td></td><td></td></tr>
<tr><td>合计</td><td>100 分</td><td></td><td></td><td></td></tr>
<tr><td>综合评价</td><td colspan="4">综合分数______（自评×25%+组评×25%+师评×50%）
综合等级______
综合评语：

指导老师签字__________</td></tr>
</table>

6 项目六

控制能力

控制是管理工作重要的职能之一。它是保障组织计划与实际工作动态相适应的管理职能。控制工作的主要内容包括确立标准、衡量绩效和纠正偏差。一个有效的控制系统可以保证各项活动朝着组织目标的方向前进，而且，控制系统越完善、组织目标就越容易实现。因此，组织的管理者有必要具备一定的控制知识与控制能力。

本项目主要介绍控制能力，具体内容包括控制概述、控制程序与控制的方法。

项目导览

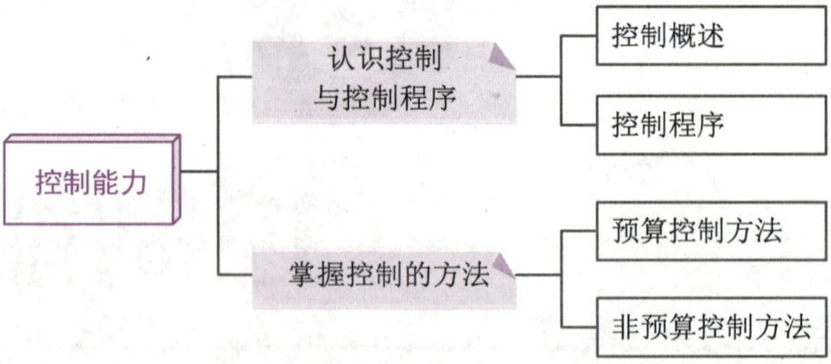

学习目标

» 知识目标

（1）了解控制的概念与意义。

（2）熟悉控制的特征与原则、控制的内容与类型，以及控制与其他管理职能的关系。

（3）掌握控制程序及控制的方法。

» 技能目标

（1）能够根据控制的特征识别控制的类型。

（2）能够运用控制程序和控制的方法的相关知识进行有效的控制。

» 素质目标

（1）认识控制的重要意义，树立控制意识，提高自我控制的能力。

（2）了解我国市场经济体系的控制手段，增强制度自信。

任务一 认识控制与控制程序

任务导入

严厂长的目标与控制

严先生在一家工厂担任厂长已经一年多了，他刚刚审阅了工厂有关今年目标实现情况的统计资料。厂里各方面工作的进展都未能达到他的预期，为此他非常生气。

一年前，严先生任厂长后做的第一件事就是亲自制订了工厂的一系列计划。具体来说，他要解决工厂的浪费问题、职工加班费用和废料运输费用过高的问题。他规定：在一年内要把购买材料的费用降低10%～15%；把用于支付工人加班的费用从原来的11万元降至6万元；把废料运输的费用降低3%。他把这些具体目标传达给了相关负责人。

然而，年终统计资料显示，这一年来的工作业绩与他的预期目标相去甚远：原材料的浪费率竟然占总浪费率的16%，比去年更为严重；职工加班费用也只降到了9万元，远远没有达到原定目标；废料运输费用根本没有降低。

他把这些情况告诉了负责生产的副厂长，并严肃批评了这位副厂长。而副厂长则争辩说："我曾对工人强调过要注意减少浪费，我原以为工人会按照我的要求去做。"人事部门的负责人也附和说："我已经为削减加班费用做了最大的努力，只支付那些必须支付的款项。"分管废料运输方面的负责人则说："废料运输费用未能降低，我对此感到并不意外，我已经想尽了一切办法。我预测，明年的运输费用可能还要上升3%～4%。"

在与有关方面的负责人分别交谈之后，严厂长又把他们召集起来布置新任务，他说："生产部门一定要把原材料的费用降低10%；人事部门一定要把职工加班费用降至7万元；即使运输费用可能会提高，但也决不能超过今年的标准。这就是我们明年的目标。我到明年再看你们的结果！"

请思考

1. 为什么严厂长制定的目标无法顺利实现？
2. 严厂长应当如何进行控制管理工作？

思考提示

本任务的知识和技能要求如表 6-1 所示。

表 6-1 知识和技能要求

类型	具体内容		学习程度			
			了解	熟悉	掌握	应用
知识要求	控制概述	控制的概念与意义	●			
		控制的特征与原则		●		
		控制的内容与类型		●		
		控制与其他管理职能的关系		●		
	控制程序				●	
技能要求	根据控制的特征识别控制的类型					●

班级____________ 姓名____________ 学号____________

任务工单

（一）任务描述

以小组为单位，讨论控制的过程有哪些。

（二）任务分工

全班学生以 3～5 人为一组进行分组，每组设组长 1 名，小组讨论任务分工并将分工情况填写至表 6-2 中。

表 6-2 小组成员及分工情况

小组成员	姓　名	学　号	任务分工
组长			
组员			

（三）任务准备

请各组长组织组员进行预习，收集和整理相关资料，讨论并用通俗易懂的语言结合具体事例回答下列问题。

（1）控制是什么？控制的原则与内容有哪些？

（2）控制与计划、组织、领导等其他管理职能的关系是什么？

班级____________　　姓名____________　　学号____________

（四）任务实施

通过课堂学习、小组合作查阅资料等，完成表 6-3。

表 6-3　控制的过程

讨论内容	讨论结果
控制的过程	

（五）任务评价

各组派代表展示任务实施成果，并配合指导老师完成表 6-4 所示的任务评价。

表 6-4　任务评价

<table>
<tr><th rowspan="2">评价项目</th><th rowspan="2">评价内容</th><th rowspan="2">分　值</th><th colspan="3">评价分数</th></tr>
<tr><th>自　评</th><th>组　评</th><th>师　评</th></tr>
<tr><td rowspan="3">职业素养
考核目标
（40%）</td><td>考勤、仪容仪表</td><td>10 分</td><td></td><td></td><td></td></tr>
<tr><td>责任意识、纪律意识</td><td>10 分</td><td></td><td></td><td></td></tr>
<tr><td>团队合作与交流</td><td>20 分</td><td></td><td></td><td></td></tr>
<tr><td rowspan="3">专业能力
考核目标
（60%）</td><td>任务准备过程讨论及记录的完成度</td><td>20 分</td><td></td><td></td><td></td></tr>
<tr><td>任务实施过程记录的完成度</td><td>20 分</td><td></td><td></td><td></td></tr>
<tr><td>任务实施成果的展示效果</td><td>20 分</td><td></td><td></td><td></td></tr>
<tr><td colspan="2">合计</td><td>100 分</td><td></td><td></td><td></td></tr>
<tr><td>综合评价</td><td colspan="5">综合分数______（自评×25%+组评×25%+师评×50%）
综合等级______
综合评语：

指导老师签字____________</td></tr>
</table>

一、控制概述

组织在开展生产经营活动的过程中，由于受到外部环境和内部条件的影响，时常会发生执行结果与组织目标不完全一致的情况。而且，由于组织成员的认知能力和工作能力不同，对计划要求的理解和执行也有所差异。因此，管理者必须对计划执行过程进行控制，以确保组织各项工作的顺利开展。

（一）控制的概念与意义

1．控制的概念

控制是按照组织的既定计划、标准和方法对工作进展情况进行对比检查，发现偏差并分析原因、进行纠正，以确保组织计划和目标得以实现的活动或过程。

管理小贴士

为了更好地理解控制的概念，我们还应注意以下三个方面的基本含义。

（1）控制是管理过程的一个阶段，其本质上必须同检查、核对或验证联系起来。

（2）控制是一个发现问题、分析问题、解决问题的过程。

（3）控制的根本目的在于确保组织的活动过程和实际结果与计划内容及目标相一致，最终保证组织目标的实现。

2．控制的意义

恰当地运用控制，有利于组织改善经营活动、提高工作效率和经济效益。控制是否健全，也是企业经营成败的一个关键。控制的意义具体表现为以下方面。

（1）**控制是组织适应环境不确定性的重要保障。**

在计划的执行和目标的实现过程中，组织的内部条件和外部环境是不确定的，会不断地发展变化。例如，组织内部的人员和结构会不断变化，国家的政策和法规在不同时期也会有所不同。内外部条件及环境的变化不仅会影响组织计划的实施，甚至会使原来的计划、标准难以适应变化后的环境。有效的控制能够帮助管理人员预测和把握内外部环境的变化，并根据变化对原有的计划和目标做出调整，从而促使组织适应环境的不确定性。

（2）**控制是减少管理失误、提高管理水平的有效工具。**

任何组织在其发展的过程中，都不可避免地会出现一些偏差和失误。通过控制，管理者可以及时发现失误；通过对产生失误的原因进行分析，管理者可以明确问题所在，从而采取措施减少失误。因此，控制是改进工作、提高管理水平的有效工具。

（3）**控制是强化成员责任心、协调组织内部关系的有力手段。**

通过控制，可以对组织成员的工作情况进行评估，并及时进行奖励和惩罚，从而强化组织成员的责任心，促使他们高效地完成任务。另外，随着社会生产力的发展，组织的规模与结构也日趋庞大和复杂，通过控制可以协调组织的内部关系，避免各部门产生本位主义思想，从而保证每一项活动和工作的顺利进行。

读故事悟管理

缰绳之失：控制缺失的代价

一位骑师获得了一匹好马。他在训练过程中对马儿讲的话，马儿句句都能明白，骑师可以随心所欲地使唤马儿。

有一天骑马出去时，骑师在心里想："给这样的马套缰绳很多余。"于是他解掉了马儿的缰绳。

一开始，马儿跑得还不算太快，但当它知道身上没有缰绳时，就变得大胆了。它的眼睛里冒着火，脑袋里充着血，不再听从主人的斥责，飞驰越过了辽阔的原野。

此时，骑师想把缰绳重新套上马头，但已无法办到。无拘无束的马儿一路狂奔，先是摔下了骑师，接着疯狂往前冲，不辨方向，最终冲下深谷，摔了个粉身碎骨。

"我可怜的好马呀，"骑师悲痛地大叫道，"是我一手造就了你的灾难，如果我不解掉缰绳，你绝对不会落得这样凄惨的下场。"

【管理启示】千万别轻易放松有效控制这条缰绳。仅仅依靠信任、没有一点约束力，是无法管理好一个企业的。一个成功的企业，必须具有一套完善的管理制度来约束和控制全体员工的行为。

（二）控制的特征与原则

1．控制的特征

控制的特征包括三个方面，如图 6-1 所示。

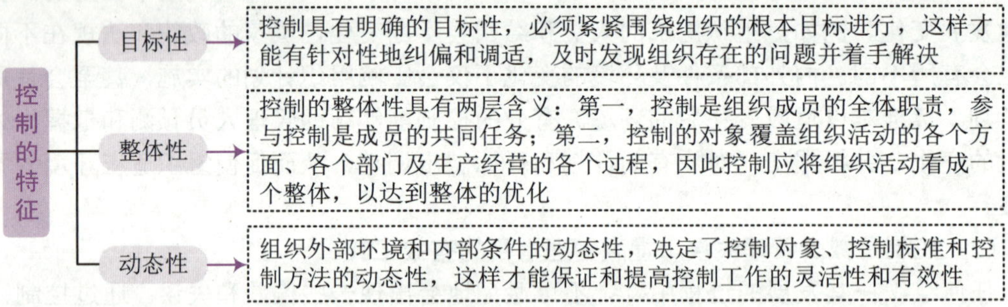

图 6-1　控制的特征

2．控制的原则

控制是一项重要的管理职能，有效的控制必须具备一定的条件并遵循科学的原则。控制的原则如图 6-2 所示。

控制的原则

控制的原则	
重点原则	良好的控制必须要有明确的目标，要想完全控制组织活动的全过程几乎是不可能的，因此应抓住关键和重点进行局部的、重点的控制，这就是重点原则
及时性原则	高效的控制要求能及时、准确地提供组织所需要的信息，迅速发现问题并及时采取纠偏措施，以适应环境的不断变化
灵活性原则	控制的方式和方法需要具有一定的灵活性和弹性，以应对组织在生产经营过程中可能遇到的不可抗力或突发状况，如环境突变、计划疏忽、计划失败等
经济性原则	控制是一项需要投入大量人力、物力和财力等资源的活动，因此应坚持经济性原则：一是要正确而精心地选择控制点，二是要改进控制的方法和手段
可操作性原则	控制必须具有可操作性，以保证纠偏措施的贯彻落实，即纠偏措施必须是可以投入实际运作的，而且在经济上应是合理的，在技术上应是可行的
未来导向原则	控制应面向未来，控制工作应着眼于未来，管理者应有效地预防偏差或及时地采取措施纠正偏差
客观性原则	在控制工作中，管理者不能凭借个人的主观经验或直觉判断，而应坚持客观性原则，采用科学的方法，尊重客观事实
准确性原则	控制必须具有准确性，为组织提供准确的信息，管理者也应选择精确适用的绩效衡量方法和工具，以保证控制工作的有效性

图 6-2　控制的原则

管理风暴

你认为有效的控制还应遵循哪些原则？请说明理由。

（三）控制的内容与类型

1．控制的内容

美国管理学家斯蒂芬·罗宾斯认为**控制的内容包括对人员、财务、作业、信息和绩效等五个方面的控制**，如表 6-5 所示。

表 6-5　控制的内容

控制的内容	具体解释
对人员的控制	组织的目标是要由人来完成的，这就要求管理者必须对人员进行有效的控制。最常用的对人员的控制方法有两种：其一是直接巡视，及时发现问题、及时解决；其二是建立评估系统，评估员工的工作表现，进行有效的奖惩和指导
对财务的控制	为了维持组织的正常运作，提高组织的利润，必须对财务进行控制。对财务的控制主要包括：审核组织的财务报表，以保证资金存量；控制费用，以保证成本不会太高、各项资产得以充分利用
对作业的控制	作业是指从劳动力、原材料等生产要素到最终产品和服务产出的转换过程。组织中常用的作业控制有生产控制、质量控制、原材料购买控制、库存控制等

续表

控制的内容	具体解释
对信息的控制	对信息的控制是指组织应建立一个管理信息系统，使它能够及时准确地为管理者提供充分、可靠的信息，从而大大提高组织的效率
对绩效的控制	在组织内部，绩效是高层管理者的控制对象，体现了组织目标的实现情况；在组织外部，证券分析人员、潜在投资者、贷款银行、供应商及政府部门等都十分关注组织的绩效。对绩效的控制，关键在于科学地衡量和评价组织绩效

2．控制的结构

组织中的控制活动是通过组织的控制管理系统来完成的，而控制管理系统主要包括四个方面，如图 6-3 所示，控制管理系统的基本结构如图 6-4 所示。

控制的结构

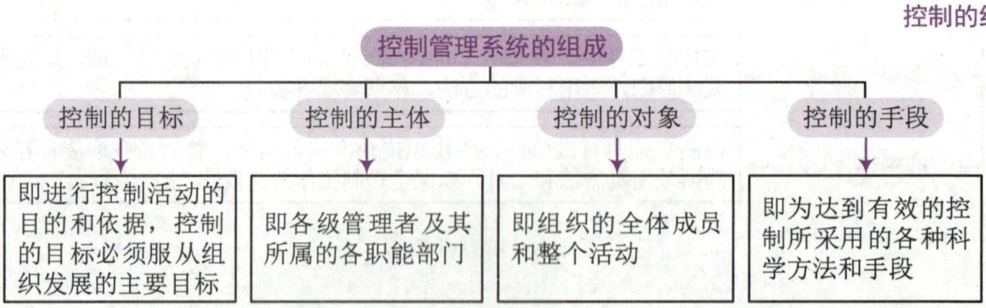

图 6-3　控制管理系统的组成

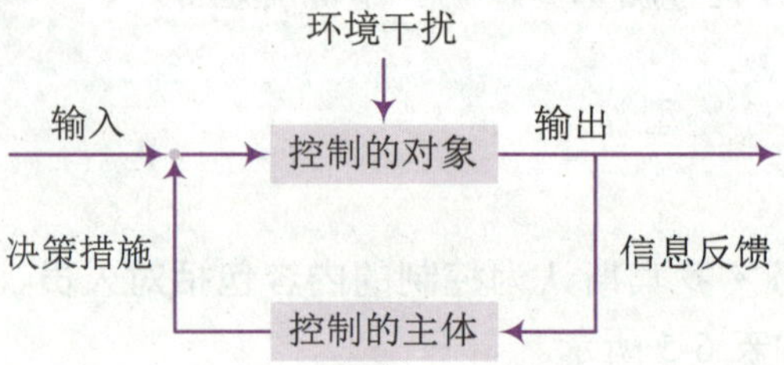

图 6-4　控制管理系统的结构

3．控制的类型

从不同的角度出发，控制可分为不同的类型，主要的分类方法有三种。

1）按控制点位置的不同分类

按控制点位置的不同，控制可分为前馈控制、同期控制、反馈控制，如表 6-6 所示。

表 6-6　控制按控制点位置的不同分类

控制的类型	概念解释
前馈控制	又称事前控制或预先控制，即在工作开始前就对工作中可能产生的偏差进行预测和估计，并采取防范措施，将可能的偏差消除于产生之前。这是一种防患于未然的控制，也是最理想的控制类型

续表

控制的类型	概念解释
同期控制	又称事中控制或现场控制，即在实际工作中同步进行的控制，它是控制工作的基础，也是基层管理者的主要控制方法。同期控制主要具有监督和指导两项职能
反馈控制	又称事后控制，即在工作结束或行为发生之后进行的控制。它主要关注工作或行为的结果，通过对结果的测量、比较和分析，发现偏差并采取措施进行纠正

读故事悟管理

扁鹊论医与管理之道

魏文王问名医扁鹊："你们家兄弟三人都精于医术，到底哪一位最好呢？"

扁鹊答："长兄最好，中兄次之，我最差。"

文王再问："那为什么你最出名呢？"

扁鹊答："长兄治病，是治病于病情发作之前，由于一般人不知道他事先能消除病因，所以他的名气无法传出去，只有家里人才知道；中兄治病，是治病于病情初起之时，一般人以为他只能治轻微的小病，所以他的名气只及本乡；而我治病，是治病于病情严重之时，一般人都看到我在经脉上进行针灸放血、在皮肤上敷药等，所以大家以为我的医术高明，名气因此响遍全国。"

文王说："你说得好极了。"

【管理启示】事后控制不如事中控制，事中控制不如事前控制。把问题解决在萌芽状态，是一种最优的控制策略。

2）按控制手段的不同分类

按控制手段的不同，控制可分为直接控制和间接控制，如表 6-7 所示。

表 6-7　控制按控制手段的不同分类

控制的类型	概念解释
直接控制	即主要通过行政命令等手段对控制对象进行控制。实现直接控制的关键在于通过培训等方式，提高管理人员的素质和责任感
间接控制	即不直接对运行过程进行干预，而是通过间接手段来引导和影响运行过程。间接控制着眼于发现工作中的偏差，分析原因并追究个人责任，以改进工作

3）按控制来源的不同分类

按控制来源的不同，控制可分为正式组织控制、群体控制、自我控制，如表 6-8 所示。

表 6-8　控制按控制来源的不同分类

控制的类型	概念解释
正式组织控制	又称他控，是根据管理人员设计和建立起来的一些机构或规定来进行控制。例如，通过组织规划指导活动、通过预算控制消费、通过审计部门监督过程等

续表

控制的类型	概念解释
群体控制	又称互控，是由非正式组织自发进行的控制，基于群体成员的价值观念和行为准则。组织应对群体控制加以正确引导，使其有助于达成组织目标
自我控制	又称自控，是个人有意识地按照某一行为规范进行活动。自我控制取决于员工个人的素质，要求上级给予下级充分的信任和授权

管理驿站

自我控制：学习和生活的必备技能

自我控制又称自我管理、自我调整、自律性管理，是自我意识的重要成分。它是一种人格特质，是个体对自身心理和行为的主动掌握，能够帮助个体及时调整动机与行动，提高效率，以达到自我成就的目标。

自我控制对于我们每个人而言都是十分重要的，其作用主要表现为两个方面：一是发动，二是制止。制止即支配某一行为，并抑制与该行为无关或阻碍该行为发展的行为。对于时间的控制、消费的控制、情绪的控制等，都是自我控制的重要内容。

在学习和生活中，每位学生都应通过自我认知和自我体验的训练，不断提高自我控制的能力。具体应做到：① 经常进行自我检查和分析；② 主动采取措施纠正偏差；③ 加强学习，全面提高自身的素质和能力；④ 必要时向身边的老师和同学寻求帮助。

（四）控制与其他管理职能的关系

控制是管理职能环节中的重要一环，它以计划、组织、领导等为基础，彼此相互影响、相辅相成，它们之间的关系如图 6-5 所示。

控制与其他管理职能的关系

- 控制与计划的关系——计划起指导作用，它是控制的依据，为控制提供标准；控制是指按照计划指导目标实施的行为和结果，并为计划提供信息，有时会导致计划的改变
- 控制与组织的关系——组织为控制提供人员配备和组织结构，其中组织结构规定了组织的信息渠道，为控制提供了信息基础；控制主要是对组织人员、结构及工作的控制
- 控制与领导的关系——领导职能的发挥影响着控制系统的建立和控制工作的质量；控制职能的发挥有利于提高领导者的工作效率，改进领导工作

图 6-5　控制与其他管理职能的关系

二、控制程序

（一）控制的前提条件

任何形式的控制都需要一定的前提条件，这些条件影响着控制过程的顺利进行。控制的前提条件包括三个方面。

（1）要有一个科学可行的计划，有效的控制以科学的计划为前提。

（2）要有专门发挥控制职能的组织机构，建立健全与控制工作相关的规章制度。

（3）要有反馈的渠道，及时将计划执行后的信息反馈给管理者。

（二）控制的过程

不同组织的控制系统都有各自不同的运行程序，一般来说，**控制的基本程序包括3个过程：确定控制标准、衡量工作绩效、采取纠偏措施**，如图6-6所示。

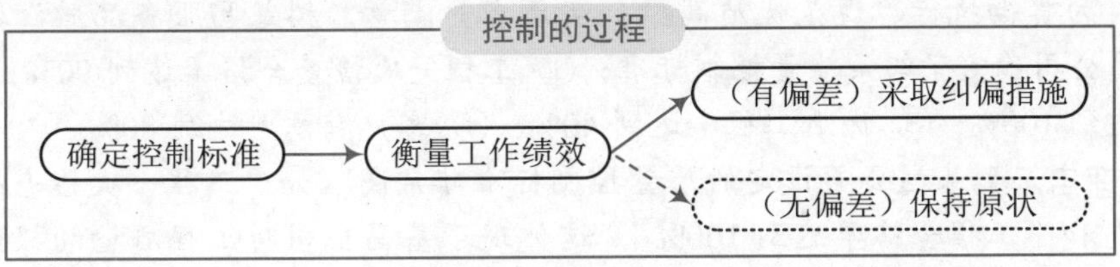

图6-6 控制的过程

1．确定控制标准

控制标准的确定应遵循一定的要求，综合考虑控制对象的特点，找到关键的控制环节。同时，控制标准的确定离不开科学的方法。

1）控制标准的要求

任何组织在确定其控制标准时，都应遵循如图6-7所示的几项基本要求。

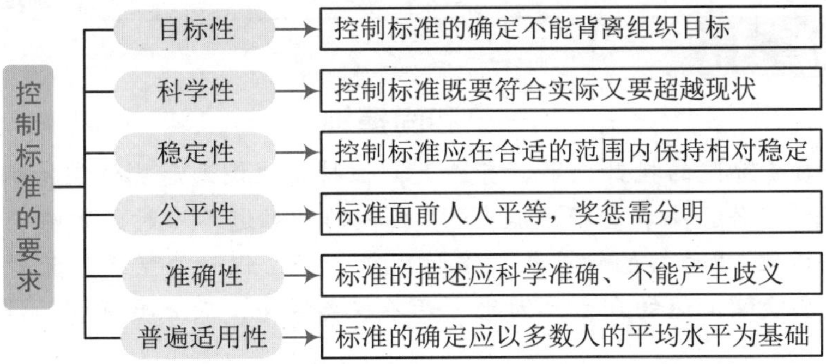

图6-7 控制标准的要求

2）控制标准的类型

在一个组织中，控制标准的类型不是单一的，而是可以按不同的依据划分为多种类型。通常情况下，组织的控制标准有五种类型，如图6-8所示。

控制标准的类型
- 时间标准 → 反映工作时间进度的标准，如完工日期、时间定额等
- 成本标准 → 反映支出费用的标准，如产品成本、质量成本等
- 质量标准 → 规定工作范围、水平及质量要求等的标准
- 数量标准 → 从定量方面规定工作应达到的水平和完成的时间等
- 无形标准 → 为难以量化的工作所制定的标准，如员工行为准则等

图 6-8　控制标准的类型

读故事悟管理

基昌公司的质量控制标准

基昌公司负责某项目工程设备的安装和维护，为此，基昌公司确定了一系列的控制标准。为贯彻执行“规范优质高效，实现客户满意，树基昌服务品牌”的质量方针，基昌公司确定了四条质量控制标准：① 工程一次检查合格率达到90%；② 工程合格率达到100%；③ 优质工程率达到40%；④ 客户满意率达到80%。

【管理启示】基昌公司设定的质量控制标准非常高，如“工程一次检查合格率达到90%”和“工程合格率达到100%”，这体现了基昌公司对工程质量的极致追求。高标准的质量要求能够促使团队在项目实施过程中更加注重细节，减少错误和返工，从而提高整体效率和客户满意度。

3）确定控制标准的方法

控制对象不同，确定控制标准的方法也不一样。组织一般可以采用统计法、经验估计法、工程技术法等来确定控制的标准。

确定控制标准的方法

读故事悟管理

小和尚撞钟

小和尚负责寺院的撞钟一事。有一天，住持将他调到后院劈柴挑水，原因是他不能胜任撞钟工作。小和尚很不服气：“我撞的钟难道不准时、不响亮吗？”老住持耐心地告诉他：“你撞的钟虽然很准时、很响亮，但钟声空泛、疲软，没有感召力。钟声是要唤醒沉迷的众生，因此声音不仅要洪亮，而且要圆润、浑厚、深沉、悠远。”

【管理启示】小和尚撞的钟不符合要求，主要是因为住持没有提前告知其撞钟标准。如果小和尚在进入寺院当天就知晓撞钟的标准，可能就不会被调离了。这则故事体现了确定控制标准的重要性。

2．衡量工作绩效

控制工作的第二个过程就是衡量工作绩效。衡量工作绩效就是根据控制标准衡量和检查工作情况，并如实反映、客观评价计划执行的现状和阶段性成果。

为了能够及时、准确地提供能够反映偏差的信息，管理者在衡量工作绩效的过程中，应注意几点内容，如表 6-9 所示。

表 6-9　衡量工作绩效的注意事项

注意事项	具体解释
确定衡量的项目	衡量的项目是衡量工作的起点和前提。管理者应针对决定实际工作效果的重要特征项目进行衡量，重视不易衡量、较不明显但实际相当重要的项目
确定衡量的频度	衡量的频度是衡量工作绩效的次数或频率。适宜的衡量频度有利于实现控制的有效性，频度过高可能会增加成本、降低组织成员的积极性；频度过低可能会无法及时发现偏差、采取措施
注意衡量的方法	为获得工作绩效方面的资料和信息，管理者可以综合运用亲自观察、调查研究、统计报表、召开会议、听取汇报等方法
建立信息系统	信息管理和反馈系统可以为管理者提供准确、完整、及时、可靠、适用的信息，从而保证衡量工作绩效的有效进行
检验控制标准	一方面，衡量工作绩效应按控制标准进行；另一方面，衡量工作绩效也是对控制标准的检验和修正，有利于保证控制标准的客观性和有效性

管理加油站

调查研究的类型

按调查的范围，调查研究可分为全面调查、抽样调查和典型调查三种类型。

① 全面调查具有全面性，要求对调查对象全体进行普遍详细的调查；② 抽样调查是从全部调查研究对象中抽取部分单位进行调查，并据此对全体对象做出推断和估计；③ 典型调查是根据调查的目的和要求，在初步分析调查对象的基础上，有意识地选取少数具有代表性的典型单位进行深入细致的调查研究，以认识同类事物的发展变化规律及本质。

3．采取纠偏措施

采取纠偏措施是控制过程的最后一个步骤，也是最关键的一步。具体来讲，组织在这一过程中需要做好以下工作。

1）确定偏差产生的原因

并非所有的偏差都会影响组织的最终成果。有些偏差可能反映了计划制订和执行工作中的严重问题，有些偏差则可能是由一些偶然的、暂时的、局部性的因素引起的，不一定会对组织活动的最终结果产生重要影响。因此，组织在采取纠偏措施之前，必须对反映偏差的信息进行评估和分析，判断偏差的严重程度，找出导致偏差的主要原因。

一般而言，组织管理产生偏差的原因主要有三种，如图 6-9 所示。

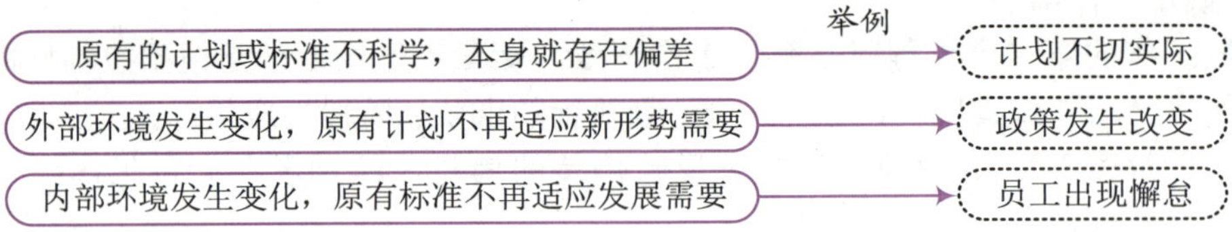

图 6-9　组织管理产生偏差的主要原因

2）确定纠偏措施的实施对象

根据对组织管理产生偏差的原因分析，组织可以确定产生偏差的对象，从而确定纠偏措施的实施对象。这些对象可能是组织所进行的活动，也可能是衡量活动的标准，甚至是指导活动的计划等。

3）选择恰当的措施进行纠偏

针对产生偏差的主要原因和纠偏措施的实施对象，需要采取恰当的措施进行纠偏。一般来说，纠偏措施大都是从表 6-10 中的几个方面实施的。

表 6-10　组织的纠偏措施

纠偏措施	适用情况	注意事项
调整原有计划	原有计划安排不当，内外部环境发生变化	不能任意变动计划或偏离组织的总体发展目标
改进生产技术	生产技术不能实现组织生产高质量、符合社会需求的产品的需要	技术革新要及时，解决技术问题的速度要快
改进组织工作	计划制订后，组织的实施工作没有做好；控制阶段的组织体系不完善	改进组织工作的方法包括调整组织结构和责权利关系、改进分工协作关系等

管理风暴

阅读下面两则小故事，说明这两种纠偏措施有何不同。

【故事一】一个人发现锅漏水，于是去找补锅匠修理。补锅匠找到漏水处，一锤敲下。锅主人见了大惊失色，骂道：“锅子洞越补越大！”补锅匠却说：“漏洞不够大，就看不到，也修不好！”

【故事二】一人被箭射中，去见庸医，庸医只锯下外面看得见的箭杆，而将箭头留在体内。

实施纠偏措施的注意事项

班级______ 姓名______ 学号______

任务检测

一、客观题

1.【单选题】控制是组织成员的全体职责，参与控制是成员的共同任务。这体现了控制的（　　）特征。

A．整体性　　B．目的性　　C．动态性　　D．强制性

2.【单选题】组织应建立一个管理信息系统，使它能够及时准确地为管理者提供充分、可靠的信息，从而大大提高组织的效率。这体现了组织应实现对（　　）的控制。

A．人员　　B．财务　　C．信息　　D．绩效

3.【单选题】在一个组织中，控制标准可能有多种类型。其中，（　　）是反映组织支出费用的标准，如产品成本、质量成本等。

A．时间标准　　B．数量标准

C．质量标准　　D．成本标准

4.【多选题】控制是一项重要的管理职能，有效的控制必须具备一定的条件并遵循科学的原则。下列选项中，属于控制的原则的有（　　）。

A．经济性原则　　B．及时性原则

C．客观性原则　　D．灵活性原则

5.【多选题】组织中的控制活动是通过组织的控制管理系统来完成的。组织的控制管理系统主要由（　　）组成。

A．控制的目标　　B．控制的主体

C．控制的手段　　D．控制的对象

6.【多选题】按控制手段的不同，控制可分为（　　）。

A．前馈控制　　B．间接控制

C．直接控制　　D．反馈控制

7.【判断题】控制是一个发现问题、分析问题、解决问题的过程。（　　）

8.【判断题】偏差会极大地影响企业的最终成果，因此，企业要严格控制所有偏差，对其进行纠正。（　　）

二、主观题

9.【简答题】简述控制的意义。

班级____________ 姓名____________ 学号____________

10.【案例分析】

智洗公司的内部控制

智洗公司是一家以生产洗衣机为主的家电企业，2024年该公司总资产为5亿元。而在七年前，该公司还只不过是一个员工不足200人、资产仅有300万元且濒临倒闭的小厂。七年间公司之所以有了如此大的发展，主要得益于其健全的内部控制措施，具体包括以下三点。

第一，生产控制。智洗公司对产品的设计设立高起点，并严格要求；公司依靠设置的关键质量控制点对产品的生产过程进行全程监控，同时利用PDCA和PAMS方法，不断提高产品质量；公司还加强了员工的生产质量教育和岗位培训。

第二，供应控制。智洗公司根据性能、技术含量，以及对成品质量的影响程度，将所需采购的原辅材料和外购零部件划分为A、B、C三类，并设置了不同类别的具体质量控制标准，进而协助供应厂商达到质量控制的要求。

第三，售后控制。智洗公司通过大量的市场调研和市场分析活动制订了售前决策，进行了市场策划，树立了公司形象；公司与经销商携手寻找最佳点共同为消费者提供优质服务；公司还建立了一支高素质的服务队伍，购置了先进的维修设备，建立了消费者投诉制度和用户档案制度，开展了多形式的售后服务工作，提高了消费者满意度。

根据上述案例，运用控制类型的相关知识，对案例中的控制措施进行分类，并说明各自的特点。

任务二 掌握控制的方法

任务导入

天健公司的预算控制

天健公司总经理张先生的办公桌上摆着刚刚送来的内部审计报告。报告指出，公司的财务预算已明显失控，新拟出的下一年度预算方案也有一大半指标过高。张先生对此极为重视，将负责编制预算的财务部门主管李女士和负责支出控制的副总经理陈先生请到他的办公室，共同商讨对策。

李女士首先介绍了财务预算的产生过程。据她介绍，下一年度的预算，每次都是先由下属项目单位先报部门预算，然后由财务部门汇总，并进行资金平衡计算。各下属单位与财务部门经常采用“下一年度指标=本年度指标×（1+变动率）”的公式来计算新的预算指标。当谈到各项目间经费分配支持的原则时，李女士说，根据公司惯例，现有工程项目的开支一般获得优先保证。

由陈先生负责的支出控制委员会是公司内部高层次管理机构，负责预算的审核及监督执行，并有审查批准追加投资的权力。陈先生指出，委员会每年都接到20份左右来自各个部门的预算外追加投资申请，其中获得批准的比例约占50%。当问及这些追加投资的主要原因时，陈先生说，较常见的原因：出现了一些临时性的机会；预期的市场情况发生了变化，使原预算不能顺利执行；产品项目筹备开发工作有了新的进展，争取经费支持；等等。

张总经理仔细倾听了两人的叙述，然后将审计结果告诉他们。审计人员的分析使他们十分震惊：公司预算明显偏高；各个项目工程中普遍存在拖延工时和资金浪费现象；如果将同样工程交给其他承包商，至少可节省20%的费用。三人一致意识到问题的严重性，认为有必要调整公司的预算控制程序。

请思考

该公司的预算控制程序存在什么问题？应如何解决？

思考提示

本任务的知识和技能要求如表 6-11 所示。

表 6-11　知识和技能要求

类　型	具体内容	学习程度			
		了 解	熟 悉	掌 握	应 用
知识要求	预算控制方法			●	
	非预算控制方法			●	
技能要求	运用控制程序和控制方法的相关知识进行有效的控制				●

班级____________　　姓名____________　　学号____________

任务工单

（一）任务描述

以小组为单位，讨论预算控制和非预算控制方法有哪些。

（二）任务分工

全班学生以3～5人为一组进行分组，每组设组长1名，小组讨论任务分工并将分工情况填写至表6-12中。

表6-12　小组成员及分工情况

小组成员	姓　名	学　号	任务分工
组长			
组员			

（三）任务准备

请各组长组织组员进行预习，收集和整理相关资料，讨论并用通俗易懂的语言结合具体事例回答下列问题。

（1）预算是什么？预算控制是什么？

（2）非预算控制是什么？

班级____________　　姓名____________　　学号____________

（四）任务实施

通过课堂学习、小组合作查阅资料等，完成表 6-13。

表 6-13　预算控制和非预算控制方法

讨论内容	讨论结果
预算控制方法	
非预算控制方法	

（五）任务评价

各组派代表展示任务实施成果，并配合指导老师完成表 6-14 所示的任务评价。

表 6-14　任务评价

评价项目	评价内容	分　值	评价分数		
			自　评	组　评	师　评
职业素养考核目标（40%）	考勤、仪容仪表	10 分			
	责任意识、纪律意识	10 分			
	团队合作与交流	20 分			
专业能力考核目标（60%）	任务准备过程讨论及记录的完成度	20 分			
	任务实施过程记录的完成度	20 分			
	任务实施成果的展示效果	20 分			
合计		100 分			
综合评价	综合分数______（自评×25%+组评×25%+师评×50%） 综合等级______ 综合评语： 指导老师签字__________				

一、预算控制方法

（一）预算控制的概念

预算是组织在某个时期具体的、数字化的计划，用财务数字（如收入、费用、资金等）或非财务数字（直接工时、材料量、生产量、销售量等）来表示。预算预估了组织在未来时期的经营收入和现金流量，同时也为各部门或各项活动规定了在资金、劳动力、材料、能源等方面的支出额度。确定预算数字可以采用统计方法、经验方法、工程方法等。

预算控制是根据预算规定的收入和支出标准，检查、监督和控制组织各个部门的活动，研究和分析预算与实际的差距及产生差距的原因，保证组织以最少的资源达到既定的目标。

（二）预算控制的内容

组织经营活动的复杂性和层次性，决定了预算控制内容的复杂性。一般来说，**组织的预算内容主要涉及收支预算、现金预算、投资预算、原材料和产品产量预算、资产负债预算等**，如表 6-15 所示。

表 6-15 预算的内容

预算的内容	具体解释
收支预算	即收入预算和支出预算，是以货币来表示组织收入和经营费用支出的计划。其中，收入预算主要指销售预算，支出预算主要指生产活动的预算
现金预算	即对组织未来生产与销售活动中现金的流入与流出进行预测，它可以帮助企业发现资金的闲置与不足，从而采取相应的措施
投资预算	即反映组织的投资项目、投资金额、投资来源、投资时间等的预算
原材料和产品产量预算	即以实物单位来表示的预算，通常包括直接工时数、原材料数量、产品产量等
资产负债预算	即用资产负债表来反映和预测企业在计划期末的财务状况

（三）预算控制方法的类型

预算控制方法主要有两种类型：一是弹性预算，二是零基预算。

1. 弹性预算

弹性预算是在不能准确预测预算期内业务量的情况下，根据其与成本或其他要素的依存关系，按预算期内业务量的可能范围编制而成的预算，具有一定的伸缩性。弹性预算的具体编制步骤如图 6-10 所示。

弹性预算的编制步骤

- 步骤一：选择和确定与预算内容相关的业务量计量标准和范围，如产销量、材料消耗量、直接人工时数、机器工时和价格等
- 步骤二：计算、确定各经济变量之间的数量关系，预测计划期或预算期内可能达到的各种经营活动业务量
- 步骤三：计算各种业务量的财务预算数额，并以列表、图示或公式等方式表示出来

图 6-10　弹性预算的编制步骤

2．零基预算

零基预算是将组织的整体计划分为由目标、业务和所需资源等组成的几个“分计划”，然后从零开始预测每个分计划费用的预算方法，通常不受前期预算的影响。零基预算的具体编制步骤如图 6-11 所示。

零基预算的编制步骤

- 步骤一：划分和确定基层预算单位（通常为企业里的各基层业务单位）
- 步骤二：编制本单位的费用预算方案（说明项目目的、性质、作用及所需费用等）
- 步骤三：进行成本—效益分析（判断项目费用开支的合理程度、先后顺序等）
- 步骤四：审核分配资金（依据项目的轻重缓急次序分配资金、落实预算）
- 步骤五：编制并执行预算（制订零基预算正式稿，经批准后下达执行并及时修正）

图 6-11　零基预算的编制步骤

管理加油站

基层预算单位的业务项目

基层预算单位的业务项目一般分为三个层次：第一层次是必要项目，即非进行不可的项目；第二层次是需要项目，即有助于提高质量和效益的项目；第三层次是优化项目，即改善工作条件的项目。

（四）预算控制的优缺点

预算控制的优缺点如图 6-12 所示。

优点

① 采用货币的形式对组织中复杂的业务加以控制，方便综合评价和比较各种不同的业务
② 有利于日常的工作记录和信息系统的完善
③ 有利于节约成本，获取更多利润
④ 可以充分调动管理者的积极性和主动性

vs

缺点

① 只能控制可以用货币计量的活动，不能控制无法计量的活动，如企业文化、企业形象等
② 预算的编制通常参照上期标准，从而忽视本期活动的实际需要
③ 当外部环境发生变化时，组织的预算可能不合时宜
④ 预算如果过于精细，可能导致管理者丧失管理部门的自由

图 6-12　预算控制的优缺点

管理风暴

请思考：针对预算控制的上述缺点，采取什么样的方法才能使预算最大限度地发挥其控制作用？

二、非预算控制方法

除预算控制方法外，组织还可以采用许多不同的控制手段和方法，它们统称为非预算控制。非预算控制方法主要有五种。

（一）审计控制法

审计控制是对反映组织资金运动过程及结果的会计记录和财务报表进行审核与鉴定，以判断其真实性和可靠性，从而为控制和决策提供依据。审计控制的方法主要包括内部审计、外部审计和管理审计三种，如图 6-13 所示。

内部审计 → 即由组织的内部机构或财务部门的专职人员对组织的财务情况进行评估
外部审计 → 即由外部机构选派审计人员对组织的财务报表和财务状况进行独立评估
管理审计 → 即将组织的管理活动与其他组织进行比较，以判断经营管理的稳健程度

图 6-13　审计控制的方法

（二）专题分析法

专题分析法是由专门人员针对某一专题做出专门报告和分析的方法，它具有非例行工作的特点，能够引起组织成员对非一般性问题的高度重视。

（三）报告与观察

1．报告法

报告法是控制对象向控制主体全面、系统地阐述计划的进展情况、存在的问题及原因、已采取的措施、已收到的效果、预计会出现的问题等的一种控制方法。

控制报告必须做到适时、突出重点、简明扼要，并需指出例外情况。通常情况下，

负责实施计划的上层管理者需要掌握四种情况：① 投入程度，即控制主体需要知晓其参与程度，以确定其应在每项计划上耗时多久、介入多深；② 进展情况，即控制主体需要了解有关计划的进展情况；③ 重点情况，即控制主体需要重视应由其本人注意和决策的问题；④ 全面情况，即控制主体需要顾全大局。

2．观察法

观察法一般又称现场观察，是管理者亲自到工作现场进行实地观察的方法，它可以使管理者获得真实的第一手资料。

管理加油站

不同层级管理者的现场观察

（1）基层管理者通过现场观察，可以判断产量、质量的完成情况，以及设备的运转情况和劳动纪律的执行情况等。

（2）中层管理者通过现场观察，可以了解生产计划是否按照预定进度执行、劳动保护等规章制度是否被严格遵守、生产过程中存在哪些偏差和隐患等。

（3）高层管理者通过现场观察，可以了解组织方针、目标、政策等是否深入人心，并判断职能部门的报告是否属实、员工的合理化建议是否得到认真对待，还可以从与员工的交谈中了解他们的情绪和士气等。

（四）损益控制法

损益控制法是详细列出组织主要部门的收入和支出情况，并定期计算损益的方法，它可以对组织部门的盈利能力和贡献能力做出准确判断。

（五）比率分析法

比率分析法就是将组织资产负债表与利润表上的相关项目进行对比、形成比率，并从中分析和评价组织的经营成果和财务状况。组织常用的比率可分为两大类，即财务比率和经营比率。

1．财务比率

财务比率主要用于说明组织的偿债能力和盈利能力等财务状况。**常用的财务比率包括流动比率、速动比率、负债比率、盈利比率、产权比率等**，如表 6-16 所示。

表 6-16　财务比率的类型

比率的类型	概　念
流动比率	即流动资产与流动负债之比，反映组织用现金方式偿还流动债务的能力
速动比率	即流动资产和存货之差与流动负债之比，反映组织在短期内的偿债能力
负债比率	即总负债与总资产之比，反映组织负债的物资保障程度
盈利比率	即利润与销售额或全部资金之比，反映组织在一定时期内的盈利状况
产权比率	即负债总额与主权资本之比，反映组织财务结构的稳健程度

2．经营比率

经营比率又称活力比率，是与资源利用有关的比例关系，反映了组织经营效率的高低和各种资源的利用情况。**常用的经营比率包括库存周转率、固定资产周转率、销售收入与销售费用的比率等**，如表 6-17 所示。

表 6-17 经营比率的类型

比率的类型	概 念
库存周转率	即销售总额与库存平均价值之比，反映组织的销售收入相比库存数量是否合理
固定资产周转率	即销售总额与固定资产之比，反映单位固定资产能够提供的销售收入情况
销售收入与销售费用的比率	该比率表明单位销售费用能够实现的销售收入，反映组织营销活动的效率
相对市场占有率	即组织中某产品的市场占有率与同行中最大竞争者的市场占有率之比，反映组织的营销状况和市场竞争力

管理驿站

“无形的手”和“有形的手”

我国进行经济调控的手段主要有两种，可以形象地描述为“无形的手”和“有形的手”。其中，“无形的手”是市场自行调节，“有形的手”是国家宏观调控。

市场自行调节的原因：① 市场调节可以及时、准确、灵活地反映市场价格，调节供求关系，从而促进资源的合理配置；② 市场调节可以促使劳动者提高素质，监督企业提高劳动生产率，从而带动整个社会的发展。

国家宏观调控的原因：① 市场经济具有自发性、盲目性、滞后性等局限性，需要国家用行政等手段进行必要的控制；② 我国是社会主义国家，以公有制为主体，有必要采取宏观调控以实现共同富裕的目标。

因此，国家和市场结合的调控手段是最适合我国当前国情和经济状态的控制手段。无论是放任市场自行调节还是政府全权调控都是不合适的。

班级____________ 姓名____________ 学号____________

任务检测

一、客观题

1.【单选题】非预算控制方法中的（　　）就是将组织资产负债表与利润表上的相关项目进行对比、形成比率，并从中分析和评价组织的经营成果和财务状况。

A．专题分析法　　B．比率分析法

C．审计控制法　　D．损益控制法

2.【单选题】在不能准确预测预算期内业务量的情况下，根据其与成本或其他要素的依存关系，按预算期内业务量的可能范围编制而成的预算是（　　）。

A．弹性预算　　B．审计控制法

C．比率分析法　　D．零基预算法

3.【单选题】以实物单位来表示的预算是（　　）。

A．收支预算　　B．现金预算

C．投资预算　　D．原材料和产品产量预算

4.【单选题】（　　）是流动资产与流动负债之比。

A．速动比率　　B．产权比率

C．经营比率　　D．流动比率

5.【单选题】（　　）反映了组织经营效率的高低和各种资源是否得到了充分利用。

A．速动比率　　B．产权比率

C．经营比率　　D．流动比率

6.【多选题】下列属于非预算控制方法的有（　　）。

A．专题分析法　　B．审计控制法

C．比率分析法　　D．零基预算法

7.【多选题】预算控制是根据预算规定的收入和支出标准，检查、监督和控制组织各个部门的活动，研究和分析预算与实际的差距及产生差距的原因，保证组织以最少的资源达到既定的目标。下列选项中，属于预算控制方法的有（　　）。

A．弹性预算法　　B．审计控制法

C．比率分析法　　D．零基预算法

8.【多选题】审计控制的方法主要包括（　　）。

A．内部审计　　B．外部审计

C．管理审计　　D．财政审计

9.【判断题】零基预算是从零开始预测每个分计划的费用，通常不受前期预算的影响。（　　）

10.【判断题】组织在确定控制标准的过程中，根据其在各个发展时期的数据以及其他单位的资料来确定标准的方法称为经验估计法。（　　）

班级____________ 姓名____________ 学号____________

11.【判断题】财务比率主要用于说明组织的偿债能力和盈利能力等财务状况。常用的财务比率包括流动比率、速动比率、销售收入与销售费用的比率等。 ( )

12.【判断题】观察法是控制对象向控制主体全面、系统地阐述计划的进展情况、存在的问题及原因、已采取的措施、已收到的效果、预计会出现的问题等的一种控制方法。 ( )

二、主观题

13.【简答题】简述预算控制方法的优缺点。

班级____________ 姓名____________ 学号____________

项目实训——个人消费控制

一、实训目标

通过实训，加强学生对控制基本知识的掌握程度，培养学生的自我评定能力和自我控制能力，引导学生树立正确的金钱观和消费观。

二、实训内容

1. 总体要求

要求每位学生为自己制订每月的消费标准，记录每天的消费情况，并在月末进行统计分析，找出超支的原因，并制订相应的纠偏措施。

2. 具体步骤

（1）制订合理的个人消费标准。个人消费标准应根据个人收入（包括每月家里给予的生活费、学校补贴、勤工俭学的收入等）及学校所在地的消费水平来确定，切忌不切实际。例如，以每月的消费标准控制在 1 500 元为例（每月按 30 天计算），具体分配标准：餐费 900 元（每天 30 元）、通信费 50 元、交通费 50 元、生活必需品费用 200 元、购买图书等学习费用 100 元、其他额外支出 200 元。

（2）个人消费记录。每位学生需将每天的消费情况按照时间先后记录下来（最好采用表格的形式，方便统计和分析，或借助手机等移动设备的记账软件）。

（3）消费统计。月末时，每位学生需对该月的消费记录进行统计和归类。

（4）消费分析。每位学生需对自身的消费情况进行全面分析，衡量各项消费指标是否超出计划标准，并分析原因。

（5）制订调整消费的措施。每位学生需根据消费分析的结果，制订积极有效的措施，或控制消费数额，或完善消费标准，并在下月严格执行，使自己的月消费额度控制在既定的目标之内。

3. 汇报评价

（1）实训结束后，每位学生需撰写一份实训心得报告，并上交给老师。

（2）老师根据每位学生的实训表现和心得报告进行评分，并表扬表现优秀的学生。

班级____________ 姓名____________ 学号____________

项目评价

评价内容	分 值	评价分数		
		自 评	组 评	师 评
日常考勤和课堂纪律	10 分			
学习态度和课堂参与	10 分			
完成任务检测并保证题目的正确率	50 分			
参与项目实训并积极完成各项任务	30 分			
合计	100 分			
综合评价	综合分数______（自评×25%+组评×25%+师评×50%） 综合等级______ 综合评语： 指导老师签字__________			

7 项目七

决策能力

决策是人类社会自古就有的活动。正确的决策决胜千里，错误的决策南辕北辙。现代管理理论认为，管理的核心在于决策，经营的重点在于决策。决策的正误关系到组织的存续发展。因此，管理者必须认识到决策的重要性，重视决策，掌握决策的基本知识和方法，不断提高决策能力。

本项目主要介绍决策能力，具体内容包括决策概述、决策类型、决策程序与决策方法。

项目导览

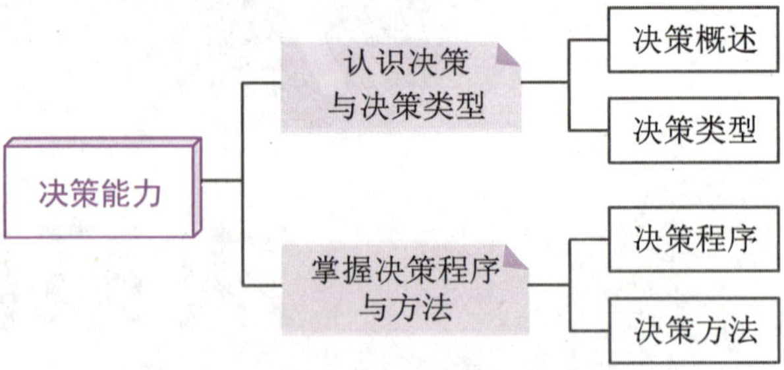

学习目标

》知识目标

（1）了解决策的概念与特征、意义与影响因素。

（2）熟悉决策的理论、原则和类型。

（3）掌握决策的制订程序和进行科学决策的有效方法。

》技能目标

（1）能够根据任务的性质判断和选择不同的决策类型。

（2）能够遵循科学的决策程序、运用科学的决策方法选择可行方案。

》素质目标

（1）树立决策风险意识，培养敏锐的鉴别能力和决断能力。

（2）树立可行性分析意识，提升决策的谋略、魄力和勇气。

（3）感悟集体决策的意义，增强集体荣誉感和责任感。

任务一 认识决策与决策类型

任务导入

高厂长的决策

高厂长是启明机床厂的厂长。一直以来，在高厂长的带领下，大家齐心合力、同心同德、共献计策，为机床厂的发展立下了汗马功劳。2015 年，高厂长决定购买进口二手设备，启明机床厂也因此跻身国内同行业强手之林，令同类企业刮目相看。今天，高厂长又通知各部门负责人晚上 8 点在厂部会议室开会。部门领导们都清楚地记得当年在同一时间、同一地点召开会议时，高厂长做出了购买进口二手设备这一关键性的决策。在他们看来，又有一项新举措即将出台。

晚上 8 点，会议准时召开。高厂长庄重地讲道："我有一个新的想法。我将大家召集到这里，是想听听大家的意见或看法。我们厂已经有了不小的发展，可是比起国外同行业的生产技术和设备，我们还差得很远。我们不能满足于现状，我们应力争世界一流水平。当然，我们的技术、人员等诸多条件还差得很远，但是为了实现目标，我想我们可以从硬件入手，引进世界一流的先进设备。这样一来，就会带动我们的技术和人员一起进步，我认为这并非不可能。现在机床厂的规模扩大了，厂内外的事务也相应地增多了，大家都是各部门负责人，我想听听大家的意见，然后再做决定。"

会场一片肃静。当年高厂长宣布引进二手设备的决策时，有近 70%的人反对。即使后来高厂长说明了他近三个月对市场、政策、全厂技术人员、全厂资金等厂内外环境的一系列调查研究结果后，仍有半数以上的人持反对意见，10%的人保持中立态度。因为当时很多厂家引进设备后，由于设备不配套、技术难以实现等因素，均使高价引进的设备成为一堆闲置的废铁。但是即使在这种情况下，高厂长仍然采取了引进二手设备的做法。事实表明，这一决策使启明机床厂摆脱了由于当时设备落后、资金短缺所陷入的困境。因此，启明机床厂走上了发展的道路。

今天，高厂长见到大家心有余悸的样子，便说道："大家不必顾虑，今天这一项决策完全由大家决定，我想这也是民主决策的体现。如果大部分人同意，我们就宣布实施这一决策；如果大部分人反对，我们就取消这一决策。现在大家举手表决吧。"

最终，会上还是有近 70%的人投了赞成票。

请思考

高厂长的两次决策过程合理吗？为什么？

思考提示

本任务的知识和技能要求如表 7-1 所示。

表 7-1　知识和技能要求

类　型	具体内容		学习程度			
			了 解	熟 悉	掌 握	应 用
知识要求	决策概述	决策的概念与特征	●			
		决策的意义与影响因素	●			
		决策的理论与原则		●		
	决策类型			●		
技能要求	根据任务的性质判断和选择不同的决策类型					●

班级＿＿＿＿＿＿＿　姓名＿＿＿＿＿＿＿　学号＿＿＿＿＿＿＿

任务工单

（一）任务描述

以小组为单位，讨论决策的原则是什么，决策有哪些类型。

（二）任务分工

全班学生以 3～5 人为一组进行分组，每组设组长 1 名，小组讨论任务分工并将分工情况填写至表 7-2 中。

表 7-2　小组成员及分工情况

小组成员	姓　名	学　号	任务分工
组长			
组员			

（三）任务准备

请各组长组织组员进行预习，收集和整理相关资料，讨论并用通俗易懂的语言结合具体事例回答下列问题。

（1）决策是什么？决策有哪些特征？

（2）影响决策的主要因素包括哪些方面？

班级＿＿＿＿＿＿　姓名＿＿＿＿＿＿　学号＿＿＿＿＿＿

（四）任务实施

通过课堂学习、小组合作查阅资料等，完成表 7-3。

表 7-3　决策的原则与决策类型

讨论内容	讨论结果
决策的原则	
决策类型	

（五）任务评价

各组派代表展示任务实施成果，并配合指导老师完成表 7-4 所示的任务评价。

表 7-4　任务评价

评价项目	评价内容	分　值	评价分数		
			自　评	组　评	师　评
职业素养考核目标（40%）	考勤、仪容仪表	10 分			
	责任意识、纪律意识	10 分			
	团队合作与交流	20 分			
专业能力考核目标（60%）	任务准备过程讨论及记录的完成度	20 分			
	任务实施过程记录的完成度	20 分			
	任务实施成果的展示效果	20 分			
合计		100 分			
综合评价	综合分数＿＿＿（自评×25%+组评×25%+师评×50%） 综合等级＿＿＿ 综合评语： 指导老师签字＿＿＿＿＿				

一、决策概述

诺贝尔经济学奖获得者西蒙指出：管理就是决策，决策贯穿于整个管理过程。由此可见，**决策是管理的基础和核心**，整个管理过程都是围绕决策的制订和实施而展开的。无论是确立目标，还是制订计划，都需要管理者做出决策。而且，这些决策的影响不局限于组织绩效的某个方面，有时甚至关系到组织的生存与发展。

（一）决策的概念与特征

1．决策的概念

决策是在一定的环境条件下，组织和个人为了实现某种目标，拟订、评价实现目标的各种可行方案，并从中做出最佳选择的分析判断过程。

管理小贴士

为了更好地理解决策的概念，还应注意以下五点内容。

（1）决策的主体，即决策者，既可以是组织，也可以是组织中的个人。

（2）决策要解决的问题，既可以是组织或个人的活动选择，也可以是对活动的调整。

（3）决策选择或调整的对象，既可以是活动的方向和内容，也可以是在特定方向下从事某种活动的方式。

（4）决策涉及的时限，既可以是未来较长的时期，也可以是某个较短的时段。

（5）决策必须有明确的目标，并坚持合理的原则。

2．决策的特征

决策类型多样且各具特点。一般而言，决策应具有七个基本特征，如图 7-1 所示。

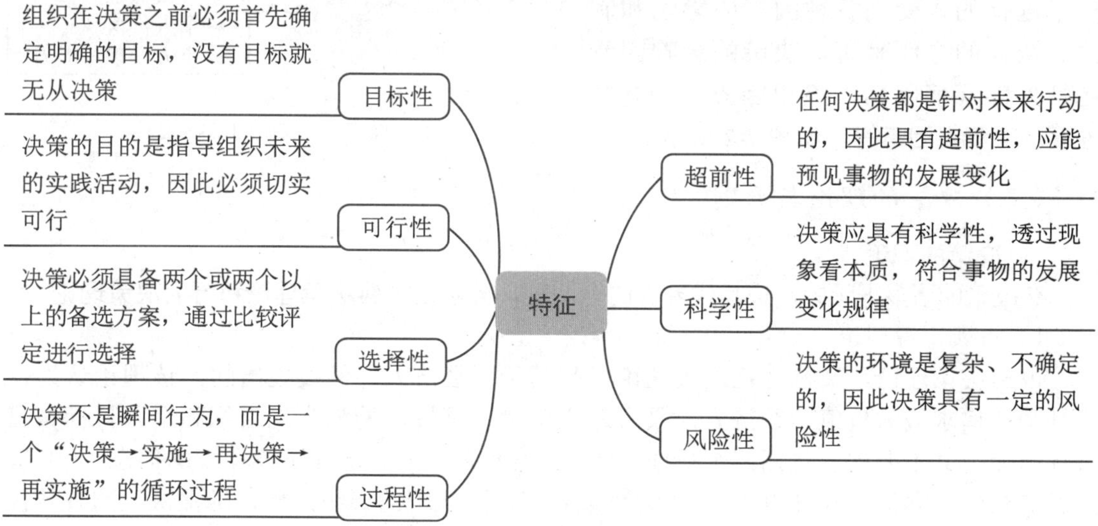

图 7-1　决策应具有的特征

管理加油站

决策如何才能可行？

决策的可行性包括三个方面的内涵：① 指能够解决特定问题、实现预定目标；② 指决策方案本身具有实行的条件，比如，方案在技术上和经济上都是可行的；③ 指决策方案的影响因素及效果可进行定性或定量分析。

（二）决策的意义与影响因素

1. 决策的意义

决策对于任何一个组织来说都意义重大。具体而言，决策的意义体现在两个方面。

（1）**决策是决定组织管理工作成败的关键。**

正确的决策，可以提高组织的管理效率和经济效益，使组织兴旺发达；错误的决策，则会给组织带来不必要的损失。因此，管理者应尽量将决策做得更好、更合理、更有效率。

（2）**决策是实施各项管理职能的重要保障。**

决策贯穿于组织的各个管理职能之中，无论是计划、组织，还是领导、控制，管理职能作用的发挥都离不开决策。因此，管理者应树立决策意识，不断提高决策能力。

2. 决策的影响因素

任何组织或个人的决策都是在一定条件下进行的，受到各种因素的影响和制约。从大的方面来讲，**决策的影响因素包括外部环境因素、组织因素、问题的性质及决策者因素等**，如图 7-2 所示。

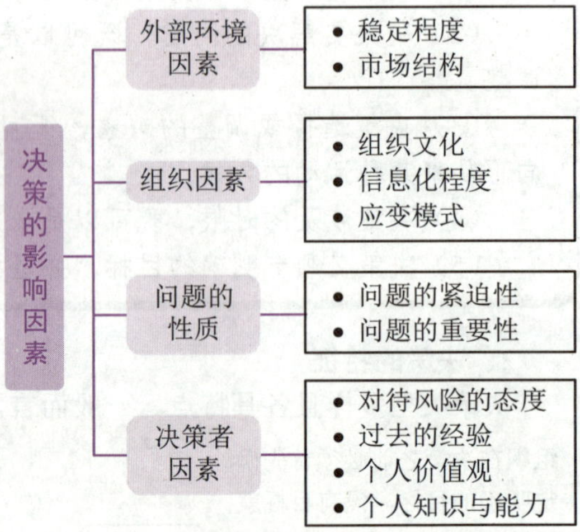

图 7-2　决策的影响因素

（三）决策的理论与原则

1. 决策的理论

在决策的诸多理论中，最具代表性的有两种，分别是**古典决策理论和行为决策理论**。

1）古典决策理论

古典决策理论，又称规范决策理论，是基于“经济人”假设提出的。该理论认为，人是坚持追求最大价值的经济人，具有最大限度的理性，能为实现组织和个人目标做出最优选择。其主要内容包括四个方面：① 决策者必须全面掌握决策环境的信息；② 决策者要充分了解备选方案的情况；③ 决策者应建立合理的层级结构，确保决策的有效执行；④ 决策者进行决策的目的在于帮助组织获取最大的经济效益。

古典决策理论认为决策者是完全理性的，忽视了非经济因素在决策中的作用，因此逐渐被行为决策理论所取代。

2）行为决策理论

行为决策理论认为，影响决策者进行决策的不仅有经济因素，还有其个人行为表现，如态度、情感、经验、动机等。决策者在决策中表现为有限理性而非纯理性，具体原因包括获得及加工信息的能力限制、时间的限制、政治因素的限制等。

2．决策的原则

组织或个人要想做出科学的决策，就必须遵从一定的决策原则。一般而言，决策的原则包括六个，如表 7-5 所示。

表 7-5　决策的原则

决策的原则	具体释义
选准目标原则	目标是决策的依据，直接关系到决策效果的好坏
信息准确原则	只有获取全面准确的信息，才能做出符合客观规律的决策
可行原则	决策方案必须可行，即决策应在全面分析评价各种条件的基础上进行
系统原则	决策应从整体出发，以整体利益为重，这是决策的灵魂
集体决策原则	决策应在争取多方意见，尤其是专家意见的基础上进行
分层决策原则	应根据总体决策目标，由各个层次、各个系统进行具体目标的决策

二、决策类型

从不同的角度出发，可将决策分为不同的类型。一般而言，决策的分类方式主要有五种，如图 7-3 所示。

决策类型

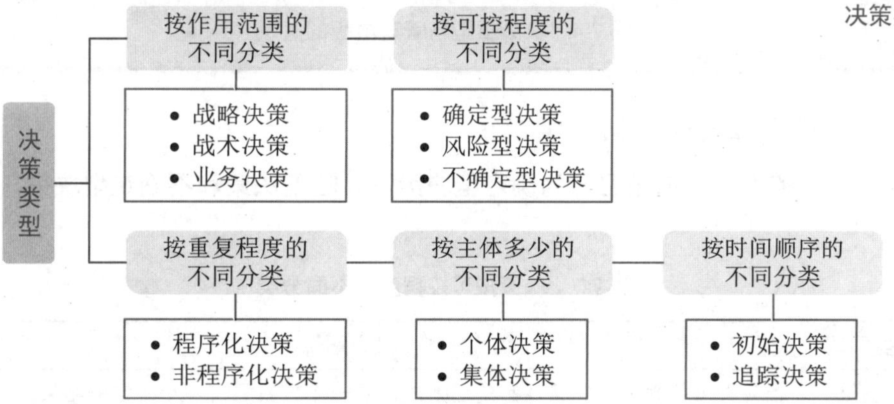

图 7-3　决策类型

（一）按作用范围的不同分类

按作用范围的不同，决策可分为战略决策、战术决策和业务决策，如表 7-6 所示。

表 7-6　决策按作用范围的不同分类

决策类型	概念解释
战略决策	是与组织的发展方向、全局性和长期性的目标方针等有关的重大问题的决策，关系组织的生存与发展
战术决策	又称管理决策，是在战略决策执行过程中采取的具体决策
业务决策	又称执行决策，是在日常工作中为提高工作效率而做出的决策，涉及范围较窄，只对组织产生局部影响

管理加油站

如何区分战略决策、战术决策和业务决策？

（1）战略决策主要由组织的高层管理者制订，其主要内容包括组织的经营目标与发展方向、产品的更新与换代、技术的革新与改造等。

（2）战术决策主要由组织的中层管理者制订，其主要内容包括组织内部人、财、物的分配、协调与控制，各种规章制度的建立与改革等。

（3）业务决策主要由组织的基层管理者制订，其主要内容包括组织生产任务的分配、物资的采购、产品的包装与运输、广告的选择等。

以上三种决策类型与管理层级的关系如图 7-4 所示。

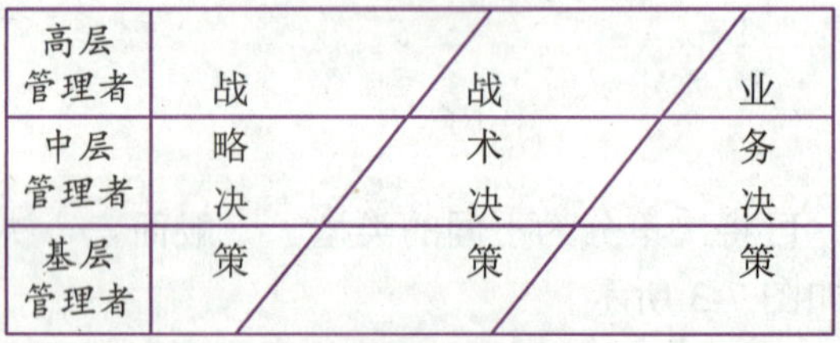

图 7-4　决策类型与管理层级的关系

（二）按可控程度的不同分类

按可控程度的不同，决策可分为确定型决策、风险型决策和不确定型决策，如表 7-7 所示。

表 7-7　决策按可控程度的不同分类

决策类型	概念解释
确定型决策	指各种可行性方案的条件都是已知的，且一个方案只有一个确定的结果
风险型决策	指各种可行性方案的条件大都是已知的，但一个方案有两个或两个以上的不同结果，且不同结果出现的概率是可预测的
不确定型决策	指各种可行性方案出现的结果都是未知的，且出现的概率不可预测

管理驿站

最后一瓶水

一个探险者在沙漠里行走，背包里的水越来越少，他必须有计划地使用这些水。他抬头望天，烈日高照，四周都是滚烫的沙子。他舔了舔因缺水而干裂的嘴唇，一丝绝望油然而生。只剩下最后一瓶水了，而这水仅能维持三天，他必须尽快找到水源。正当他筋疲力尽的时候，终于在一排石墙边发现了一口压力水井。他高兴至极，奔过去压水，却一无所获。他失望透顶，正要离开，却发现石墙上写着一行字：先倒一瓶水进去，才能打水上来。

可是他只剩下一瓶水了，倒进去了如果打不上来怎么办？他实在不愿意做这样的选择：必须拿生命作为赌注。犹豫再三，他还是照做了，把仅剩的一瓶水倒进水井里，然后开始吃力地压水，一会儿，果然压出了水。

通过上述故事，我们可以看出，决策不能只关注收益的多少，还要关注风险的大小，很多情况下是高风险伴随着高收益。大学生应自觉树立决策风险意识，提高自己防范和化解风险的能力。面对风险，既要有决策的谋略、魄力与勇气，不可优柔寡断、丧失良机，又不能草率决定、盲目行动。

（三）按重复程度的不同分类

按重复程度的不同，决策可分为程序化决策和非程序化决策，如表 7-8 所示。

表 7-8　决策按重复程度的不同分类

决策类型	概念解释
程序化决策	是能够按照规定的决策程序和方法，解决管理中重复出现的问题的例行决策
非程序化决策	是解决管理中偶尔发生或不经常重复出现的问题的非例行决策

（四）按主体多少的不同分类

按主体多少的不同，决策可分为个体决策和集体决策，如表 7-9 所示。

表 7-9　决策按主体多少的不同分类

决策类型	概念解释
个体决策	是组织中单个人做出的各种决策
集体决策	是组织中多个人一起做出的决策

管理加油站

集体决策有什么优缺点？

集体决策的优点：① 信息完整、知识全面、观点多样；② 决策的可接受性更高；③ 决策的合理性更强。

集体决策的缺点：① 浪费时间；② 存在从众压力；③ 容易被少数人控制；④ 责权分配不明确。

（五）按时间顺序的不同分类

按时间顺序的不同，决策可分为初始决策和追踪决策，如表 7-10 所示。

表 7-10　决策按时间顺序的不同分类

决策类型	概念解释
初始决策	又称零起点决策，是在活动尚未进行、环境尚未受到影响的情况下做出的决策，是组织的初次选择
追踪决策	是在初始决策的基础上做出的重新调整组织活动方向、内容、方式等的决策，具有回溯分析、非零起点、双重优化的特点

读故事悟管理

裂纹背后的真相

据说，有一座著名景观大厦因年深日久，墙壁出现裂纹。为保护好这座大厦，有关专家进行了专门研究。

最初大家认为损害墙壁的元凶是具有侵蚀性的酸雨。然而进一步研究发现，最直接的原因是每天冲洗墙壁的清洁剂对墙壁有酸蚀作用。为什么每天都要冲洗墙壁呢？因为墙壁上每天都有大量的鸟粪。为什么会有那么多鸟粪呢？因为墙壁周围聚集了很多燕子。为什么会聚集那么多燕子呢？因为墙壁上有很多燕子爱吃的蜘蛛。为什么会有那么多蜘蛛呢？因为墙壁周围有蜘蛛喜欢吃的飞虫。为什么有这么多飞虫呢？因为大厦开着窗户，阳光充足，大量飞虫聚集在此，超常繁殖。

由此便知，保护大厦墙壁的办法很简单：只需拉上整座大厦的窗帘。此前专家们设计的一套套复杂而又详尽的保护方案也就成了一纸空文。

【管理启示】在研究中，不妨做一次回溯分析，找到问题的根源所在，这样能够帮助决策者收集更多的有效信息，获得事半功倍的效果。

班级＿＿＿＿＿＿＿＿　　姓名＿＿＿＿＿＿＿＿　　学号＿＿＿＿＿＿＿＿

任务检测

一、客观题

1.【单选题】如果某一决策的可行性方案的条件大都是已知的，但一个方案有两个或两个以上的不同结果，且不同结果出现的概率是可预测的，则这种决策是（　）。

A．确定型决策　　B．风险型决策

C．战略决策　　D．不确定型决策

2.【单选题】只有获取全面准确的信息，才能做出符合客观规律的决策。这体现的是决策的（　　）原则。

A．信息准确　　B．选准目标

C．集体决策　　D．分层决策

3.【单选题】（　　）理论认为，影响决策者进行决策的不仅有经济因素，还有其个人行为表现，如态度、情感、经验、动机等。

A．古典决策　　B．行政决策

C．理性决策　　D．行为决策

4.【多选题】决策类型多样且各具特点。一般而言，决策应具有的特征包括（　　）。

A．可行性　　B．选择性　　C．超前性　　D．科学性

5.【多选题】追踪决策是在初始决策的基础上做出的重新调整组织活动方向、内容、方式等的决策，具有（　　）的特点。

A．回溯分析　　B．非零起点

C．双重优化　　D．初次选择

6.【多选题】任何组织或个人的决策都是在一定条件下进行的，受到各种因素的影响和制约。下列选项中，属于决策的影响因素的有（　　）。

A．市场结构　　B．组织文化

C．个人价值观　　D．问题的重要性

7.【判断题】古典决策理论，又称规范决策理论，是基于“社会人”假设提出的。（　　）

8.【判断题】决策选择或调整的对象，既可以是活动的方向和内容，也可以是在特定方向下从事某种活动的方式。（　　）

二、主观题

9.【简答题】简述决策的意义。

班级____________ 姓名____________ 学号____________

10.【案例分析】

加工车间的决策

彭俊是培兴家电厂加工车间主任。不久前，他参加了一个管理培训班，觉得培训班讲的决策方法很有道理。于是，他把车间第二工段的30名员工全部召集起来，告诉他们因为工段新添置了效率和自动化程度都相当高的设备，几年前确定的生产定额已经过时，不再适应当前情况，现在想让他们自己讨论一下，确定新的、合理的生产定额。布置完讨论任务后，彭俊就回车间办公室了。他觉得自己不该去参加讨论，因为如果有领导在场，大家不易畅所欲言，而且这样显得他对大家不够信任。

一周之后，讨论结果出来了，大家一致认为原来的定额不够合理，定得过高。新定额应比原来降低10%。这使彭俊大吃一惊，因为新定额与他本来的预期截然相反，这完全出乎他的意料。

根据上述案例，你认为加工车间主任彭俊采用了哪种决策类型？该类型是根据什么标准进行分类的？有什么优点？

任务二 掌握决策程序与方法

任务导入

决策下的危机

亨利运输公司运营一段时间后遇到了麻烦：公司的利润少得可怜，而顾客乘车需求非常旺盛，但是公司没有资金安排空车或购买新车、雇佣司机以满足这些需求。为了削减经营成本、提高顾客服务质量，公司高层制订了一个重组计划。根据这项计划，公司需要大幅裁员，减少服务线路和服务内容，从顾客购票到车次安排全部实行计算机管理。

但是，中层管理人员反对这项计划。很多中层经理认为，大幅裁员会使本就不理想的顾客服务变得更加糟糕。人事部门经理指出，总站员工的受教育程度太低，因此必须对他们进行大规模的培训，他们才能有效地使用计算机管理系统。客运管理人员也指出，公司的顾客很多是低收入者，他们没有设备条件，无法享受公司的购票系统服务。负责计算机项目的经理则要求引进新的计算机系统，以解决当前软件存在的问题。

面对这些分歧，公司高层还是启用了计算机管理系统。他们强调，研究数据表明，计算机系统将改善顾客服务质量，方便顾客购票或为将来的特殊旅行预订位置。

然而系统启动后，公司的情况每况愈下。购票数量急剧上升，但由于出现前所未有的新问题，系统购票经常失败，于是顾客只能像往常一样，到总站直接购票上车。计算机系统仿佛陷入了泥潭，点击一下需要 30 秒，打印一张车票需要 3 分钟。而且这个系统经常瘫痪，售票员需要手写车票信息，顾客购票队伍也越来越长。加之公司裁员，售票员变少，他们穷于应付不熟悉的计算机系统，对顾客不礼貌的事情时有发生。最终，亨利运输公司的顾客急剧减少，竞争对手更是趁机抢走了对该公司不满意的顾客。

请思考

1. 如何根据决策的制订程序分析亨利运输公司的案例？
2. 如果你是该公司的决策者，你会怎么做？

思考提示

本任务的知识和技能要求如表 7-11 所示。

表 7-11　知识和技能要求

类　型	具体内容	学习程度			
		了 解	熟 悉	掌 握	应 用
知识要求	决策程序			●	
	决策方法			●	
技能要求	遵循科学的决策程序、运用科学的决策方法选择可行方案				●

班级____________ 姓名____________ 学号____________

任务工单

（一）任务描述

以小组为单位，讨论决策的程序是什么，决策有哪些方法。

（二）任务分工

全班学生以 3～5 人为一组进行分组，每组设组长 1 名，小组讨论任务分工并将分工情况填写至表 7-12 中。

表 7-12　小组成员及分工情况

小组成员	姓　名	学　号	任务分工
组长			
组员			

（三）任务准备

请各组长组织组员进行预习，收集和整理相关资料，讨论并用通俗易懂的语言结合具体事例回答下列问题。

（1）在日常生活中，你做过决策吗？一项决策是如何产生的？

（2）在做决策时，你用过哪些方法以确保决策的正确可行？

班级____________ 姓名____________ 学号____________

（四）任务实施

通过课堂学习、小组合作查阅资料等，完成表 7-13。

表 7-13 决策程序与决策方法

讨论内容	讨论结果
决策程序	
决策方法	

（五）任务评价

各组派代表展示任务实施成果，并配合指导老师完成表 7-14 所示的任务评价。

表 7-14 任务评价

评价项目	评价内容	分 值	评价分数		
			自 评	组 评	师 评
职业素养考核目标（40%）	考勤、仪容仪表	10 分			
	责任意识、纪律意识	10 分			
	团队合作与交流	20 分			
专业能力考核目标（60%）	任务准备过程讨论及记录的完成度	20 分			
	任务实施过程记录的完成度	20 分			
	任务实施成果的展示效果	20 分			
合计		100 分			
综合评价	综合分数______（自评×25%+组评×25%+师评×50%） 综合等级______ 综合评语： 指导老师签字____________				

一、决策程序

决策程序

决策程序大致可分为五个步骤，即发现问题、确立目标、搜集资料、确定方案和追踪检查。

（一）发现问题

任何决策都是从发现问题和提出问题开始的。所谓问题，就是现实与目标之间的差异。这种差异有时也表现为需求、机会、挑战、竞争、愿望等。

发现问题包括两个方面的内容：其一，要弄清问题的性质、范围、程度、影响等；其二，要找出问题产生的原因，分析主观原因和客观原因、主要原因和次要原因、直接原因和间接原因等。

读故事悟管理

吉德林法则：先认清问题再解决问题

世界著名的管理顾问查尔斯·吉德林提出：把问题清清楚楚地写出来，便已经解决了一半。只有先认清问题，才能很好地解决问题。

【管理启示】每个组织都会遇到问题。在瞬息万变的环境下，怎样才能最有效地解决问题，并没有固定的规律。但是，成功并不是没有程序可循的。成功破解问题的前提在于认清问题的关键所在。找到了问题的关键，也就找到了解决问题的方法，剩下的就是具体执行了。

（二）确立目标

决策程序的第二步就是确立目标。所谓目标，就是在一定条件下，根据需要的可能，预测所要达到的终极要求或决策所要取得的最终结果。

在确立目标的过程中，需格外注意：① 目标应明确具体；② 目标要分清主次；③ 目标要有约束条件；④ 目标要有时间要求；⑤ 目标要有数量界限。

管理加油站

决策目标背后的“秘密”

决策目标可分为有条件目标和无条件目标两种。有条件目标是给目标附加一定的条件，所附加的条件称为约束条件；不附加任何条件的决策目标，称为无条件目标。只有满足目标的约束条件，有条件目标才算真正实现。

一般来说，目标的约束条件可分为两类：一类是客观存在的限制条件，如一定的人力、物力、财力条件等；另一类是附加给目标的主观要求，如目标的期望值、国家的政策法规限制等。

（三）搜集资料

搜集与决策相关的经济、技术、社会等各方面的资料信息，是进行科学决策的重要依据。资料信息量的大小、正确与否，直接影响决策的质量。丰富可靠的资料来源、迅速的资料传递、准确的资料研究，是决策科学化的重要基础。

搜集资料应注意：① 资料必须完整；② 资料必须可靠；③ 要对资料进行系统分析；④ 对于不确定的问题或疑难问题，应召集专家集体讨论，做出定性分析和概率估计。

（四）确定方案

决策方案的确定可分为四个步骤，包括决策方案的拟订、评估、选择与实施。

1. 拟订方案

拟订可供选择使用的各种可能方案，是决策的基础。如果只有一个方案，就没有比较和选择的余地，也就无从决策。这一步骤的主要任务是在对信息系统提供的数据资料进行充分、系统分析的基础上，拟订多种备选方案。

拟订备选方案的具体要求如图 7-5 所示。

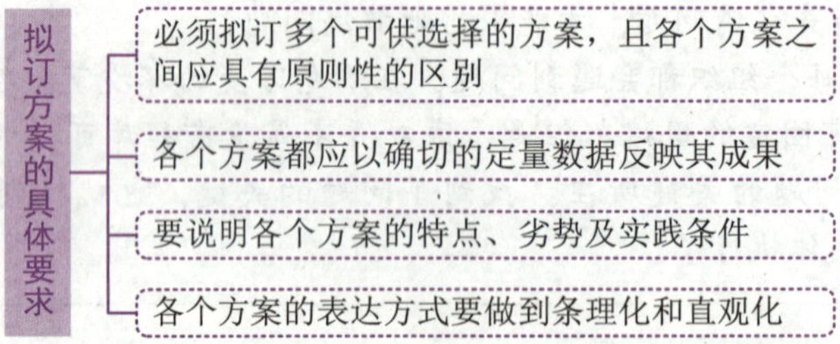

图 7-5　拟订方案的具体要求

2. 评估方案

拟订方案后，就要对各种备选方案进行评估。评估时应尽可能采用现代科学的评估方法和决策技术，如可行性分析、决策树法、矩阵决策、模糊决策等。评估工作主要由智囊机构、政策研究人员及专家小组来承担。评估工作的主要内容包括按照预定的决策标准，通过定性、定量、定时的分析，评估各种备选方案的近期、中期、远期效能及价值，从而权衡各种备选方案的利弊得失，将方案按优先顺序排列，并提出取舍意见，交由决策机构定夺。

读故事悟管理

好决策更要可执行

一群老鼠吃尽了猫的苦头，它们召开全体大会，号召大家贡献智慧，商量对付猫的万全之策，争取一劳永逸地解决事关生死存亡的大问题。老鼠们冥思苦想，有的提议培养猫吃鸡肉的新习惯，有的建议加紧研制毒猫药。最后，还是一只老奸巨猾的老鼠出的主意让大家佩服得五体投地，那就是给猫的脖子上挂一个铃铛。只要猫一动，铃铛就会发出响声，大家就可以事先得到警报躲起来。老鼠们一致通过了这一决策，却找不到决策的执行者。无论是颁发荣誉证书，还是给予重金奖励，都没有老鼠愿意去执行。至今，老鼠们也没有找到一劳永逸的方法。

【管理启示】再好的决策，如果不能够去执行，就是没有意义的。决策不在于多么英明，而在于能否执行。大学生在寻求问题的解决方法时，应主动树立可行性分析意识，在全面了解问题的基础上，对解决问题的方法逐一进行可行性分析，确保方法能够执行。此外，方法一旦确定，就应不折不扣地去执行，因为唯有通过实践才能开出思想之花，唯有执行才能收获决策之果。

3．选择方案

评估方案后就要对方案做出选择。选择方案的方法有很多，**一般包括经验判断法、归纳法、数学方法和试验法等**，如表 7-15 所示。

表 7-15　选择方案的方法

方　法	概念解释	适用情况
经验判断法	是 20 世纪 40 年代以前管理决策使用的主流方法，比较古老。如今，虽然在决策方面引入了数学方法、物理模型、网络模型等现代管理技术，但是经验判断法仍不可缺少，其作用不容忽视	在进行一些涉及社会现象、心理因素等复杂问题和非计量性因素较多的决策时，决策者的经验判断显得尤为重要
归纳法	是将众多备选方案归成几大类，先选择类别、再确定方案的方法。该方法的优点是能够快速缩小选择范围，缺点是可能会漏掉最优方案	更适用于没有时间对各种方案进行全面对比的情况
数学方法	20 世纪 50 年代以后，数学方法被广泛应用于决策方案的选择。运用该方法可以使决策达到精确化	更适用于控制变量属于连续型的情况（所谓连续型变量，是在这个变量的两个变异值之间可以存在无穷多个中间数值，如产值、成本、利润等就属于连续型变量）
试验法	对于一些重大问题的决策，尤其是对于起重大作用的新情况、新问题及无形因素，不便使用数学方法分析时，选择少数几个典型单位进行试点，然后总结经验作为最后决策的依据，这种方法就是试验法	更适用于选择范围已经缩小到只有两个关键方案而无法抉择，或方案已经初步确定但仍不放心的情况

以上各种选择方案的方法各有利弊，还需决策者从实际出发、灵活运用。决策者在实际的管理工作中，也可以不断总结经验，创造出更加科学的选择方案的方法。

4．实施方案

方案选定后，就要付诸实施。在方案普遍实施之前，可以在典型地方进行试点，但是要注意不能人为地创造某些特殊条件。经过可靠性验证后，便可以进入普遍实施阶段。

（五）追踪检查

决策方案在执行过程中，因受到主客观条件变化的影响，实施效果可能会与决策目标偏离。因此，决策的最后一步就是要评价决策效果，这也是决策必不可少的一环。在这个阶段，决策者应准确、及时地了解方案的执行情况，尤其是方案实施过程中出现的问题，以便进行决策的实时追踪与检查，并采取有效的应对措施。

二、决策方法

（一）定性决策法

定性决策法，又称“软方法”或主观决策法，是决策者根据个人或专家的知识、经验和判断能力，**充分发挥集体智慧**进行决策的方法。其优点是灵活简便、通用性强、易于采用，有利于调动专家的积极性，激发组织成员的创造性；其缺点是未经严格论证，主观性较大。因此，**定性决策法更适用于非常规型的决策**。

定性决策法主要包括头脑风暴法、名义小组法、德尔菲法和电子会议法等。

1. 头脑风暴法

头脑风暴法是一种激发创新性思维的方法，由美国创造学家奥斯本提出。经过实践研究和检验，头脑风暴法已经成为一种有效的群体决策的方法。从定义上来看，**头脑风暴法是依靠一定数量的专家的创新性思维，对决策对象未来的发展趋势及状况做出集体判断的方法。**

1）头脑风暴法的具体做法

针对需要解决的问题，召集相关专家或人员，在轻松的氛围中敞开思路、畅所欲言，寻求多种决策思路，倡导创新性思维。注意：头脑风暴的进行时间一般在1～2小时，参加者以5～10人为宜。

2）头脑风暴法的实施原则

头脑风暴法应遵循如图7-6所示的几点原则。

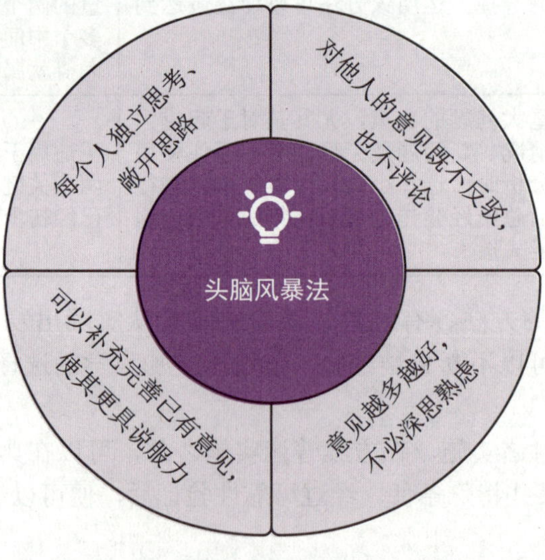

图7-6　头脑风暴法的实施原则

2. 名义小组法

在集体决策中，如果对问题的性质不完全了解且意见存在严重分歧，则可采用名义小组法。在这种方法中，**小组成员在提出方案时不能协商讨论**，因而小组只是名义上的。名义小组法的实施步骤如图 7-7 所示。

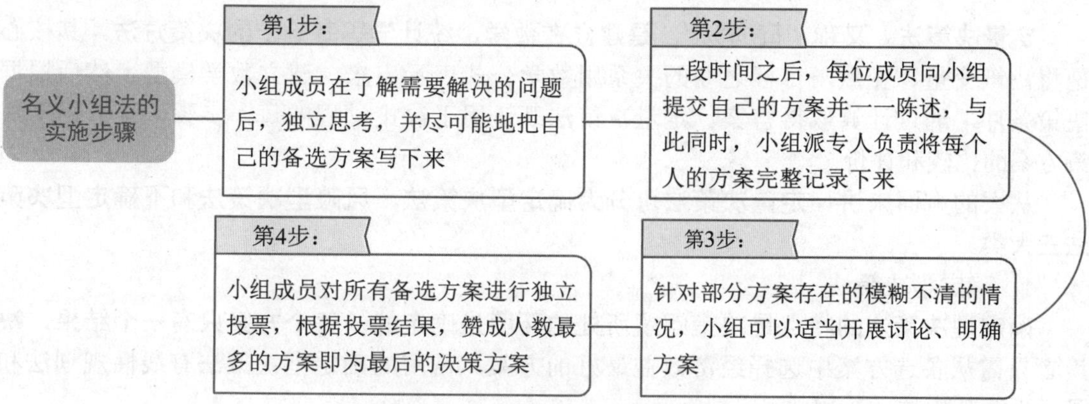

图 7-7　名义小组法的实施步骤

3. 德尔菲法

为避免群体决策出现屈从于权威或盲目服从多数的情况，20 世纪 60 年代初，美国兰德公司的专家们提出了德尔菲法的决策方法。其一般程序如图 7-8 所示。

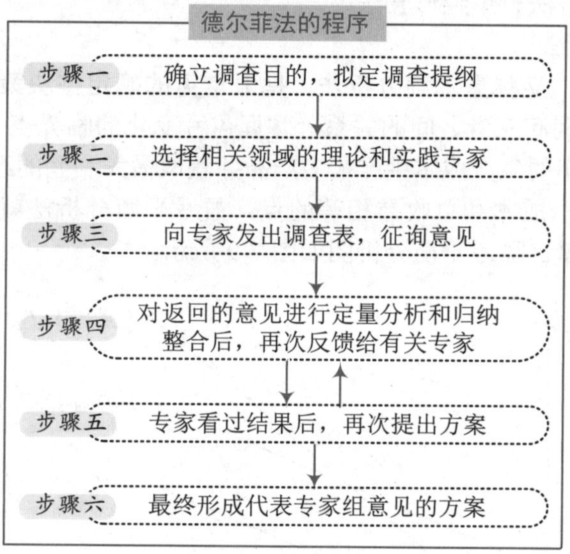

图 7-8　德尔菲法的程序

注意：在德尔菲法中，相关专家应不少于 10 人，以 20 人左右为宜；步骤四和步骤五需要重复多次进行，直至取得大体一致的意见。

4. 电子会议法

电子会议法是将名义小组法与计算机技术相结合的一种群体决策方法。这种方法要求众多成员（可多达 50 人）围坐在桌子旁，桌子上只放置电脑终端。主持人将问题展示给成员，成员把自己的方案或意见输入计算机并通过屏幕显示。成员方案和票数统计都会被投影在会议室的大屏幕上。

（二）定量决策法

定量决策法，又称“硬方法”，是建立在数学、统计学等基础上的决策方法。其核心是将决策变量、变量与目标之间的关系用数学公式表示出来，建立数学模型，然后根据决策条件，通过计算取得答案。定量决策法既适用于决策过程的每一步骤，也适用于决策方案的比较和评价。

从大的方面来讲，**定量决策法可分为确定型决策法、风险型决策法和不确定型决策法三大类。**

1. 确定型决策法

确定型决策法的特点是决策问题所处的环境是确定的，每个方案只有一个结果，决策者只需从备选方案中选择经济效益最好的方案。常用的确定型决策法有线性规划法和盈亏平衡分析法。

1）线性规划法

线性规划法是在满足一定约束条件的情况下，通过配置资源、合理利用，使预定目标达到最优的一种应用数学方法。其主要用于解决两类问题：① 在资源一定的条件下，力求完成更多任务，取得更好的经济效益；② 在任务一定的情况下，力求节省资源。线性规划法主要包括图解法、单纯形表法等。

2）盈亏平衡分析法

盈亏平衡分析法，又称量本利分析法，是最常见的确定型决策方法。其核心在于通过分析成本、收益和利润三者之间的关系，掌握盈亏变化的临界点（即保本点），从而帮助企业选择一种以最小的生产成本生产最多产品并获取最大利润的经营方案。

盈亏平衡点就是总成本和总收益相等的点，盈亏平衡分析法就是要确定盈亏平衡点所对应的产量或销售量。盈亏平衡分析图如图 7-9 所示。

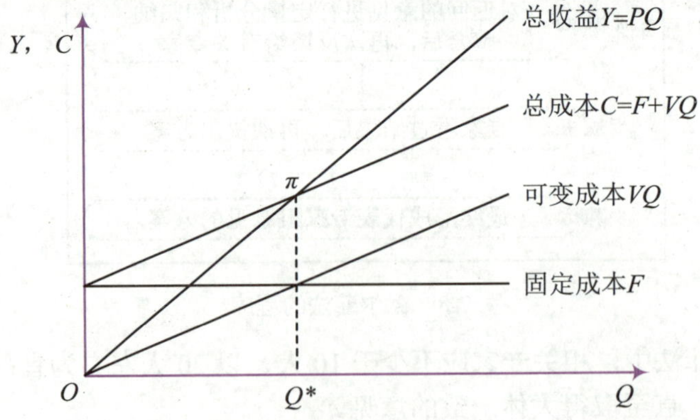

图 7-9　盈亏平衡分析图

如图 7-9 所示，π 表示利润、Y 表示总收益、C 表示总成本、Q 表示产量、F 表示固定成本、V 表示单位可变成本、P 表示单价。盈亏平衡分析法用到的公式主要有三个：① 利润 = 总收益 − 总成本（$\pi = Y - C$）；② 总收益 = 单价 × 产量（$Y = PQ$）；③ 总成本 = 固定成本 + 可变成本 = 固定成本 + 单位可变成本 × 产量（$C = F + VQ$）。

所谓盈亏平衡，就是总成本 = 总收益，此时利润 $\pi = 0$。如图 7-9 所示，总收益线 Y 与总成本线 C 相交的 π 点就是盈亏平衡点，此时对应的产量 Q^* 就是盈亏平衡时的产量。产量低于这一点会亏损（左边），高于这一点则盈利（右边）。盈亏平衡点存在以下关系式：① 总收益 = 总成本（$Y = C$）；② 盈亏平衡点产量 $Q^* = F/(P - V)$；③ 如果盈利，则利润 $\pi = Y - C = PQ - (F + VQ)$，此时的产量 $Q = (F + \pi)/(P - V)$。

管理风暴

某服装厂生产一件服装需投入固定成本 20 万元，单位产品可变成本为 60 元，产品销售价格为 80 元/件。

请你：① 试用盈亏平衡分析法确定盈亏平衡点的产量；② 思考服装厂应维持多大的生产规模才能实现 10 万元的利润目标。

管理提示

2．风险型决策法

风险型决策法，又称随机型决策法，其特点是决策者可以估计每种决策在一定自然状态下发生的概率，但不能确定哪种自然状态会出现。**风险型决策法一般包括决策树法、决策表法和敏感性分析法。**

1）决策树法

决策树法是一种利用树形图将影响各方案的自然状态、概率、损益值（损失或利润）等因素表示出来，并按照一定的程序计算各方案的期望值，经过比较选择最优方案的方法。

（1）决策树的构成要素。

决策树的构成要素有以下五个。

① 决策节点，即决策结果，用“□”来表示。

② 方案枝，由决策节点引出，每一枝条代表一个方案。

③ 方案节点，即各种行动方案，用“○”来表示，其旁可标明数字表示该方案的效益期望值（某方案的效益期望值等于该方案中多种随机状态可能出现的概率与其对应的损益值的乘积之和）。

④ 状态枝，又称概率枝，由方案节点引出，每一枝条代表一个自然状态。

⑤ 状态枝末端，即不同状态下的损益值，用“△”来表示。

决策树的一般模型如图 7-10 所示。

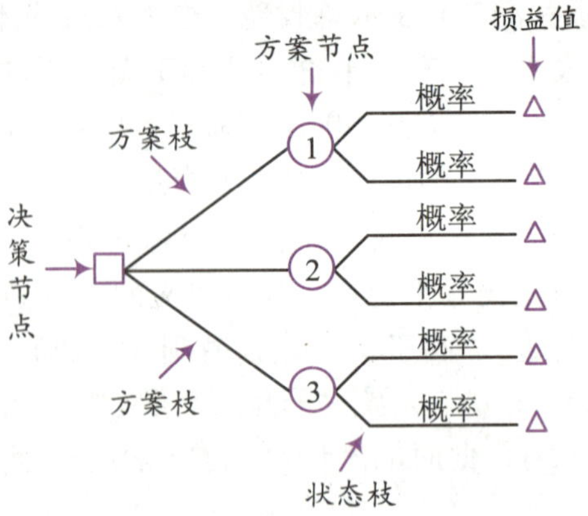

决策树的应用案例

图 7-10　决策树的一般模型

（2）决策树法的步骤。

决策树法主要有两个步骤，如图 7-11 所示。

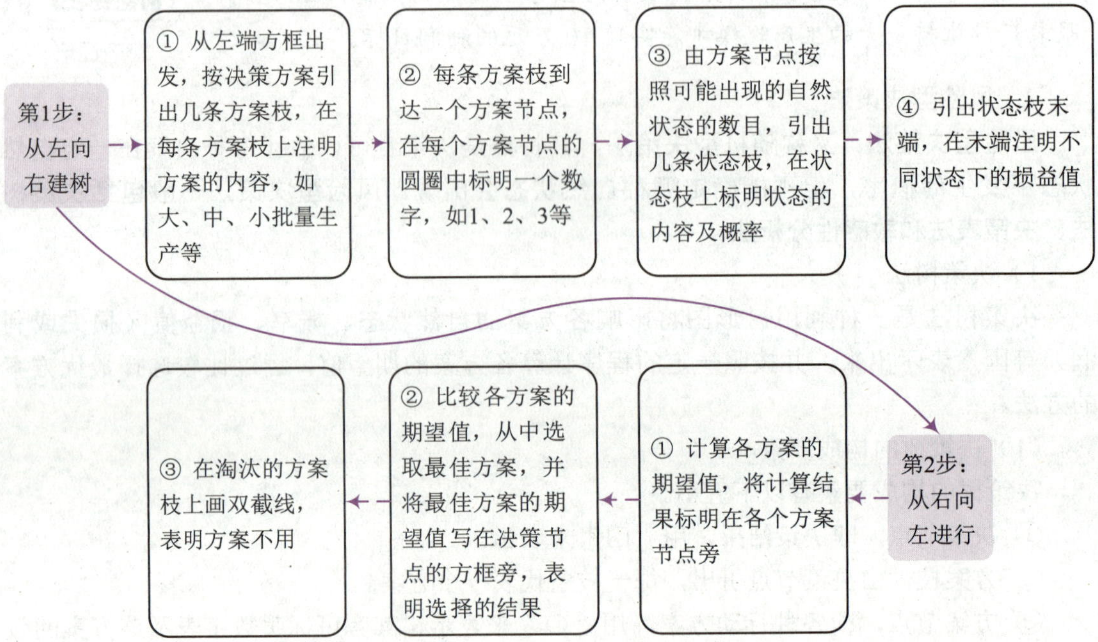

图 7-11　决策树法的步骤

2）决策表法

决策表法，又称决策矩阵法或判断表法，适用于判断条件比较多，且各个条件可以相互组合的情形。此时，对应的决策方案比较多，如果仍然采用决策树法来描述，决策树的结构就会比较复杂，图中各项注释也比较烦琐。而决策表法能够把所有的条件组合状态表示出来，并分析不同的条件组合状态应采取什么样的行动。

决策表共分四个部分，左上角为各种条件，左下角为各种决策方案，右上角为条件组合状态，右下角为相应条件组合状态下与决策方案对应的决策规则，如图 7-12 所示。

决策表的应用过程：先根据已知的条件列出初始决策表，再剔除相矛盾的条件组合状态、合并采取相同行动的条件组合状态，列出优化后的决策表。

条件	条件组合状态
决策方案	决策规则

图 7-12 决策表

管理风暴

某公司的产品销售策略规定，不同的购货量、不同的顾客可以享受不同的优惠，具体如下：① 年购货额在 5 万元以上且最近三个月无欠款的顾客可享受 15%的折扣；② 最近三个月有欠款，若是本公司十年以上的老顾客可享受 10%的折扣，若不是本公司十年以上的老顾客则只可享受 5%的折扣；③ 年购货额不足 5 万元的顾客无折扣。

请你用决策表描述该公司的产品销售策略。

管理提示

3）敏感性分析法

敏感性分析法就是为了提高决策质量，在选择最佳方案后，将原状态概率值做不同范围的变化，借以分析对方案选择的影响，从而判定决策方案的可靠程度。如经变动，方案的期望值也发生改变，但不影响对原方案的选择，则表明状态概率和期望值的变动对方案的选择不敏感，原决策方案比较稳定、靠谱；反之，原决策方案就不稳定、不靠谱。

3．不确定型决策法

不确定型决策法是在不能确定未来状态的情况下，通过分析影响决策问题的各种因素，估计几种可能发生的自然状态，计算每种状态下各个决策的损益值，最后按照一定的原则进行选择的方法。**不确定型决策法主要包括乐观原则法、悲观原则法、等概率原则法、折中原则法、后悔最小原则法等**。下面通过一则案例分别解释上述各种方法。

【案例】某厂生产的某产品，在未来销售中可能出现三种情况，分别是高需求、中需求和低需求；该厂有三种可供选择的方案，分别是新建生产线、改进生产线和对外协作。相应的损益值如表 7-16 所示。

表 7-16 该厂的损益值表　　单位：万元

方　案	高需求	中需求	低需求
新建生产线	930	－550	－850
改进生产线	650	200	－250
对外协作	350	40	－80

1）乐观原则法

乐观原则法，又称大中取大法，即找出每个方案在各种自然状态下的最大收益值，取其中最大者，所对应的方案即为合理方案。采用这种决策方法的决策者比较乐观，认为未来会出现最好的自然状态。

如果采用乐观原则法，则上述案例中的方案分析如表 7-17 所示，该厂最终的合理选择应为“新建生产线”。

表 7-17　乐观原则法

单位：万元

方　案	高需求	中需求	低需求	各种自然状态下的最大收益值	最大收益值
新建生产线	930	−550	−850	930	930
改进生产线	650	200	−250	650	
对外协作	350	40	−80	350	

2）悲观原则法

悲观原则法，又称小中取大法，即找出每个方案在各种自然状态下的最小收益值，取其中最大者（即最小损失值），所对应的方案即为合理方案。采用这种决策方法的决策者比较悲观，认为未来会出现最差的自然状态。

如果采用悲观原则法，则上述案例中的方案分析如表 7-18 所示，该厂最终的合理选择应为“对外协作”。

表 7-18　悲观原则法

单位：万元

方　案	高需求	中需求	低需求	各种自然状态下的最小收益值	最小损失值
新建生产线	930	−550	−850	−850	
改进生产线	650	200	−250	−250	
对外协作	350	40	−80	−80	−80

3）等概率原则法

等概率原则法，又称拉普拉斯规划。采用这种决策方法的决策者认为各种自然状态发生的概率均等，**应算出各方案的期望损益值，取其中最大者**，所对应的方案即为合理方案。

期望损益值的计算方法：将各方案在各种自然状态下的损益值与它的概率相乘后再相加（如某方案有 n 种自然状态，则各种自然状态发生的概率为 $1/n$）。

如果采用等概率原则法，则上述案例中的方案分析如表 7-19 所示，该厂最终的合理选择应为“改进生产线”。

表 7-19 等概率原则法 单位：万元

方案	高需求	中需求	低需求	各方案的期望损益值	最大收益值
新建生产线	930	−550	−850	$930\times1/3+(-550)\times1/3+(-850)\times1/3\approx-156.7$	
改进生产线	650	200	−250	$650\times1/3+200\times1/3+(-250)\times1/3=200$	200
对外协作	350	40	−80	$350\times1/3+40\times1/3+(-80)\times1/3\approx103.3$	

4）折中原则法

折中原则法认为，最好和最差的自然状态均有可能出现。因此，可以根据决策者的判断，给最好的自然状态预判一个折中系数（又称乐观系数）α，α 介于 0～1 之间，则最差的自然状态就会获得一个悲观系数（$1-\alpha$）。决策者**应算出各方案的折中期望值，取其中最大者**，所对应的方案即为合理方案。

折中期望值的计算方法：先分别算出各方案在最好自然状态下的收益值与乐观系数的乘积、各方案在最差自然状态下的收益值与悲观系数的乘积，再将两个乘积相加。

如果采用折中原则法，且乐观系数 $\alpha=0.4$，则上述案例中的方案分析如表 7-20 所示，该厂最终的合理选择应为“改进生产线”。

表 7-20 折中原则法 单位：万元

方案	高需求	中需求	低需求	折中期望值	最大收益值
新建生产线	930	−550	−850	$930\times0.4+(-850)\times(1-0.4)=-138$	
改进生产线	650	200	−250	$650\times0.4+(-250)\times(1-0.4)=110$	110
对外协作	350	40	−80	$350\times0.4+(-80)\times(1-0.4)=92$	

5）后悔最小原则法

后悔最小原则法，又称最小最大后悔值法。决策者在选定方案并组织实施后，如果遇到的自然状态表明采用另外的方案会取得更好的收益，那么决策者将为此感到后悔。**后悔最小原则法就是一种使后悔值尽量最小的方法**，即决策者应首先算出各种自然状态下的后悔值，形成后悔矩阵；其次找出每种方案的最大后悔值；最后在最大后悔值中取最小者，所对应的方案即为合理方案。

后悔值的计算方法：在某种自然状态下的不同方案中的最大收益值，与各方案收益值相减。

如果采用后悔最小原则法，则上述案例中的方案分析如表 7-21 所示，该厂最终的合理选择应为“改进生产线”。

表 7-21　后悔最小原则法　　　　单位：万元

方　案	高需求	中需求	低需求	最大后悔值	最小最大后悔值
新建生产线	930	– 550	– 850		
改进生产线	650	200	– 250		
对外协作	350	40	– 80		
后悔矩阵					
新建生产线	0	750	770	770	
改进生产线	280	0	170	280	280
对外协作	580	160	0	580	

班级______________　　姓名______________　　学号______________

任务检测

一、客观题

1.【单选题】科学的决策需要遵循一定的决策程序。一般来说，任何决策都是从（　　）开始的。

A．确立目标　　B．发现问题

C．搜集资料　　D．确定方案

2.【单选题】电子会议法是将（　　）与计算机技术相结合的一种群体决策方法。

A．德尔菲法　　B．头脑风暴法

C．协力创新法　　D．名义小组法

3.【单选题】如果决策者比较乐观，认为未来会出现最好的自然状态，那么其更倾向于采用不确定型决策法中的（　　）。

A．等概率法　　B．折中法

C．大中取大法　　D．小中取大法

4.【多选题】风险型决策法，又称随机型决策法，其特点是决策者可以估计每种决策在一定自然状态下发生的概率，但不能确定哪种自然状态会出现。风险型决策法一般包括（　　）。

A．线性规划法　　B．决策树法

C．决策表法　　D．敏感性分析法

5.【多选题】组织在决策过程中确立目标时，应注意的事项包括（　　）。

A．目标应明确具体　　B．目标要分清主次

C．目标要有时间限制　　D．目标要有数量界限

6.【多选题】头脑风暴法是一种激发创新性思维的方法，其应遵循的原则包括（　　）。

A．每个人独立思考、敞开思路　　B．可以适当评论别人的意见

C．意见越多越好　　D．提出意见时不必深思熟虑

7.【判断题】定性决策法，又称“硬方法”，是决策者根据个人或专家的知识、经验和判断能力，充分发挥集体智慧进行决策的方法。（　　）

8.【判断题】在不确定型决策法中，选择折中原则法的决策者认为，方案的各种自然状态的发生概率是均等的。（　　）

二、主观题

9.【简答题】简述盈亏平衡分析法。

班级____________ 姓名____________ 学号____________

10.【案例分析】

选择哪种方案？

为了适应市场的需要，某企业提出了扩大产品生产的两个方案。据市场预测，销路好的概率为0.7，销路差的概率为0.3。

方案1：建设大工厂。该方案需要投资600万元，可使用10年。据估算，销路好时，每年可获利200万元；销路差时，每年亏损40万元。

方案2：建设小工厂。该方案需要投资280万元，可使用10年。据估算，销路好时，每年可获利80万元；销路差时，每年获利60万元。

根据上述案例，请你用决策树法为该企业选出合理的决策方案。

【注：期望值=（最好自然状态下的损益值×最好自然状态的概率+最差状态下的损益值×最差自然状态的概率）×总时间－总投资】

班级____________ 姓名____________ 学号____________

项目实训——召开头脑风暴会议

一、实训目标

通过召开头脑风暴会议，激发学生的创新性思维，引导学生认识群体决策的力量和作用，提高学生的决策能力。

二、实训内容

1．分组准备

（1）从全体学生中选出 1 名主持人、1 名计时员，分别负责主持会议和记录时间。

（2）将剩余学生按 6 人一组分成若干组，每组选出 1 名记录员，负责记录小组成员的所有想法。

2．召开头脑风暴会议

（1）各小组成员分组就座，主持人宣读头脑风暴会议的规则，并将会议用到的工具——回形针，发放给每位同学。

（2）以小组为单位进行头脑风暴，思考回形针的可能用途，计时 7 分钟；小组记录员负责记录每位发言人的想法；计时员提醒用时。注意会议上不允许有批评性意见。

（3）头脑风暴会议结束后，各小组记录员将每组的想法交给主持人。

（4）主持人统计全班同学的想法，剔除重复想法后，将所有想法罗列在黑板上。

3．会后讨论

（1）主持人组织全班同学对黑板上的想法进行投票，选出三个最新颖的想法。

（2）全班同学集思广益，对选出的想法进行补充和完善，使其成为行之有效的方案。

4．汇报评价

（1）头脑风暴会议结束后，每位学生需撰写心得体会，并上交给老师。

（2）老师需根据个人会议表现及心得撰写情况，给每位学生打分。

班级____________ 姓名____________ 学号____________

项目评价

评价内容	分 值	评价分数		
		自 评	组 评	师 评
日常考勤和课堂纪律	10 分			
学习态度和课堂参与	10 分			
完成任务检测并保证题目的正确率	50 分			
参与项目实训并积极完成各项任务	30 分			
合计	100 分			
综合评价	综合分数______（自评×25%+组评×25%+师评×50%） 综合等级______ 综合评语： 指导老师签字__________			

8 项目八

激励能力与沟通能力

要想管理好一个组织，就必须对组织员工进行适当方式的激励，利用适当的诱因满足员工的需要，使其发挥最大限度的潜能，创造性地为组织做好各项工作，从而实现员工和组织的目标。而任何一个组织的运行和有效管理都离不开组织成员的分工与合作，离不开协调，离不开经常性地与外界进行信息交流与互动。由此可见，在现代管理中，激励与沟通已经成为管理组织的有效手段中不可缺少的一部分。

本项目主要介绍激励能力和沟通能力，具体内容包括激励的含义、激励的过程、激励的类型、激励的理论、激励的方法、激励的技巧、沟通的含义、沟通的过程、沟通的类型、沟通的网络、沟通的障碍与沟通的技巧。

项目导览

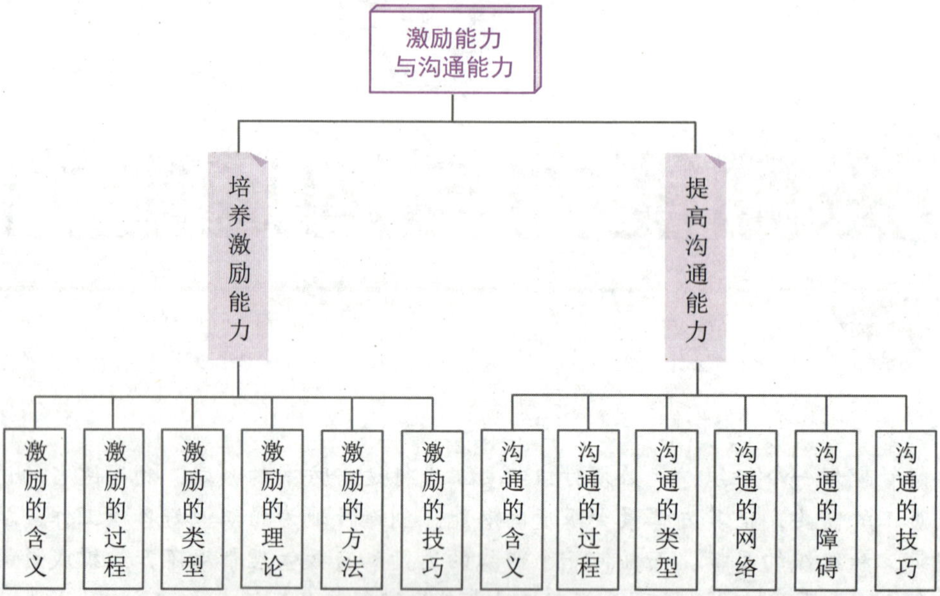

学习目标

» 知识目标

（1）了解激励的含义与过程、沟通的含义与过程。

（2）熟悉激励的类型、激励的理论、沟通的类型、沟通的网络和沟通的障碍。

（3）掌握激励的方法和技巧、沟通的技巧。

» 技能目标

（1）能够根据所掌握的激励知识，合乎规范地对人的行为进行激励。

（2）培养良好的人际沟通技能，提高信息沟通的有效性。

» 素质目标

（1）树立“以人为本”的用人观，将员工视为企业最宝贵的资源，尊重员工、关心员工、真诚地对待员工。

（2）学会倾听，能够进行换位思考，树立平等、尊重、真诚的沟通理念。

任务一 培养激励能力

任务导入

刘工的小纸条

助理工程师刘兴军是名牌大学的高才生，毕业后已工作六年，于五年前应聘到一家工厂负责技术工作，工作诚恳负责，技术能力强，很快就成为厂里有口皆碑的“四大金刚”之一，名气仅排在该厂技术部主管罗工之后。然而，刘兴军的工资同仓库管理员不相上下，一家三口尚租住在一间平房里。对此，他心中时常有些不平。

姚厂长，一位识才的老厂长，“人能尽其才，物能尽其用，货能畅其流”的名言在各种公开场合不知被他引述了多少遍，实际上他也是这样做的。五年前，刘兴军入职时，门口用红纸写的“热烈欢迎刘兴军工程师到我厂工作”几个大字，是姚厂长亲自吩咐人事部主任落实的，并且交代要把“助理工程师”中的“助理”二字去掉。这确实使当时的刘兴军工作更卖力。

两年前，厂里有指标申报工程师，刘兴军属于有条件申报之列，但最后名额给了一位学历不高、工作表现平平的同志。他想问一下厂长，谁知，他还未去找厂长，厂长却先来找他了：“刘工，你年轻，机会有的是。”

去年，他想反映一下工资问题，这问题确实重要，来这里工作的其中一个目的不就是想得到高一点儿的工资，提高一下生活质量吗？但是几次想开口，都没有勇气讲出来。因为厂长不仅在生产会上大夸他的成绩，而且，有几次外地人来厂里取经，厂长当着客人的面赞扬他：“刘工是我们厂的技术骨干，是一位有创新的……”哪怕厂长再忙，路上遇见时，总会拍拍刘工的肩膀说两句，比如“刘工，干得不错”“刘工，你很有前途”等。这的确让刘兴军兴奋。他心想，姚厂长确实是一个伯乐。前段时间，姚厂长还把一项开发新产品的重任交给他呢，然而……

最近，厂里新建好了一批职工宿舍，听说数量比较多，刘兴军决定要反映一下住房问题，谁知这次姚厂长又先找他，还是像以前一样，笑着拍拍他的肩膀说：“刘工，厂里有意培养你入党，我当你的介绍人。”他又不好开口了，结果没能搬成家。

深夜，刘兴军对着一张报纸的招聘栏出神。第二天一早，姚厂长看见办公桌上放着一张小纸条，上面写着以下内容。

姚厂长：

您是一个懂得使用人才的好领导，我十分敬佩您，但我决定走了。

刘兴军

请思考

1．根据公平理论，刘工的工资和仓库管理员不相上下，是否合理？

2．根据需求层次理论，提高工资、评职称、住房和入党对于刘工来说分别属于什么需求？

3．姚厂长应该如何留住刘工？

思考提示

本任务的知识和技能要求如表 8-1 所示。

表 8-1　知识和技能要求

类　型	具体内容	学习程度			
		了　解	熟　悉	掌　握	应　用
知识要求	激励的含义	●			
	激励的过程	●			
	激励的类型		●		
	激励的理论		●		
	激励的方法			●	
	激励的技巧			●	
技能要求	根据所掌握的激励知识，合乎规范地对人的行为进行激励				●

班级____________ 姓名____________ 学号____________

任务工单

（一）任务描述

以小组为单位，讨论激励的方法有哪些，可以采用什么技巧进行激励。

（二）任务分工

全班学生以 3～5 人为一组进行分组，每组设组长 1 名，小组讨论任务分工并将分工情况填写至表 8-2 中。

表 8-2 小组成员及分工情况

小组成员	姓 名	学 号	任务分工
组长			
组员			

（三）任务准备

请各组长组织组员进行预习，收集和整理相关资料，讨论并用通俗易懂的语言结合具体事例回答下列问题。

（1）激励是什么？

（2）与激励有关的理论有哪些？

班级＿＿＿＿＿＿　　姓名＿＿＿＿＿＿　　学号＿＿＿＿＿＿

（四）任务实施

通过课堂学习、小组合作查阅资料等，完成表 8-3。

表 8-3　激励的方法与技巧

讨论内容	讨论结果
激励的方法	
激励的技巧	

（五）任务评价

各组派代表展示任务实施成果，并配合指导老师完成表 8-4 所示的任务评价。

表 8-4　任务评价

评价项目	评价内容	分　值	评价分数		
			自　评	组　评	师　评
职业素养考核目标（40%）	考勤、仪容仪表	10 分			
	责任意识、纪律意识	10 分			
	团队合作与交流	20 分			
专业能力考核目标（60%）	任务准备过程讨论及记录的完成度	20 分			
	任务实施过程记录的完成度	20 分			
	任务实施成果的展示效果	20 分			
合计		100 分			
综合评价	综合分数＿＿＿（自评×25%+组评×25%+师评×50%） 综合等级＿＿＿ 综合评语： 指导老师签字＿＿＿＿＿＿				

一、激励的含义

在管理学中，激励是组织及个人通过适当的奖酬形式和工作环境，以及一定的行为规范和惩罚性措施，借助信息沟通来激发、引导、保持和规范组织成员的行为，以有效地实现组织目标及其成员个人目标的系统性活动。

我们可以从三个方面来理解激励的概念。

（1）**激励是一个过程**。对员工的行为的激励，实际上就是通过采用能满足员工的需求的诱因条件，引起行为动机，从而推动员工采取相应行动的过程。

（2）**激励受内外因素的制约**。各种激励手段应与被激励者的需求、理想、价值观和责任感等内在因素相吻合，才能产生较强的合力，从而激发和强化其工作动机。

（3）**激励具有时效性**。每一种激励手段的作用都有一定的时间限度，超过时限就会失效。因此，激励需要持续进行，而不能一劳永逸。

读故事悟管理

你们是最优秀的

哈佛大学的罗森塔尔博士曾在加州一所学校做过一个著名的实验。

新学年开始时，罗森塔尔博士让校长把三位教师叫进办公室，对他们说："根据你们过去的教学表现，你们是本校最优秀的教师。因此，我们特意挑选了一百名全校最优秀的学生组成三个班让你们教，希望你们能让他们取得更好的成绩。"

三位教师都表示一定尽力。校长又叮嘱他们，对待这些学生，要像平常一样，不要让学生或学生家长知道他们是被特意挑选出来的，教师们都答应了。

一年后，这三个班的学生成绩果然排在整个学校的前列。这时，校长告诉了教师们真相：这些学生并不是刻意挑选出的最优秀的学生，只不过是随机抽调的学生。他们也不是被特意挑选出来的全校最优秀的教师，也不过是随机抽调的教师罢了。

【管理启示】激励是一门学问，它能使人变得优秀。只有那些能够运用自己的激励方式激发员工做出最大努力的管理者，才是成功的管理者。

二、激励的过程

激励的过程，就是调动人的积极性的过程，即激发人的动机，努力实现目标的心理过程。人由于某种不满足而产生需要，需要引起动机，动机促使人产生一定的行为，从而达成一定的目标，当目标实现后，又会引起新的不满足和需要。人的需要、动机、行为和目标相互作用、相互联系、相互制约，这个过程是一个不断循环的过程，使人不断实现新的目标，如图 8-1 所示。

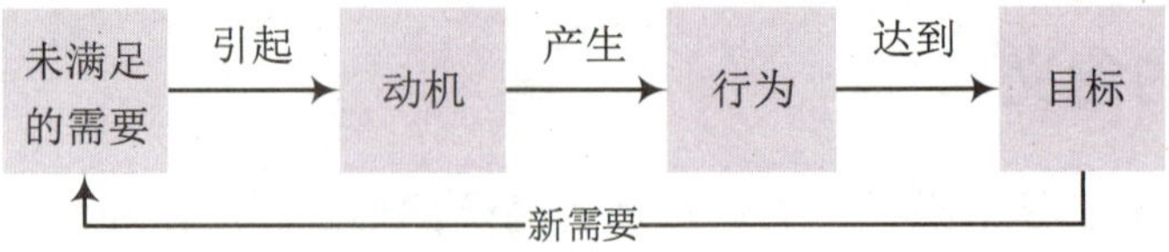

图 8-1　激励的过程

三、激励的类型

（一）按激励的内容分类

按激励的内容，激励可分为物质激励和精神激励。

1．物质激励

物质激励主要作用于人的生理方面，着眼于满足人们的物质需要，其具体形式有分发奖金和实物等。

2．精神激励

精神激励主要作用于人的心理方面，着眼于满足人们的精神需要，其具体形式有授予称号，颁发奖状、奖章，记功，开会表扬，宣传事迹等。

管理小贴士

物质激励是基础，精神激励是根本。没有物质激励，精神激励就没有基础，员工的积极性就难以长期保持；没有精神激励，就不能激发员工的精神力量，不能使物质激励得到升华和发展，不能真正调动员工的积极性。在具体的实践应用中，管理者只有将物质激励和精神激励结合使用，才可能达到真正的激励作用。

（二）按激励的性质分类

按激励的性质，激励可分为正激励和负激励。

1．正激励

正激励是当一个人的行为表现符合社会需要或组织目标时，**通过表彰和奖励来保持和巩固这种行为，**更加充分地调动成员的积极性。

2．负激励

负激励是当一个人的行为表现不符合社会需要或组织目标时，**通过批评和惩罚来抑制这种行为并使其不再发生，**同时引导组织成员的积极性向正确的方向转移。

读故事悟管理

海尔的激励机制

海尔在正负激励方面做得比较成功。例如，海尔开始宣传“人人是人才”时，员工们心想：“我又没有受过高等教育，当个小工人算什么人才？”但是，当海尔把每一位普通工人发明的一项技术革新成果以这位工人的名字命名后，在工人中很快就兴起了技术革新之风。这一措施大大激发了普通员工的创新精神，之后不断有新的命名工具出现，员工的荣誉感得到了极大的满足。对员工创造价值的认可，是对他们最好的激励，且及时的激励还能激发员工的干劲，进而激发出员工更大的创造性。

另外，海尔每月还对所有干部进行考评，考评档次分为表扬与批评。表扬加1分，批评减1分，在年底考核时，若分数达到负3分就要被淘汰。同时，海尔通过制定制度使干部在多个岗位轮换，全面提高其才能，且根据轮岗表现决定升迁。

【管理启示】正激励和负激励各自针对不同的行为，而这两种行为在组织中都是必要而有效的。只有将二者结合运用，才能树立正面的榜样和反面的典型，在组织内部形成一种好的风气。

（三）按激励的方式分类

按激励的方式，激励可分为内激励和外激励。

1．内激励

内激励是通过启发诱导的方式，激发人的主动精神，使其工作热情建立在高度自觉的基础上，充分发挥内在的潜力。

2．外激励

外激励是运用环境条件来制约人们的动机，以此来强化或削弱有关行为，提高组织成员的工作意愿。

管理小贴士

人的行为既受到内因的驱动，又受到外因的影响；内因的作用是根本的，外因必须通过内因而起作用。这就要求管理者善于将外激励与内激励相结合，并且以内激励为主；要着眼于激发员工的高层次需要和深层次动机，使其内心深处焕发出工作的热情和动力。

四、激励的理论

（一）需求层次理论

需求层次理论是由美国心理学家马斯洛于20世纪40年代提出的。该理论认为，**人们的需求可以从低到高划分为五个层次，即生理需求、安全需求、社交需求、尊重需求与自我实现需求。**前两个层次的需求属于物质需求，后三个层次的需求属于精神需求，五个层次的需求呈金字塔形分布，如图8-2所示。

马斯洛的需求层次理论表明，不同层次的需求是同时存在的，但人们通常会首先追求较低层次的需求，其次才会进一步追求较高层次的需求。在同时存在的需求中，总有一种需求占主导和支配地位，这种需求称为优势需求，人的激励状态取决于优势需求是否得到满足。**任何一种被满足的低层次需求都不会因为高层次需求的发展而消失，只是不再成为主要的激励因素。**需要注意的是，**生理需求是人最基本的需求**，如果生理需求得不到满足，其他需求都不能起到激励作用。

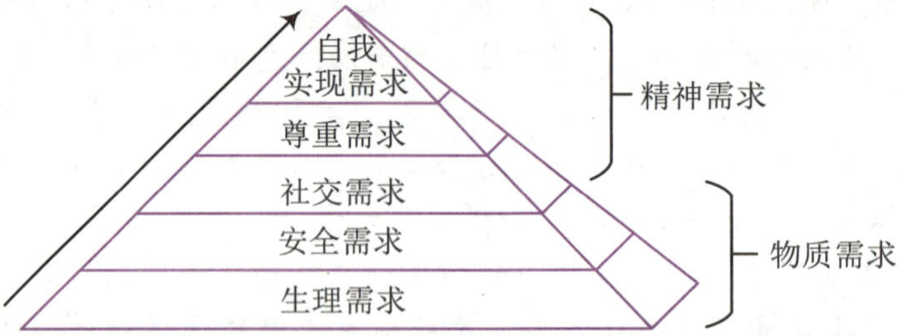

图 8-2　需求层次理论

读故事悟管理

谁适合当副经理？

郭夏刚经营着一家小型公司。近几年，公司效益逐步上升。郭夏刚知道，公司取得今天的成就是员工们努力的结果，其中，小金和小邓的贡献尤为突出。随着公司规模的扩大，郭夏刚感到，单靠自己一个人管理，已经忙不过来了，现在迫切需要提拔一名副经理，当然，小金和小邓都在其考虑之中。

平心而论，小金和小邓无论在人品，还是在工作能力上都难分高下，但副经理只需要一名，如果两人都做副经理肯定是一种浪费。他私下决定，提拔一名当副经理，给另一名加薪。但是谁当副经理，给谁加薪呢？郭夏刚还是左右为难。这时，他想起了在某大学教管理学的好朋友康教授，于是决定向康教授请教。

康教授告诉郭夏刚，你要对他们做出选择，不妨先了解他们需要什么。这令郭夏刚茅塞顿开。

回去后，郭夏刚立即找二人谈话，结果发现，小邓家并不富裕，他上有双亲，下有一个小女儿，妻子多病且没有工作，生活比较艰苦。所以，就目前来说，钱对小邓来说更为重要。因此，郭夏刚毫不犹豫地做出了决定。

【管理启示】由上述案例可知，管理者要采取措施去激励员工时，必须看他们给员工的是不是员工所迫切需要的。只有当员工所得最能满足自己的需要时，激励的效果才会最佳。

（二）双因素理论

双因素理论是由美国心理学家赫茨伯格于 20 世纪 50 年代后期提出的。该理论认为，**激发人的动机的因素有两类，即保健因素和激励因素**。

1. 保健因素

保健因素又称维持因素，是与工作环境和条件相关的因素，包括公司政策、管理措施、监督、人际关系、物质工作条件、工资、福利等。这些因素不能直接起到激励员工的作用，却带有保持员工的积极性、维持工作现状、预防员工产生不满情绪的作用。当员工得不到这些方面的满足时，会产生不满，从而影响工作；但当员工得到这些方面的满足时，只是消除了不满，并不会调动其工作积极性。

2. 激励因素

激励因素是那些能调动员工工作积极性、激发其工作热情、从根本上激励员工的因素，包括工作成就感、工作挑战性、工作中得到的认可与赞美、工作的发展前途、个人成才与晋升的机会等。当员工得不到这些方面的满足时，会缺乏工作积极性，但不会产生明显的不满情绪；而当员工得到这些方面的满足时，会对工作产生浓厚的兴趣，工作积极性也大大提高。

管理加油站

走进赫茨伯格

弗雷德里克·赫茨伯格，美国心理学家、管理理论家、行为科学家，双因素理论的创始人。赫茨伯格曾获得纽约市立学院的学士学位和匹兹堡大学的博士学位，在美国和其他30多个国家从事管理教育和管理咨询工作，是犹他大学的特级管理教授，曾任美国凯斯大学心理系主任。

（三）期望理论

期望理论是由美国心理学家弗鲁姆于20世纪60年代提出的。该理论认为，**人们对某项工作的积极性的高低，取决于他对这项工作能满足其需要的程度及实现可能性大小的评价**，即激励力量的大小，取决于效价与期望值的乘积，用公式表示为

$$M=V\cdot E$$

公式中，M表示激励力量，指激励作用的大小；V表示效价，指激励的方式对满足个人需要的价值的大小；E表示期望值，指采取某种行动实现目标的可能性大小。

从上述公式中可以看出，激励力量依赖于效价和期望值这两个因素。效价和期望值越高，激励力量就越大。因此，要想收到预期的激励效果，不仅要使激励手段的效价足够高，而且要使激励对象有足够的信心去获得这种满足。需要注意的是，效价的高低不是由管理者决定的，而是由被激励者的需要决定的。管理者的重要任务之一就是要准确地把握员工对需要的价值评价，从而采取合适的激励方式。

管理加油站

走进弗鲁姆

维克托·弗鲁姆是著名心理学家和行为科学家，期望理论的奠基人，国际管理学界最具影响力的科学家之一。维克托·弗鲁姆教授1998年获美国工业与组织心理学会卓越科学贡献奖，2004年获美国管理学会卓越科学贡献奖。

读故事悟管理

画家的计谋

有一个画家想找一个安静的地方完成他的画作，于是就在一个小城市里租了一套房子。刚开始的几周还不错，宁静的环境对画画很有帮助。可是有一天，附近的学校放暑假，三个十二三岁的男孩跑到他门前的空地上去玩。他们把几只破桶踢来踢去，大声吵闹，让画家无法静下心来。

画家想，忍忍吧，也许他们明天就不会来了，可第二天他们照样来。画家实在受不了了，就出去跟他们谈判。“你们玩得真开心，”画家说，“我很喜欢看你们踢桶玩。如果你们每天都来玩，我给你们每人每天 10 块钱。”几个孩子很高兴，更加起劲地展示他们的脚下功夫。

过了两天，画家忧愁地说：“对不起，我的钱不多了。明天开始我只能给你们每人 5 块钱了。”孩子们很不高兴，但还是答应了这个条件。每天下午，他们继续为画家表演。

又过了两天，画家愁眉苦脸地对他们说：“孩子们，我最近没收到汇款，所以不好意思，从明天开始只能给你们每人 1 块钱。”“1 块钱？”孩子们异口同声，其中一个说：“我们才不会为了这区区 1 块钱，浪费宝贵的时间为你表演呢，不干了。”

从此以后，画家又能安安静静地画画了。

【管理启示】在本故事中，画家灵活地运用了期望理论，一开始给孩子们优厚的待遇，使孩子们认为这项活动的效价很高，最后又因为达不到其效价而不做这项选择，进而达成了画家的初始目标。同时，这个故事也告诉我们，在组织管理中，管理者的激励措施只有达到员工的效价，才可能产生真正的激励作用。

（四）公平理论

公平理论是由美国心理学家亚当斯于 20 世纪 60 年代提出的。**该理论侧重于研究工资报酬分配的合理性、公平性及其对员工工作积极性的影响。**

公平理论的基本观点是，当一个人做出了成绩并取得报酬以后，他不仅关心自己所得报酬的绝对量，而且关心自己所得报酬的相对量。每个人都会把自己的报酬与投入之比，同他人的报酬与投入之比或本人过去的报酬与投入之比进行横向和纵向的比较，以此来判断报酬的分配是否公平，从而决定下一步的行动。

当一个人通过比较，发现自己所获的报酬与投入之比等于或大于他人的报酬与投入之比或本人过去的报酬与投入之比时，他就会获得公平的感受，否则，就会有不公平的感受。当员工获得公平的感受时，就会心情舒畅，工作努力；当有不公平的感受时，就会出现心理上的紧张与不安，并设法去消除这种不公。

一般来说，当员工感到不公平时，有可能采取以下措施来求得平衡：① 减少投入以达到其所认为的公平水平；② 对其投入与产出进行心理曲解；③ 对他人的投入与产出进行心理曲解；④ 选择另外一个参照对象进行比较以减少不公平感；⑤ 离职或者要求调到其他部门工作。

总之，当员工感到不公平时，工作的积极性往往会下降。

管理加油站

走进亚当斯

斯塔西·亚当斯，美国管理心理学家、行为科学家，美国北卡罗来纳大学著名的行为学教授。他通过社会比较来探讨个人所做的贡献与所得奖酬之间的平衡关系，着重研究工资报酬分配的合理性、公正性及其对员工士气的影响，是公平理论的创始人。

（五）强化理论

强化理论是由美国心理学家和行为学家斯金纳于20世纪30年代提出的。**这里的强化是一种行为的肯定或否定的后果**，它在一定程度上决定该行为是否会重复发生。

强化理论

强化理论认为，人的行为会根据外部环境的刺激而产生调节。如果这种刺激对他有利，则这种行为就会重复出现；若对他不利，则这种行为就会减弱直至消失。因此，管理者可以通过不断改变环境的刺激因素来达到改变员工行为的目的。通常情况下，强化的手段有三种。

1．正强化

正强化是奖励那些符合组织目标或为达到组织目标做出贡献的行为，以便使这些行为得到进一步加强。正强化的刺激物不仅包括奖金等物质奖励，还包括表扬、提升、改善工作关系等精神奖励。例如，企业用分发奖金的形式表示对员工努力进行安全生产的行为的肯定，从而增强员工进一步按照安全规程进行安全生产的行为。

2．负强化

负强化是惩罚那些不符合组织目标的行为，以使这些行为削弱直至消失，从而保证组织目标的实现不受干扰。负强化的刺激物有减少奖酬、罚款、批评、降级等。例如，企业通报批评不遵守安全规程的工人，从而使工人认真按照操作规程进行安全作业。实际上，不进行正强化也是一种负强化。

3．消退

消退是对行为不施以任何刺激，任其发生频率逐渐降低，以至自然消退。实践证明，某种行为长期得不到肯定或否定的反映，行为者就会轻视该行为的意义，以致丧失继续行为的兴趣。例如，企业曾对员工加班加点完成生产任务给予奖励，后经研究认为这样不利于员工的身体健康和企业的长远发展，因此不再发给奖酬，从而使加班加点的员工逐渐减少。

管理加油站

走进斯金纳

伯尔赫斯·弗雷德里克·斯金纳，美国心理学家，新行为主义学习理论的创始人，新行为主义的代表人物，操作性条件反射理论的奠基者。他创制了研究动物学习活动的仪器——斯金纳箱。1950 年当选为国家科学院院士，1958 年获美国心理学会颁发的杰出科学贡献奖，1968 年获美国总统颁发的最高科学荣誉——国家科学奖。

管理风暴

你会如何运用激励理论对自己的学习行为进行激励？

五、激励的方法

激励方法得当，会事半功倍，最大限度地激发员工的工作积极性，给组织带来利益。组织内部采用的有效激励方法主要有以下几种。

（一）目标激励

目标激励是给员工确立一定的目标，以目标为诱因驱使员工去努力工作，以实现自己的目标。运用目标激励时应注意以下几点：① 目标设置要与员工的个人利益密切相关；② 目标应该明确具体，不要过于抽象笼统；③ 目标要合理、可行，难度要适当；④ 目标要分层次，短期目标和长期目标要结合，总目标和子目标要结合。

读故事悟管理

猎犬抓兔子

有一天，猎人带着一只猎犬到森林中打猎，猎犬将一只兔子赶出了窝，追了很久也没有追到。后来兔子一拐弯，不知道跑到哪去了。牧羊犬见了，讥笑猎犬说：“你真没用，竟跑不过一只小小的兔子。”猎犬解释说：“你有所不知，不是我无能，只因为我们两个跑的目标完全不同，我仅仅是为了一顿饭而跑，它却是为了生存啊。”

这话传到了猎人的耳朵里，猎人想，猎犬说得对呀，我要想得到更多的兔子，就得想个办法，让猎犬也为自己的生存而跑。猎人思前想后，决定对猎犬实行论功行赏。于是猎人召开猎犬大会，宣布：在打猎中每抓到一只兔子，就可以得到一根骨头，抓不到兔子就没有。

这一招果然有用，猎犬们抓兔子的积极性大大提高了，每天抓到兔子的数量大大增加，因为谁也不愿看见别人吃骨头，自己却没有。

【管理启示】在组织管理中，一个明确具体、切实可行、与员工个人利益密切相关的目标，可以起到鼓舞和激励的作用。

（二）参与激励

参与激励是让员工参与企业管理，使员工产生主人翁的责任感，从而激励员工发挥自己的积极性。所以，参与激励就是要让员工经常参与企业重大问题的决策，让员工多提合理化的建议，并对企业的各项活动进行监督和管理。这样，员工就会亲身感受到自己是企业的主人，将企业的前途和命运与自己联系起来，而个人只有依附或归属于企业才能发展自我，从而激励员工全身心投入企业的事业中。

（三）领导者激励

领导者激励是领导者以其品行对员工进行激励。领导者在一定程度上是员工的表率和指示器。如果领导者清正廉洁、严于律己、虚怀若谷、不计前嫌，这样的领导者本身对员工就是莫大的鼓舞，能激发员工的士气。如果领导者还具有强大的业务能力，能给企业带来较高的经济效益，有助于员工的需要满足和价值实现，将会对员工产生巨大的激励作用。

（四）关心激励

关心激励是领导者通过关心员工而对员工产生的激励作用。如果领导者时时关心员工的疾苦，了解员工的具体困难，并帮助其解决，就会使员工产生很强的归属感，获得很好的激励效果。现在，很多企业领导人给员工赠送生日礼品、举行生日派对，解决员工住房困难、员工小孩入托难等问题。这都属于关心激励的范畴。

管理加油站

胖东来的“家文化”

在零售行业竞争日益激烈的大环境下，员工士气与凝聚力成为企业发展的关键所在。胖东来，这家被称为“零售行业标杆”的企业，不仅赢得了消费者的高度认可，也以其独特的员工激励体系成为业内关注的焦点。

胖东来的一大特色，就是把员工视为家人。公司不仅注重员工的物质奖励，还关注员工的身心健康和家庭需求。例如，公司为每位员工提供全面的医疗保障和健康检查；在员工遇到生活困难时，公司会第一时间伸出援助之手，提供经济支持。此外，胖东来还定期举办团建活动、节日庆祝和家庭日，拉近员工与企业之间的距离。

正因为这种“家文化”，胖东来的员工流失率远低于同行业平均水平。

（五）尊重与信任激励

尊重与信任激励是管理者利用各种机会信任、鼓励、支持员工，努力满足员工受尊重的需要。管理者在采取这种激励方法时，要注意以下几点。

（1）要尊重员工的人格，真正从心里重视和尊重下级。

（2）要充分信任员工，为他们创造发挥才能的条件和机会，尽力满足下级的成就感。

（3）在管理中要充分授权，支持下级自我管理、自我控制。

（4）要能够包容员工的缺点与错误，并诚心地帮助他们改正与提高。

读故事悟管理

信任是良药

一位著名的教育家曾为帮助一个偷窃少年，苦心做了大量的教育说服工作，却成效甚微。一次，他大胆地将一张较大额度的支票交给这个少年，请他帮忙到银行取钱。这种大胆的充分信任，令少年深受感动。少年到银行取出钱后，主动返回教养院，把钱如数交给这位教育家。从此，少年发生了根本性的转变，走上了健康成长的道路。

【管理启示】信任是一剂良药。在管理工作中，管理者给予员工更多的信任，会让员工更加积极地工作，从而收到良好的效果。

（六）奖励激励

奖励激励是企业以奖励作为诱因，驱使员工采取最有效、最合理的行为。奖励激励通常是从正面进行引导的。企业首先根据经营的需要规定员工的行为，如果符合一定的行为规范，员工可以获得一定的奖励。员工追求奖励的欲望，促使他们的行为必须符合行为规范，同时给企业带来利益。

（七）惩罚激励

惩罚激励是企业利用惩罚措施，引导员工采取符合企业需要的行为。在惩罚激励中，企业要制定一系列的员工行为规范，并规定逾越这一规范所要受到的惩罚。员工避免惩罚的需求和愿望促使其行为符合特定的规范。同时，通过对犯规员工的惩罚，也可以激励未犯规的员工自觉、积极地去遵守规范。

管理加油站

“胡萝卜加棍棒”

“胡萝卜加棍棒”通常指的是一种奖励与惩罚并存的激励政策，它来源于一则古老的故事，故事梗概如下。骡子磨面粉时，主人在一根竹棍的一端吊一根胡萝卜，放于骡子看得到的前方，另一端绑在骡子身上。骡子想吃胡萝卜因而向前走，但胡萝卜总是和骡子一起向前移动，所以骡子永远也吃不到胡萝卜。如果骡子不想吃或因为一直吃不到胡萝卜而不愿往前走，主人就用棍棒打它。骡子因为怕被打，所以又开始向前走。只要它向前走，不管是为了吃胡萝卜或是怕被棍棒打，它都对主人有贡献。

读故事悟管理

猎人的“另类”救援

一个猎人在一次打猎时，看到一个落水的男孩一边拼命挣扎，一边高声呼救。这河面并不宽，猎人不但没有跳水救人，反而端起猎枪，对准落水的男孩，大声喊道：“你若不自己爬上来，我就把你打死在水中。”那男孩见求救无用，反而多了一层危险，便更加拼命地奋力自救，终于游上了岸。

【管理启示】在管理工作中，对待自觉性较差的员工，一味地为他们创造良好的软环境去帮助他们，并不一定能让他们感受到“胡萝卜”的重要，有时还离不开“棍棒”的威胁。利用权威对他们进行威胁，会及时制止他们消极散漫的心态，激发他们发挥自身的潜力。

六、激励的技巧

要达到最终的激励效果，除了要选择有效的激励方法，还要采用相应的技巧。一般来说，激励的技巧主要有四种。

（一）先教育后激励

在做某件事之前，要先打好基础，以争取他人的同意，往往会事半功倍。**在施以激励之前，也必须先对员工进行启发、教育**，使他们明白要求和规则，这样在采用激励方法时，他们才不至于感到突然，对于处罚也不会感到冤枉。所以，最好的管理方法是启发，而不是惩罚。

（二）公平激励

“不患寡而患不均”，因此，**要保证激励制度的顺利进行，一定要做到不唯亲、不唯上、不唯己，公平对待**。在激励过程中，无论是奖励还是惩罚，都要做到公平、公正，这样才能使员工感到心理平衡、心情舒畅，从而极大地调动员工的积极性。

读故事悟管理

黄先生的不满

黄先生是著名金融院校会计学硕士，在通过了许多公司的面试后，他选择了某著名会计公司的一个职位。在名声显赫的大公司中有一份挑战性的工作和获得经验的良好机会，并有 10 800 元月薪，这一切都让黄先生感到非常满意。

一年之后，工作仍然像他希望的那样让人满意，而且他刚刚得到 1 000 元的加薪，这使他更加努力地工作。但是，黄先生最近几周的工作积极性急速下降，原因是办事处刚刚雇用了一位应届毕业生。与黄先生相比，此人缺少实践经验，工资却是每月 12 500 元，比黄先生现在还多 700 元。除了不满，无法用其他任何语言描述他现在的心情，他甚至不想干了，威胁公司要另找一份工作。

黄先生不满的主要原因就是获得了公司分配工资不公平的信息。如果公司能够公平对待每位员工，黄先生一定会像以前一样干劲十足。

【管理启示】在管理工作中，管理者在进行激励时，如果出现了不公平，不仅不能取得预期的效果，而且会适得其反。因此，管理者必须坚持公平理论。

（三）适时激励

适时激励就是要注意激励的时效性。当发现员工有突出表现或巨大进步时，就应当当机立断地予以肯定，这样往往会带来员工后续行为的强化与超越。

（四）适度激励

激励标准必须有度，保持了这个度，就能使员工乐此不疲地努力工作。反之，如果激励标准太容易达到被奖励或被惩罚的界限，这套激励标准就会使员工失去兴趣，从而达不到激励的目的。

管理驿站

南风法则

南风法则，也叫作“温暖法则”，源于某位著名的法国诗人写过的一则寓言。北风和南风比威力，看谁能把行人身上的大衣脱掉。北风首先刮起了一股凛冽刺骨的寒风，想把行人的大衣吹掉，结果行人反而把大衣裹得更紧。南风则徐徐吹动，顿时风和日丽，行人感到很暖和，于是解开纽扣，继而脱掉大衣。南风获得了胜利。

南风法则说明了一个道理——温暖胜于严寒。运用到管理实践中，南风法则要求管理者尊重和关心员工，时刻以员工为本，多点儿“人情味”，多注意解决员工日常生活中的实际困难，使员工真正感受到管理者给予的温暖。这样，员工出于感激就会更加努力积极地为企业工作，维护企业利益。

班级＿＿＿＿＿＿ 姓名＿＿＿＿＿＿ 学号＿＿＿＿＿＿

任务检测

一、客观题

1.【单选题】需求层次理论是由美国心理学家马斯洛于 20 世纪 40 年代提出的，该理论将人类的需求归为五个层次，其中最高层次的需求是（　　）。

A．尊重需求　　B．安全需求　　C．自我实现需求　　D．社交需求

2.【单选题】期望理论是由美国心理学家弗鲁姆于 20 世纪 60 年代提出的，是研究人的需要与工作目标之间关系的一种激励理论。他认为激励力量的大小是（　　）和效价的乘积所决定的。

A．效价　　B．积极性　　C．期望值　　D．激励程度

3.【多选题】强化理论是由美国心理学家和行为学家斯金纳于 20 世纪 30 年代提出的。斯金纳提出的强化手段包括（　　）。

A．消退　　B．正强化　　C．负强化　　D．忽视

4.【判断题】当人们缺乏保健因素时会产生很大的不满足感，但有了它们也不会使人产生多大的激励作用；当具备激励因素时，人们能产生巨大的激励作用和满足感，而缺乏它们时也不会产生太大的不满足感。（　　）

5.【判断题】消退是对行为不采取任何措施，既不奖励也不惩罚。（　　）

二、主观题

6.【简答题】简述双因素理论的基本观点。

7.【案例分析】

华为的激励机制

华为创立于 1987 年，从创立起至今，其发展迅猛，现已发展成为拥有员工超过 20 万人、业务遍及 170 多个国家和地区、服务全球 30 多亿人口的高科技公司。随着公司的发展，华为在实践中探索出了一套积聚高科技人才的行之有效的激励机制，其“狼性的”激励文化也发挥着重要作用。吸引和留住高素质人才，激发他们的潜能，建立大规模的研发团队，通过技术创新，获得自主研发能力，造就了技术华为。

华为正是充分利用了激励的作用才取得如此之成就，其主要采用的方法包括以下几个方面。

（1）华为向来奉行“三高”，即高效率、高压力、高工资。华为的工资相对于其他公司比较高，这一高薪政策一方面使得优秀人才聚集，另一方面也激励了人才的积极性。

班级____________ 姓名____________ 学号____________

（2）华为推行全员持股的制度。全员持股制度的推行使得公司与员工的关系得到了根本性的改变，员工对公司的归属感也进一步增强，将自己视为真正的主人。

（3）华为建立了完善的培训机制。华为在2005年正式注册了华为大学，为华为员工提供众多培训课程，包括新员工文化培训、上岗培训等。这些条件的提供，为华为吸引了一批暂时落后但潜力可嘉的员工，这些员工在高压力、高负荷的条件下争先恐后地学习，沉浸在对美好愿景的无限向往中，为华为勇敢地奔赴前线。

（4）华为的奖励门类众多，荣誉部专门对员工进行考核、评奖。只要员工在某方面有进步就能得到一定的奖励。

（5）华为能够给员工提供展示的舞台和发展的空间，许多大学生也向往去华为工作。

（6）华为成立了各种俱乐部，旨在丰富员工生活，提高员工生活品质。俱乐部负责组织包括野餐、舞会、体育、摄影及唱歌比赛等各种活动。同时，华为十分重视员工的业余生活和心理健康，因此建立了完善的员工沟通渠道，鼓励员工开展丰富多彩的文体活动，丰富员工的业余生活。俱乐部也为员工提供了交流的机会，和谐的人际关系充分调动了员工的积极性，满足了他们的社会需求、关系需求及归属需求。

（7）华为实行任职资格双向晋升通道，与岗位需求相结合，使有管理能力和管理潜质的员工顺利成长为管理者，同时也使潜心钻研技术、有技术特长的员工通过自己的努力顺利成长为某个专业、业务领域的专家，为员工的职业成长提供了广阔的空间。这充分激励着员工立足于本职工作，根据自身兴趣爱好，选择适合自身发展的职业道路，成就自己的人生价值。

然而，华为“三高”的工作特征和激励模式似乎并不适合每个人。一直以来，华为实行末位淘汰法，一方面，这充分激励着员工积极上进、争先恐后；另一方面，这也使得员工感觉危机四伏。华为十分注重效率，员工均在高效率、高压力的环境中工作。无疑，高效率的确激励着员工奋发向上，为公司注入活力。然而，末位淘汰法带来的过度竞争正在侵蚀着员工的心理健康，对公司的长远发展构成一定的威胁。

根据上述案例，分析回答下列问题。

（1）华为对自己的员工采取了哪些综合的激励措施？

（2）华为的激励机制有哪些可改进的地方？

任务二 提高沟通能力

任务导入

李主任和闫先生的矛盾

中午快下班的时候，公司总经理打电话给李主任布置了一项紧急任务，并特别强调一定要在下午2点之前办好。于是，李主任拦住了正收拾东西准备下班的闫先生，请他把吃午饭的时间变动一下，要么在公司吃一份盒饭，要么推迟一会儿回家吃饭，以便能够完成这项紧急工作。

其实，这项工作并不复杂。李主任知道，这项工作对于闫先生这样一个业务熟练的老员工来说，根本不费吹灰之力，只不过需要一点儿时间而已。可是闫先生表现出了明显的不情愿。他说："对不起，午休时间我还有自己的事要办，恐怕不能遵命。"李主任非常不满地说："你怎么总是这样，每次让你干点儿工作，你就有事。你的事可以挪到下午办嘛。""午休时间是所有员工都应享有的权利，你没权占用。"闫先生也气冲冲地顶了回去。两人就这样争执了起来。

李主任和闫先生的矛盾由来已久。两年前部门的前任主任调离，有小道消息传来，说闫先生是新任主任的候选人。闫先生也认为凭自己的业务能力和工作经验可以当之无愧。但是上级从别的部门调来了李先生当主任。

中心业务对于李主任来说完全是一个外行，他的性格也不像前任主任那样热情开朗。他总是冷冰冰的、一本正经、严肃认真，从来不开玩笑，也不善于跟部门里的人多来往，一副公事公办的样子。闫先生觉得李主任一点儿也不喜欢自己。他推测李主任多半是提防着他这样一个经验丰富的人。而李主任觉得闫先生没有当上主任对自己充满了敌意，像闫先生这样一个业务能力强的人准会讨厌一个对业务不熟悉的人来领导他。

前段时间发生了一件事，更加深了他们之间的猜疑和隔阂。事情是这样的，闫先生突然得了流行性感冒，高热不退，病得不轻，遵医嘱在家休息。

在他休息的第四天，他接到李主任的电话，问他病好了没有，能不能尽快回公司上班，因为人手不够，工作都积压起来了。闫先生回答说，他的病还没好，还在发热，医生给他开了一周的病假条，他还需要再休息几天才能上班。碰巧第五天天气特别好，闫先生感觉自己的病好了不少，想出来活动活动，就去超市买点儿东西。超市距他家只不过10分钟的路程。可是，就在买好东西要离开的时候，一抬头正看见李主任走过来。他敢肯定，李主任也看见了他。当下一周他回到公司上班时，他觉得应该向李主任解释一下。

"李主任，上周我去买东西，是……"闫先生结结巴巴地开口了，一看到李主任冷若冰霜的脸，他不知该怎样说下去。"好了，不用说了，我都知道。病好了就上班吧。"李主任不等他说完就走开了。闫先生不知道李主任都知道了什么，反正他知道李主任是不会相信他的。

又过了几周，部门需要一个业务能力很强的副主任。闫先生肯定自己完全可以胜任这个职位。于是，他向李主任提出了申请。但李主任告诉他："提升，除了反映一个人的工作能力，也得反映一个人的责任感。你的确是这里最懂业务的员工之一。但这个职位要求个人具有高度的责任心，而你在这方面表现太一般了。"

部门里的人都为闫先生打抱不平，让他去找总经理提出控告，不能就此罢休。闫先生生性倔强，因为自己的要求被置之不理，感到非常丢人，就什么也不想说了。他只希望李主任在这里待不长，否则，他就要求调离。反正他是不能与李主任共事了。

现在李主任要求他午饭时间加班，他就存心与李主任过不去了。他在想，既然你说我工作没有责任心，那我就真的做给你看看，看你到底能把我怎么样。李主任也非常生气。他想，上次拒绝闫先生想晋升为副主任的请求是做对了——他太不负责任了。他的出勤记录一向平平，又不服从工作安排，这样的人怎么能够得到提升呢？

从此这两人的关系越来越僵。

请思考

1．李主任与闫先生之间有过沟通吗？造成两人隔阂的原因有哪些？

2．面对目前的僵局，李主任该怎么办？

3．你有何感想和启示？

思考提示

本任务的知识和技能要求如表 8-5 所示。

表 8-5　知识和技能要求

类型	具体内容	学习程度			
		了解	熟悉	掌握	应用
知识要求	沟通的含义	●			
	沟通的过程	●			
	沟通的类型		●		
	沟通的网络		●		
	沟通的障碍		●		
	沟通的技巧			●	
技能要求	培养良好的人际沟通技能，提高信息沟通的有效性				●

班级____________ 姓名____________ 学号____________

任务工单

（一）任务描述

以小组为单位，讨论不同对象应掌握的沟通技巧具体有哪些。

（二）任务分工

全班学生以 3～5 人为一组进行分组，每组设组长 1 名，小组讨论任务分工并将分工情况填写至表 8-6 中。

表 8-6 小组成员及分工情况

小组成员	姓 名	学 号	任务分工
组长			
组员			

（三）任务准备

请各组长组织组员进行预习，收集和整理相关资料，讨论并用通俗易懂的语言结合具体事例回答下列问题。

（1）沟通是什么？

（2）你知道哪些沟通方法？

（3）在日常沟通过程中，你遇到过什么困难？

班级____________ 姓名____________ 学号____________

（四）任务实施

通过课堂学习、小组合作查阅资料等，完成表 8-7。

表 8-7 信息发送者与信息接收者应掌握的沟通技巧

讨论内容	讨论结果
信息发送者应掌握的沟通技巧	
信息接收者应掌握的沟通技巧	

（五）任务评价

各组派代表展示任务实施成果，并配合指导老师完成表 8-8 所示的任务评价。

表 8-8 任务评价

评价项目	评价内容	分 值	评价分数		
			自 评	组 评	师 评
职业素养考核目标（40%）	考勤、仪容仪表	10 分			
	责任意识、纪律意识	10 分			
	团队合作与交流	20 分			
专业能力考核目标（60%）	任务准备过程讨论及记录的完成度	20 分			
	任务实施过程记录的完成度	20 分			
	任务实施成果的展示效果	20 分			
合计		100 分			
综合评价	综合分数______（自评×25%+组评×25%+师评×50%） 综合等级______ 综合评语： 指导老师签字__________				

一、沟通的含义

沟通（communication）一词源于拉丁语的动词 communicate，意为“分享、传递共同的信息”。从管理学角度出发，**沟通是信息或思想在两人或两人以上的人群中的传递并理解的过程。**

沟通具有以下三层含义。

（1）沟通是意义的传递，缺乏信息接收者或发送者的沟通是不存在的。

（2）沟通是一个信息传递和信息理解的过程。如果信息没有被传递到对方，则意味着沟通没有发生。

（3）沟通要有信息内容。这种信息内容不像有形物品。在沟通过程中，信息的传递是通过一些符号来实现的，例如语言、身体动作和表情等。这些符号经过传递往往都附加了发送者和接收者一定的态度、思想和情感。

二、沟通的过程

沟通的过程

沟通的过程实际上是一个人把信息通过沟通渠道传递给另一个人的过程，如图 8-3 所示。

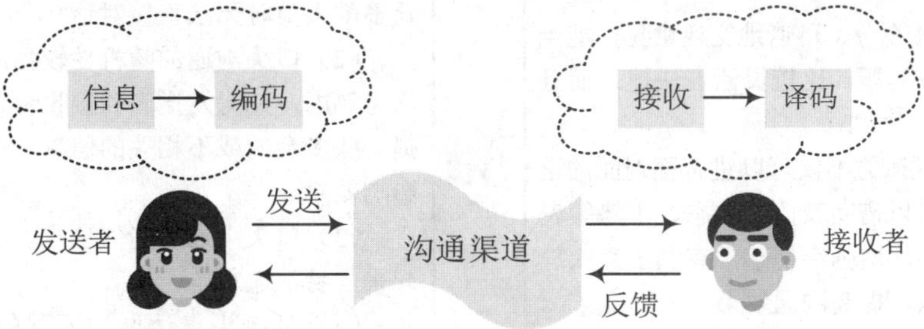

图 8-3　沟通的过程

1．编码

信息发送者把自己的思想、观念、情报、意见、要求等信息转换为自己与接收者双方都能理解的共同语言或信号，这一过程就叫“编码”。没有这样的编码，人际信息沟通是无法进行的，就像只会讲中文的人与只会讲英语的人进行沟通一样。一个组织中，如果组织的成员没有共同语言，就使组织成员之间的有效沟通失去了良好的基础。

2．沟通渠道

沟通渠道，即信息传递渠道，是信息传递的方式或媒介。编码后的信息必须通过一定的信息传递渠道才能传递到接收者那里。没有信息传递渠道，信息就不可能传递出去，沟通也就成了空话。信息传递渠道有很多，其中最常见的人际沟通渠道主要有三种：口头沟通、非语言沟通和书面沟通。

3．译码

信息接收者把接收到的共同语言或信号转化为自己的语言，这一过程就叫“译码”。

4．反馈

反馈是检验信息沟通效果的再沟通。一般来说，由于沟通过程中存在许多影响信息传递的因素，使得沟通的效率大为降低。当接收者确认信息已收到，并对信息发送者做出反馈，表达自己对信息的理解时，沟通就形成了一个完整的过程。反馈使沟通成为双向互动的过程，可以折射沟通的效果，使信息发送者了解信息是否被接收和正确理解。

三、沟通的类型

（一）按沟通的方式分类

按沟通的方式，沟通可分为口头沟通、书面沟通和非语言沟通。

1．口头沟通

口头沟通是采用口头语言进行信息传递的沟通，如交谈、会议、演说、电话等。口头沟通的优缺点如图 8-4 所示。

优点

（1）能够充分、迅速地交换意见，能当面提出或回答问题，比较灵活、快捷，而且简单易行

（2）沟通双方不仅可以进行面对面的语言交流，还可以借助表情、体态、手势等表达思想和情感，增强亲切感，有利于深入理解对方的想法，提高沟通效果

vs

缺点

（1）沟通的范围有限，尤其面对分散而众多的人员时无法直接对话

（2）口头沟通的随机性较强，由于缺乏深思熟虑，使得发送者和接收者之间有时会提一些多余的或不相关的信息，浪费时间，影响效率

（3）口头沟通后的信息难以被全部回忆起来，易于遗忘

（4）对口头表达能力不强的沟通者来讲，难以准确地表达信息的内容

图 8-4　口头沟通的优缺点

读故事悟管理

小贾到底为什么请假？

早晨某公司，大家发现小贾请假没来。一打听，A 说：“小贾病了，好像还挺重的。”再问，B 说：“小贾病重，好像住院了。”之后又有人问：“小贾怎么没来？”C 说：“小贾住院了，好像病危了。”再往下问，D 说：“小贾病危，好像快死了。”而事实上，小贾只是普通感冒而已。

【管理启示】这样的事情，我们在生活中经常碰到。口头沟通信息，传递的人越多，信息失真的可能性就越大。在管理工作中，管理者在进行信息沟通时，要结合沟通信息的内容、特点及信息接收者的数量等，合理地选择沟通方式。

2．书面沟通

书面沟通是采用书面文字的形式进行沟通，如通过备忘录、报告、信函、文件、通知、电子邮件等进行沟通。书面沟通的优缺点如图 8-5 所示。

优点	vs	缺点
（1）书面沟通比较正式，传达的信息准确性高，信息权威性强，而且可以长期保存，接收者可以反复阅读 （2）书面语言比口头语言考虑得更加全面，因此书面沟通显得更为周密、逻辑性强、条理清楚		（1）书面沟通的时效有限，不易随时改动，应变性较差，往往难以达到预期效果，有时冗长不便于阅读，如果写得不好，会使接收者陷入迷惑不解的困境 （2）相对于口头沟通来说，书面沟通也较费时

图 8-5　书面沟通的优缺点

3．非语言沟通

非语言沟通是不通过口头或语言文字发送信息的沟通方式。非语言沟通主要通过身体动作、说话的语音语调、面部表情，以及发送者和接收者之间的身体距离等来传递信息。例如，在礼节性拜访中，主人一边说“欢迎”，一边不停地看时间，客人便知道起身告辞的时间已到。事实上，在更多的时候，非语言信息能够更有力地传达“真正的本质”。

美国心理学家艾伯特·梅拉比安认为，人们在沟通时所发送的全部信息中仅有 7%是由语言来表达的，而 93%的信息是由非语言来表达的。

管理风暴

做游戏——你来比画我来猜

游戏规则：

（1）自由组合，两人一组，一个比画一个猜；

（2）每组 15 个词，限时 2 分钟，答对题目最多的一组获胜；

（3）比画的人只能使用肢体动作来提示描述，不能使用口头和书面沟通方式；

（4）猜不出可以喊“pass”，每组有 3 次喊“pass”的权利；

（5）观众不能提醒，观众提醒过的题目自动作废。

（二）按沟通中信息流动方向分类

按沟通中信息流动方向，沟通可分为上行沟通、下行沟通和平行沟通，如图 8-6 所示。

1．上行沟通

上行沟通是一种自下而上的沟通，是信息从组织内部较低层次向较高层次传递的沟通过程。上行沟通的优缺点如图 8-7 所示。

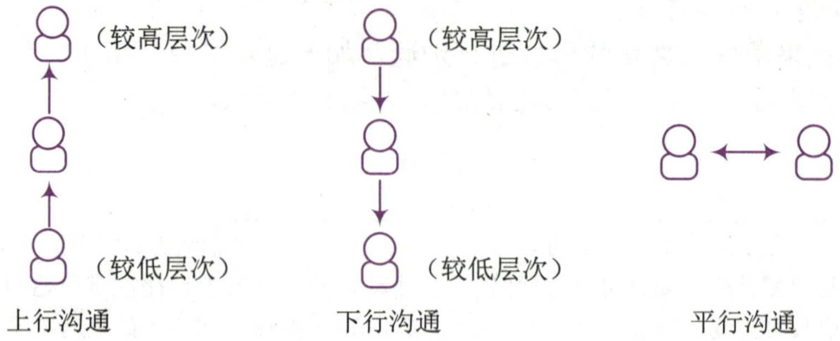

图 8-6　上行沟通、下行沟通和平行沟通

优点

（1）员工可以直接把自己的意见向领导反映，获得一定程度的心理满足

（2）管理者也可以利用这种方式了解企业的经营状况，与下属形成良好的关系，提高管理水平

vs

缺点

（1）在沟通过程中，下属因级别不同造成心理距离，形成一些心理障碍

（2）害怕“穿小鞋”，受打击报复，不愿反映意见。同时，向上沟通常常效率不佳

（3）有时，由于特殊的心理因素，经过层层过滤，导致信息曲解，出现适得其反的结局

图 8-7　上行沟通的优缺点

2．下行沟通

下行沟通是一种自上而下的沟通，是信息从组织内部较高层次向较低层次传递的沟通过程。下行沟通的优缺点如图 8-8 所示。

优点

（1）它可以使下级主管部门和团体成员及时了解组织的目标和领导意图，增强员工对所在团体的向心力与归属感

（2）可以协调组织内部各个层次的活动，加强组织原则和纪律性，使组织正常地运转下去

vs

缺点

（1）如果这种渠道使用过多，会在下属中造成高高在上、独裁专横的印象，使下属产生心理抵触情绪，影响团体的士气

（2）由于来自最高决策层的信息需要经过层层传递，容易被耽误、搁置，甚至出现信息曲解、失真的情况

图 8-8　下行沟通的优缺点

3．平行沟通

平行沟通是发生在组织内部同级层次成员之间的信息沟通，以谋求相互之间的了解和工作上的协作配合。平行沟通的优缺点如图 8-9 所示。

优点		缺点
（1）可以简化办事程序和手续，节省时间，提高工作效率 （2）可以使企业各个部门之间相互了解，有助于培养整体观念和合作精神，克服本位主义倾向 （3）可以消除员工之间的隔阂与误会，化解矛盾，提高工作积极性，改善工作态度	vs	（1）沟通头绪过多，信息量大，易于造成混乱 （2）平行沟通尤其是个体之间的沟通也可能成为职工发牢骚、传播小道消息的一条途径，造成涣散团体士气的消极影响

图 8-9　平行沟通的优缺点

（三）按沟通的渠道分类

按沟通的渠道，沟通可分为正式沟通和非正式沟通。

1．正式沟通

正式沟通是通过组织正式结构或层级系统，由组织内部明确的规章制度所规定的渠道进行的信息传递与交流。例如，组织之间的信函往来，组织内部的文件传达，上下级之间的定期信息交换，以及组织正式颁布法令、规章、公告等都属于正式沟通。正式沟通的优缺点如图 8-10 所示。

优点		缺点
沟通效果好，具有严肃性，约束力较强，易于保密，可以使信息沟通保持权威性	vs	依靠组织系统层层传递，沟通速度较慢

图 8-10　正式沟通的优缺点

2．非正式沟通

非正式沟通是通过正式组织途径以外的信息流通程序进行的信息传递与交流。如员工之间的私下交谈、议论某人某事、传播小道消息和流言等都属于非正式沟通。非正式沟通的优缺点如图 8-11 所示。

优点		缺点
这种沟通方式约束小，比较容易把真实的思想、情感、动机表露出来，且不拘形式，直接明了，速度快捷，沟通方便	vs	难以控制，传递的信息难以保证其准确性，易于失真、被曲解，而且可能导致传播流言蜚语、小道消息，混淆视听，影响组织内的人心稳定和组织的凝聚力

图 8-11　非正式沟通的优缺点

（四）按沟通信息是否反馈分类

按沟通信息是否反馈，沟通可分为单向沟通和双向沟通。

1. 单向沟通

单向沟通是一方发出信息，另一方只接收信息，不反馈意见。单向沟通因为缺乏反馈信息，所以属于单方面的不完整的沟通。这种方式在上下级关系中使用最为普遍，如汇报、发布命令等。在运用这种方式时，发送者要特别注意沟通渠道和接收者的接收能力。单向沟通的优缺点如图 8-12 所示。

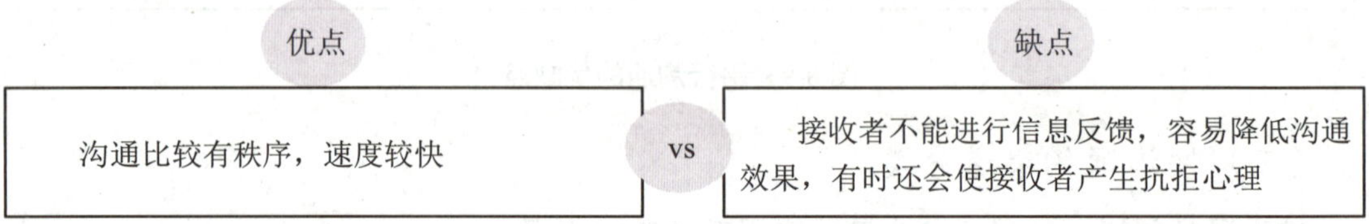

图 8-12　单向沟通的优缺点

2. 双向沟通

双向沟通是接收者接到信息后，再把自己的意见反馈给发送者，必要时双方可进行多次重复商谈，直到双方共同明确和满意为止。例如，谈话、座谈会、咨询等都属于双向沟通。双向沟通的优缺点如图 8-13 所示。

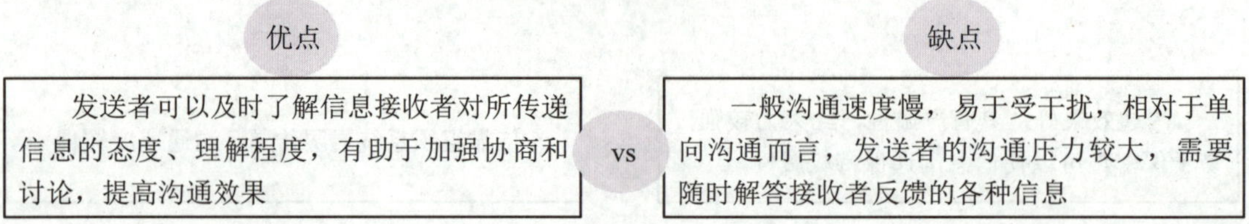

图 8-13　双向沟通的优缺点

四、沟通的网络

沟通的网络是由若干环节的沟通路径所组成的总体结构。信息由发送者发出后，往往要经过多个环节的传递，才能最终到达接收者。一般来说，**沟通的网络主要有五种形式，即链型、Y 型、轮型、环型和全通道型**，如图 8-14 所示。

（一）链型

链型沟通网络是信息单线传递、顺序传递的链条状的沟通网络形式。其中，居于两端的成员只能与内侧的一个成员联系，居中的成员则可以分别与上下两人联系。在这种单线串联连接的沟通网络中，成员之间的联系面很窄，平均满意度较低。信息经过层层传递、筛选，容易失真。中间环节越多，信息沟通的速度就越慢，信息被过滤的可能性就越大。因此，领导者与下级之间难以有真实意图的沟通。

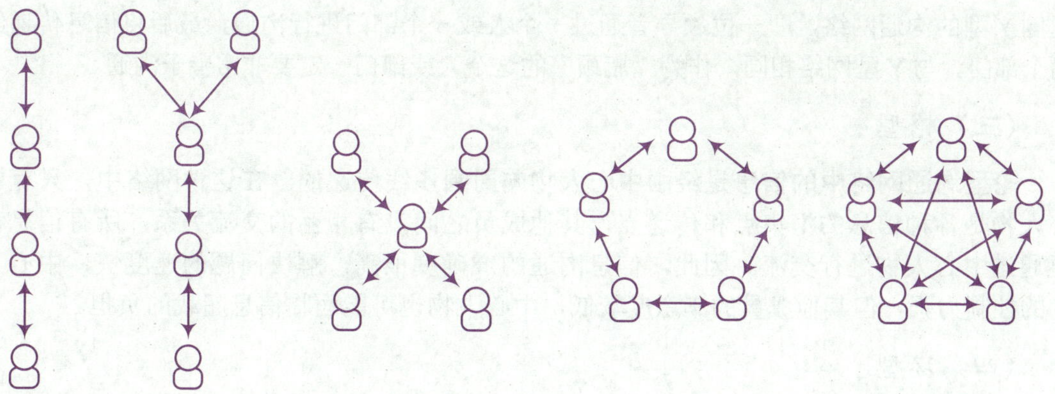

图 8-14　沟通网络

读故事悟管理

看哈雷彗星

营长对值班军官说："明晚 8 点左右，我们可能在这个地区看到哈雷彗星。这种彗星每隔 76 年才能看见一次。命令所有士兵穿着野战服在操场上集合，我将向他们解释这一罕见的天文现象。如果下雨的话，就在礼堂集合，我为他们放一部有关哈雷彗星的影片。"

值班军官对连长说："根据营长的命令，明晚 8 点哈雷彗星将在操场上空出现，如果下雨的话，就让士兵穿着野战服，列队前往礼堂，这一罕见的现象将在那里出现。"

连长对排长说："根据营长的命令，明晚 8 点，非凡的哈雷彗星将身穿野战服在礼堂中出现。如果下雨的话，营长将下达另一个命令，这种命令每隔 76 年才会出现一次。"

排长对班长说："明晚 8 点营长将带着哈雷彗星在礼堂中出现，这是每隔 76 年才有的事。如果下雨的话，营长将命令哈雷彗星穿上野战服到操场上去。"

班长对士兵说："在明晚 8 点下雨的时候，著名的 76 岁哈雷将军将在营长的陪同下，身穿野战服开着他的哈雷彗星牌汽车，经过操场前往礼堂。"

【管理启示】对于链型沟通网络，管理者在进行沟通时，要注意使用恰当的沟通方式，慎用口头沟通，避免出现信息失真的情况。

（二）Y 型

Y 型沟通网络中有一个成员位于网络的中心，成为沟通的媒介。这种网络是在链型网络的基础上发展起来的，表示在不同层次的逐级沟通中，两位领导者通过一个人或一个部门进行沟通。其效率特征和链型沟通网络基本相同，只是 Y 型网络容易产生多头领导的局面，使同时面对两个上级的下级在行动中易陷入左右为难的困境。在现实应用中，经常出现倒Y型的沟通网络，即一位领导者通过一个人或一个部门进行沟通，最后将信息传递给两个部门。与Y型网络相同，作为“瓶颈”的这个人或部门一定要非常善于沟通。

（三）轮型

轮型沟通网络中的信息是经由中心人物向周围多线传递的。在这种网络中，只有中心人物是各种信息的汇集点和传递点，其他成员之间没有相互的交流关系，所有信息都要通过中心人物进行交流。因此，信息沟通的准确度很高，解决问题的速度快，中心人物的控制力强，但其他成员的满意度较低，中心人物也可能面临信息超载的负担。

（四）环型

环型沟通网络可以看作将链型网络的两端沟通环节相连接而形成的一种封闭式网络，它表示组织的所有成员之间都不分彼此地依次联络和传递信息。环型网络中的每个人都可同时与两侧的人沟通信息，因此大家地位平等。这种组织的集中化程度比较低，组织成员具有较高的满意度。但由于沟通的渠道窄、环节多，因此信息沟通的速度和准确性都难以保证。

（五）全通道型

全通道型是一种全方位的开放式的沟通网络，所有成员之间都能进行相互不受限制的信息沟通与联系。采取这种沟通网络的组织，集中化程度低，成员地位差异小，有利于提高成员士气和培养合作精神。同时，这种网络具有宽阔的信息沟通渠道，成员可以直接、自由而充分地发表意见，有利于提高沟通的准确性。但由于这种网络沟通的渠道太多，容易造成混乱，沟通过程非常费时，从而影响沟通的效率。

五、沟通的障碍

人们在沟通信息的过程中，常常会受到各种因素的影响和干扰，使沟通受到阻碍。具体来说，沟通的障碍主要来自以下几个方面。

（一）语言文字障碍

发送者表达能力欠佳、用词不当、文字不通、层次不清、逻辑混乱乃至标点符号错误等，都会使接收者产生理解困难、理解错误，甚至无法理解的情况。因此，**有效的沟通要求双方都要有良好的语言表达能力。**如果发送者不能清晰地发出自己所要表达的信息，接收者不能准确地把自己所接收的信息反映出来，沟通就无法有效地进行。

读故事悟管理

哪里着火了？

某地着火了，当事人立即拨通了消防队的电话。

消防队员：“哪里着火了？”

报警人：“我家。”

消防队员："我是问在什么地方？"
报警人："在厨房。"
消防队员："我是说我们怎么去？"
报警人："你们不是有消防车吗？"

【管理启示】故事中报警人的回答显然没有提供给消防队员足够的信息，以便消防队员快速地解决所面临的问题。所以，在进行信息沟通时，我们一定要抓住沟通的要点，一方面要让对方能够很快地搞懂你要表达的核心内容，另一方面我们还应多考虑对方所关注的要点，而不是盲目地进行沟通。

（二）沟通方式选择不当

沟通方式有多种，不同的方式有不同的优缺点。如果不能根据组织目标和特点选择合适的沟通方式，将会导致组织的沟通效率下降。现代组织的规模越来越大，中间层次不可避免地增加，在这种情况下，如果仍采用口头表达的方式，沟通速度必定会很慢，沟通效果也不会很好。

（三）知识背景差异

沟通是在信息发送者与接收者之间进行的，这就涉及个体差异问题。每个人的生活环境、教育程度、工作经历等都不尽相同，一些在发送者认为很简单的、不需多加说明的信息，在接收者看来却是很复杂、需要加以解释才能理解的信息。这种障碍在下行沟通中比较常见，沟通者的层次间距越大，沟通障碍发生的可能性就越大。

（四）心理障碍

人际沟通与机器之间的沟通不同，因为双方都是有思想、有感情、有心理活动的个体，如果他们的心理活动产生了一定的障碍，必然会影响沟通的效果。同时，每个人在组织中的地位不同，也容易造成心理上的差异，形成心理隔阂，从而不愿或不能进行有效的沟通。例如，在上级与下属的谈话中，如果上级平时比较严厉，而下属又比较内向，可能会出现下属虽然在认真听上级说话，但由于心里紧张，导致信息接收率大打折扣的现象。

管理风暴

你认为沟通过程中还存在哪些障碍？

（五）信息过滤

信息过滤是信息发送者故意篡改或歪曲事实，使接收者收不到真实、全面的信息。例如，下级在向上级汇报工作时，因害怕承担责任，往往专拣对自己有利的或领导爱听的话说，这就是信息过滤。信息过滤的程度与组织层级多少和组织文化有很大关系。组织层级越多，信息被过滤的可能性就越大。如果组织中的形式主义严重、阿谀奉承之风盛行，则下级在向上级汇报工作时，就越有可能过滤掉真实的信息。

六、沟通的技巧

俗话说："一言能使人笑，一言也能使人跳。"这说明沟通能力很重要。有效沟通是一项非常困难和复杂的行为，因此，无论信息发送者还是信息接收者，都需要通过一些技巧来实现有效沟通。

（一）信息发送者的沟通技巧

信息发送者要想具备高超的传递信息的技能，就必须掌握以下沟通技巧。

1. 发出清晰和完整的信息

当信息接收者容易理解和领会信息的含义时，信息是清晰的；当信息包含了发送者和接收者达成共识所需的全部信息时，信息是完整的。为了使信息既清晰又完整，发送者就必须考虑接收者会如何理解信息，以便对信息进行校正以消除误会和混淆。

2. 将信息编译成接收者易于理解的传输符号

发送者发出的信息是否能被接收者所理解，很大程度上取决于发送者所用的语言是否通俗易懂。因此，发送者在进行信息编码时，必须使用接收者能够理解的符号或语言。鉴于接收者的能力各不相同，发送者使用的语言也应因人而异。

读故事悟管理

秀才买柴

有一个秀才去买柴，他对卖柴的人说："荷薪者过来！"卖柴的人听不懂"荷薪者"（担柴的人）三个字的意思，但是听得懂"过来"两个字，于是把柴担到秀才前面。

秀才问他："其价如何？"卖柴的人不太懂这句话，但是能听懂"价"这个字，于是就告诉了秀才价钱。

秀才接着说："外实而内虚，烟多而焰少，请损之。"（你的木柴外表是干的，里面却是湿的，燃烧起来，会浓烟多而焰火少，请减些价钱吧）卖柴的人因为听不懂秀才的话，于是担着柴就走了。

【管理启示】用对方听得懂的语言进行沟通，是沟通成功的保障。

3. 选择适当的沟通方式

沟通者应根据沟通的内容和特点，选择合适的沟通方式。如果所要沟通的内容是上级的命令、决策或者是规章制度，则适宜选择正式沟通和书面沟通。若沟通内容属于规章制度以外的问题，或属于组织成员的琐碎小事，则选择非正式沟通或口头沟通效果可能更好。

4. 避免信息被过滤和曲解

当信息发送者错误地认为接收者不需要或不想接收该信息时，就会保留部分信息，从而导致信息过滤。信息在经过层层过滤之后，意思会发生改变，这时信息曲解就发生了。因此，发送者应当向接收者发送尽量完整、准确的信息，以利于接收者做出正确的反馈。

5. 有效利用反馈

反馈对于有效沟通来说是很必要的。当发送者发出信息时，应该在信息中建立一个反馈机制，既可以提出反馈的要求，也可以向接收者表明自己希望何时或通过何种方式知道信息已被收到或理解。例如，发送者通过写信、便条或发传真进行沟通时，可以要求接收者通过信件、便条、传真或电话的方式回复。

6. 掌握说的技巧

信息发送者在使用语言沟通时，应注意以下几点。

（1）换位思考。既要表达自己的思想，又要从对方的角度出发，顾及对方的需求，保护对方的自我意识。

（2）从积极的角度入手，避免使用消极、否定的语气和字眼。

（3）使用礼貌友善的语言。要真诚地赞美对方，处处表示对其尊重，做到专业而不僵硬、友善而不虚伪、自信而不骄傲。

（4）回避忌讳的话题。保守别人的秘密，不揭别人的隐私和伤疤，特别要注意国家、民族、宗教等方面的禁忌。

（5）善用肢体语言，如眼神、表情、手势、动作等。

（6）运用幽默。幽默的语言可消除隔阂、排除尴尬、活跃气氛、拉近心理距离。

读故事悟管理

解梦者

有一位国王做了一个可怕的梦，梦见自己的牙齿一颗颗地全掉光了。他大为不安，于是传见解梦者。解梦者仔细听完国王对梦的描述后说：“陛下，这可是个坏兆头啊。就像您一颗颗掉光的牙齿一样，您的家人也将会一个个地先您而去。”国王听后大怒，命令将这个解梦者关进监狱，并吩咐再传一个解梦者来。

第二个解梦者听了国王的梦后说：“陛下，这可是个好兆头啊。梦的意思是，您将比您的所有家人活得时间都长。”国王非常高兴，给了这个解梦者一大笔赏钱。大臣们十分不解，问第二个解梦者：“你所说的和先前那个可怜的家伙说的是一个意思呀，为什么他受罚而你得赏呢？”

第二个解梦者说：“大家说得对，我们两个人对梦的解释是相同的。但是，问题不在于你说些什么，而在于你是怎么说的。”

【管理启示】说话是一门艺术，不同的词汇组合、不同的语气会收到不同的效果。无论是在企业管理中，还是在人际交往中，都需要掌握说话的技巧。

（二）信息接收者的沟通技巧

信息接收者要想具备高超的接收信息的技能，可以从以下几个方面着手。

1. 集中注意力

信息接收者在接收信息时，要集中注意力，不可一心二用。例如，一边听别人讲话，一边看资料，如此一心二用，注意力分散，则往往是听的内容不连贯，看的内容不全面，容易遗漏重要信息。

2．学会倾听

信息接收者要想成为好的倾听者，需要注意以下几点。

（1）**不要随便打断别人的讲话**，这样讲话者才不会被打断思路，而接收者也不会因为接收的信息不完整而得出错误的结论。

（2）**要与讲话者保持目光接触**，并适时地运用身体语言使讲话者知道他在认真听，这样也有助于接收者关注于所听的事情。

（3）在接收信息以后，**要针对模糊不清或混淆的地方提出疑问**。要善于用自己的语言解释、重复信息内容，指出讲话者认为重要的、复杂的或者可以换一种解释的地方，这些反馈要素对有效的沟通是很重要的。

3．移情

移情沟通是以理解为目的的沟通，要求听者站在说话者的角度思考问题，理解他们的思维模式和感受。在沟通过程中，移情有助于信息接收者在情感和理智上充分而深入地理解对方，透过别人的大脑与内心来获悉真相，从而进行深入的沟通。

管理驿站

立木为信

战国时期，商鞅起草了一个改革的法令，但是怕老百姓不信任他，不按照新法令去做，就先让人在都城的南门竖了一根三丈高的木头，下命令说：“谁能把这根木头扛到北门去，就赏十两金子。”

不一会儿，南门口围了一大堆人，大家议论纷纷。有的说：“这根木头谁都拿得动，哪儿用得着十两赏金？”有的说：“这大概是左庶长成心开玩笑吧。”

大伙儿你瞧我，我瞧你，就是没有一个敢上去扛木头的。

商鞅知道老百姓还不相信他下的命令，就把赏金提高到五十两。没有想到赏金越高，看热闹的人越觉得不合情理，仍旧没人敢去扛。

正在大伙儿议论纷纷的时候，人群中有一个人跑出来说：“我来试试。”他说着，真的把木头扛起来就走，一直扛到了北门。

商鞅立刻派人传出话来，赏给扛木头的人五十两金子，一分也没少。

这件事立即传开了，一下子轰动了秦国。老百姓都说左庶长的命令可信。

从商鞅立木为信的故事中，我们可以看到诚信对于沟通的重要性。诚信是沟通的基础。如果没有诚信，你说什么对方都不会相信，只能“沟”而“不通”，沟通也就失去了意义，更谈不上有效沟通。管理者只有树立诚信，坚守诚信，取信于员工，才能通过沟通做好协调组织的工作。

班级＿＿＿＿＿＿　姓名＿＿＿＿＿＿　学号＿＿＿＿＿＿

任务检测

一、客观题

1.【单选题】在聆听别人的讲话时，（　　）是不正确的。

A．随便打断别人的讲话

B．与讲话者保持目光接触

C．适时地运用身体语言加以回应

D．针对模糊不清的地方提出疑问

2.【单选题】关于正式沟通，下列说法正确的是（　　）。

A．正式沟通是组织系统中层次相当的个人及团体间进行的信息传递和交流

B．组织与组织之间的公函往来，组织内部的文件传达、召开会议是正式沟通

C．正式沟通的优点是不受沟通形式的限制，信息传播速度很快

D．正式沟通的缺点表现在难以控制，传递的信息不确切，易于失真、曲解

3.【单选题】在某企业中，各部门经理都必须从总经理处获得信息，而部门经理之间不允许有任何的信息传递。这种沟通网络属于（　　）。

A．Y型　　B．轮型　　C．环型　　D．全通道型

4.【多选题】下列沟通形式属于平行沟通的是（　　）。

A．高层管理人员之间的信息沟通

B．决策阶层与政府在工作和思想上的信息沟通

C．企业内各部门之间的信息沟通与中层管理人员之间的信息沟通

D．一般员工在工作和思想上的信息沟通

5.【多选题】下列沟通方式中属于非语言沟通的是（　　）。

A．电子邮件沟通　　B．服饰衣着沟通

C．举止沟通　　D．空间沟通

6.【多选题】信息发送者在使用语言沟通时，正确的做法有（　　）。

A．表达自己的思想时，要顾及对方的需求，保护对方的自我意识

B．避免使用消极、否定的语气和字眼

C．要真诚地赞美对方，处处表示对其尊重

D．围绕对方感兴趣的话题展开，必要时可以利用分享他人的秘密来拉近彼此的距离

7.【判断题】完整的沟通包括信息的成功传递与反馈两大过程。（　　）

8.【判断题】一般来说，上行沟通比较容易，下行沟通较为困难。（　　）

9.【判断题】当组织或管理者的信息必须广泛地向他人传播或信息必须保留时，适合用报告、备忘录、信函等文字形式进行传播。（　　）

10.【判断题】一个有效的沟通不仅要求信息发送者清晰地表达信息的内涵，以便信息接收者能确切理解，它还要求信息发送者重视信息接收者的反应，并根据其反应及时修正信息的传递，免除不必要的误解，两者缺一不可。（　　）

班级____________　　姓名____________　　学号____________

二、主观题

11.【案例分析】

ABC公司内部的沟通渠道

ABC公司内部的沟通渠道可分为三类：员工—直属经理，员工—越级管理阶层，其他渠道。

“员工—直属经理”的沟通是很重要的一条沟通渠道，其主要形式是每年由员工向直属经理提交工作目标，直属经理定期考核检查，并把考评结果作为员工的加薪依据。ABC公司的考评结果标准有五级：未能执行的是第五级；达到既定目标的是第四级；执行过程中能通权达变、完成任务的是第三级；在未执行前能预知事件变化并能做好事前准备的为第二级；通过第一级考核的员工，不但要达到第二级的工作要求，其处理过程还要能成为其他员工的表率。

“员工—越级管理阶层”的沟通有四种形态：其一是“越级谈话”，这是员工与越级管理者一对一的个别谈话；其二是人事部安排，每次由10名左右的员工与总经理面谈；其三是高层主管的座谈；其四是ABC公司最重视的“员工意见调查”，即每年由人事部要求员工填写不署名的意见调查表，管理幅度在6人以上的主管都会收到最终的调查结果，公司要求这些主管必须每两个月向总经理汇报调查结果的改进情况。

其他沟通渠道包括“公告栏”“内部刊物”“有话直说”和“申诉制度”等。ABC公司的“有话直说”是鼓励员工对公司制度、措施多提意见的一种沟通形式（一般通过书面的形式进行）。员工的建议书会专门有人搜集、整理，当事部门要在十天内给予回复。ABC公司“内部刊物”的主要功能是把公司年度目标清楚地告诉员工。ABC公司的“申诉制度”是在工作中，员工如果觉得委屈，可以写信给任何主管（包括总经理），在完成调查前，公司注意不让被调查者的名誉受损，不大张旗鼓地调查以免当事人难堪。

根据上述案例，你认为ABC公司采取了哪些沟通方法？请你简述这些沟通方法的优缺点。

班级____________　姓名____________　学号____________

项目实训——沟通小剧场

一、实训目标

通过角色扮演，学生能够更加充分地理解沟通的重要性，提高沟通能力。

二、实训内容

1．实训情景

这是一个短小的角色扮演情景，它发生在一家旅行社。

第一幕

在第一幕中，客户服务代表（CSR）很友好，并提供了一系列的服务，却忽略了以下五件非常重要的事情：① 微笑；② 问候客户；③ 使用开放的肢体语言；④ 进行眼神交流；⑤ 向客户致谢。

客户："你好！"

（CSR看着客户走进来，但没有微笑，也没有说什么。）

客户："嗯，我想了解一些有关新加坡旅游线路的信息。"

CSR（使用一种友善的声音，但双手抱在胸前，而且没有直接看着客户）："当然，我们提供了几种选择，您是需要一些手册呢，还是想查看一下价格信息？"

客户："哦，我现在只需要一些手册带回家看。我们明年之前还没有打算去。"

CSR："没问题，这里有一些您需要的手册（将手册交给客户）。您可以看一看，如果有什么问题，可以给我打电话。"

客户："好的，谢谢你。"

CSR："没关系。"（客户转身离开）

第二幕

这是对第一幕场景的重新设定，这次CSR记住了以下五件事情：① 微笑；② 问候客户；③ 使用开放的肢体语言；④ 进行眼神交流；⑤ 向客户致谢。

CSR（看着客户走进来，面带微笑）："早上好！"

客户："你好！"

CSR（直面客户，做眼神交流）："我能为您做些什么吗？"

客户："嗯，我想了解一些有关新加坡旅游线路的信息。"

CSR："好的，我们提供了几种选择，您是需要一些手册呢，还是想查看一下价格信息？"

客户："我主要是想看一下价格，之前在别家了解过相关信息。"

CSR（详细介绍各种线路及其价格，以及本旅行社的优势）：……

客户："好吧，那我就定这个套餐吧！"

CSR："嗯，好的。那我给您登记了啊！"

客户："好的。"

CSR："谢谢您的来访。"（客户转身离开）

2．活动实施

将学生分成两大组，一组为CSR，另一组为客户。两组分别选取代表模拟以上情景，其他同学观看。本实训可轮流数次，每次模拟完成后，其他同学可提出改进意见。

班级____________　姓名____________　学号____________

项目评价

评价内容	分　值	评价分数		
		自　评	组　评	师　评
日常考勤和课堂纪律	10分			
学习态度和课堂参与	10分			
完成任务检测并保证题目的正确率	50分			
参与项目实训并积极完成各项任务	30分			
合计	100分			
综合评价	综合分数______（自评×25%+组评×25%+师评×50%） 综合等级______ 综合评语： 指导老师签字__________			

9 项目九

管理趋势

进入21世纪，随着全球经济、政治、文化等格局的不断变化，组织的管理环境发生着日新月异的变革。在复杂的社会环境下，管理者越来越意识到团队管理和管理创新对于组织发展的重要意义。管理者唯有树立团队管理的意识、培养管理创新的思维，才能带领组织在经济大发展的潮流中立于不败之地。

本项目主要介绍团队管理和管理创新的相关知识，具体内容包括团队概述、团队构建、团队管理、新时代背景下的管理与对于管理创新的思考。

项目导览

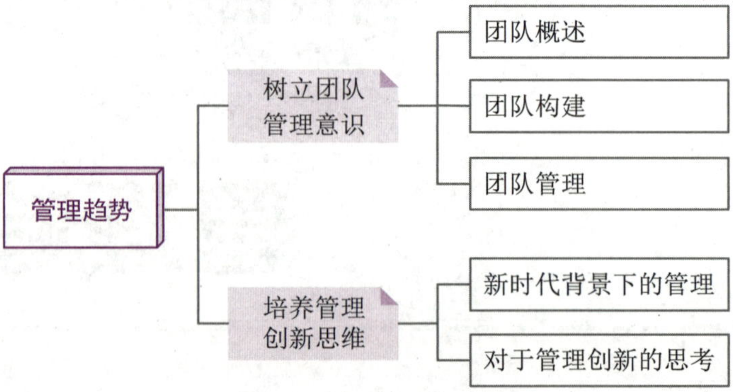

学习目标

知识目标

（1）了解团队的概念与高效能团队的特征、团队构建的意义、团队管理的注意事项，以及新时代背景下管理面临的新挑战与新趋势。

（2）熟悉团队的类型、团队构建的阶段与方法、管理创新的概念与类型。

（3）掌握团队管理的原则与方法，以及管理创新的内容。

技能目标

（1）能够根据团队的核心任务识别团队构建的阶段。

（2）能够根据团队管理的原则、方法及注意事项进行团队管理。

（3）能够识别管理创新的类型与内容。

素质目标

（1）树立团队精神和团队理念，主动从中华文化中汲取管理养分。

（2）培养创新思维和创新意识，自觉积累科学知识为创新所用。

任务一 树立团队管理意识

任务导入

张经理的创业烦恼

张经理是一家私营视频公司的领导。他大学毕业后先在一家大型视频公司工作两年，然后开始自己创业。张经理每年都给自己定好奋斗目标，工作兢兢业业，但也承受着很大的压力。公司的业务不断发展，规模也不断壮大。近年来，因业务发展需要，张经理相继招聘了10余名应届大学毕业生，但很多人没干多久便辞职了，这导致他必须不断地招聘新人，分散了他相当一部分精力。张经理不禁感叹现在的年轻人眼高手低，不能吃苦。这天，张经理收到了一封电子邮件，发件人正是他十分器重的技术员。电子邮件的内容如下。

“张经理，您好！我知道您收到这封邮件后一定会非常生气，但我还是决定离开贵公司。非常感谢您对我的培养，我绝对不是因为在这里学到了东西、翅膀硬了才走的，而是因为您的一些做法实在让我忍无可忍。我知道您白手起家很不容易，而且我确实从您身上学到了很多东西，但这并不表明您的每一个看法和决定都是正确的。每当我想要发表看法时，您总是不予以重视，甚至不给我讲话的时间。但是一旦出现了问题，无论是天大的事情还是芝麻大的小事，您都会大发雷霆。每当这个时候我都想和您理论，但是您从未给过我机会。久而久之，您反而更加觉得自己的决定都是对的。我知道我只是一个新人，对于公司的发展战略还没有发言权，但是我觉得这样发展下去迟早会对公司不利。我感谢您对我的培养才和您说这些，有不对的地方，请您原谅。”

请思考

1. 作为团队的领导者和管理者，张经理具备了哪些特质？
2. 张经理收到的电子邮件体现了他或他的团队存在哪些问题？
3. 张经理今后应该怎么做？

思考提示

本任务的知识和技能要求如表 9-1 所示。

表 9-1　知识和技能要求

类　型	具体内容		学习程度			
			了 解	熟 悉	掌 握	应 用
知识要求	团队概述	团队的概念	●			
		高效能团队的特征	●			
		团队的类型		●		
	团队构建	团队构建的阶段		●		
		团队构建的意义	●			
		团队构建的方法		●		
	团队管理	团队管理的原则			●	
		团队管理的方法			●	
		团队管理的注意事项	●			
技能要求	根据团队的核心任务识别团队构建的阶段；根据团队管理的原则、方法及注意事项进行团队管理					●

班级__________ 姓名__________ 学号__________

任务工单

（一）任务描述

以小组为单位，讨论团队管理应遵循哪些原则，采用何种方法。

（二）任务分工

全班学生以 3～5 人为一组进行分组，每组设组长 1 名，小组讨论任务分工并将分工情况填写至表 9-2 中。

表 9-2 小组成员及分工情况

小组成员	姓　名	学　号	任务分工
组长			
组员			

（三）任务准备

请各组长组织组员进行预习，收集和整理相关资料，讨论并用通俗易懂的语言结合具体事例回答下列问题。

（1）团队是什么？

（2）团队有哪些特征？如何构建高效能团队？

（3）构建团队有什么意义？

班级＿＿＿＿＿＿ 姓名＿＿＿＿＿＿ 学号＿＿＿＿＿＿

（四）任务实施

通过课堂学习、小组合作查阅资料等，完成表 9-3。

表 9-3 团队管理的原则与方法

讨论内容	讨论结果
团队管理的原则	
团队管理的方法	

（五）任务评价

各组派代表展示任务实施成果，并配合指导老师完成表 9-4 所示的任务评价。

表 9-4 任务评价

评价项目	评价内容	分 值	评价分数		
			自 评	组 评	师 评
职业素养考核目标（40%）	考勤、仪容仪表	10 分			
	责任意识、纪律意识	10 分			
	团队合作与交流	20 分			
专业能力考核目标（60%）	任务准备过程讨论及记录的完成度	20 分			
	任务实施过程记录的完成度	20 分			
	任务实施成果的展示效果	20 分			
合计		100 分			
综合评价	综合分数＿＿（自评×25%+组评×25%+师评×50%） 综合等级＿＿ 综合评语： 指导老师签字＿＿＿＿				

一、团队概述

（一）团队的概念

团队，是一个由组织的普通成员和各级管理者组成的共同体，是拥有共同目标，具备不同能力、经验和背景，愿意共同承担责任、解决问题的一群人。

为了进一步理解团队的概念，还应掌握团队的七个核心要素，如图 9-1 所示。

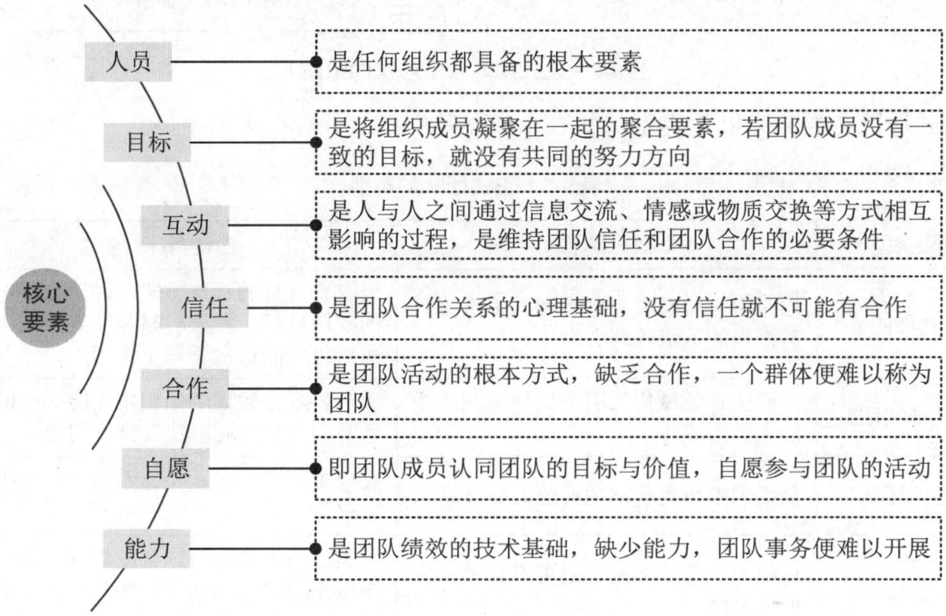

图 9-1　团队的核心要素

（二）高效能团队的特征

高效的协作团队是将特定的工作目标转变为行为，继而得以实现目标的最有效工具。团队成员之间的协同工作可以使组织成员拥有更好的工作环境和更高的工作效率，从而使组织取得更佳的工作效果。

一个高效能团队通常具有如下特征：① 共同的目标；② 团结的协作；③ 明确的分工；④ 相关的技能；⑤ 统一的决策；⑥ 有效的调节；⑦ 合理的计划与安排；⑧ 良好的信任与沟通；⑨ 出色的管理者。

（三）团队的类型

一般来说，组织的团队可分为正式团队和非正式团队两大类。这两类团队各具特点，包含的分类型也各不相同。此外，组织的团队还可根据其他方式进行分类。

1．正式团队

正式团队是组织常设的、负责经常性和重复性工作的、具有明确职责和组织形式的工作群体。一个正式团队各个层次的组成通常包括四个方面的内容，如图 9-2 所示。

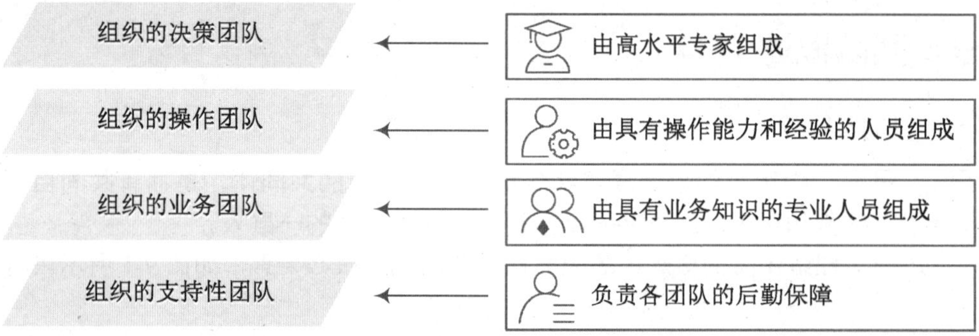

图 9-2　正式团队各个层次的组成

正式团队主要分为以下类型，如表 9-5 所示。

表 9-5　正式团队的类型

团队类型	概念解释	任务/特点
高层管理团队	通常由一位最高管理者和若干直接向其汇报的下级管理者组成	采取垂直型的管理方式，讨论和决定组织的发展目标、发展战略与发展规划等，并负责组织的日常管理工作
交叉功能式团队	一般由各领域内具有专门知识和技能的人员组成	成员将各自领域的知识带入团队，以交叉互补的方式共同解决关键性问题
业务式团队	由组织中负责长期项目的人员组成	完成本职工作，承担组织的工作安排和绩效评价
支持性团队	由组织中负责内勤、财务等行政工作的人员组成	承担组织内部的日常行政管理，在遵守组织操作程序的基础上，为其他各个团队提供支持
项目小组	即在经常性项目实施时组成的工作群体，以所有成员共同完成工作项目为目标	具有良好的工作能力和小组纪律性，小组成员一般训练有素、分工合作，成员之间能够相互理解
任务小组	即为完成某项具体的工作任务而临时组建的团队	小组成员可以来自组织的各个不同部门，小组一般随着任务的完成而解散
专家小组	由具有专业能力的专家人员组成	为组织的工作提供智力支持

2．非正式团队

非正式团队是因为临时性工作而聚集在一起的工作群体。这种工作群体也可以是常设的，但是团队成员不固定，也没有明确的工作职责和组织形式。一个非正式团队通常具有以下特点。

（1）**临时性**。团队的工作通常具有临时性和突发性。

（2）**自发性**。团队的成员是自发组成的，而且不固定。

（3）**社会性**。团队的组建以成员友谊和共同爱好为基础。

非正式团队主要分为以下类型。

（1）**共同兴趣类**。这类非正式团队的特点：① 团队成员来自各个不同组织和部门，人员不固定，共同从事所爱好的活动；② 团队活动既可以是定期定时的，也可以是临时发起的；③ 团队的组织形式完全自发，与成员所在的工作单位和工作职务无关。

共同兴趣类的非正式团队的典型代表如图 9-3 所示。

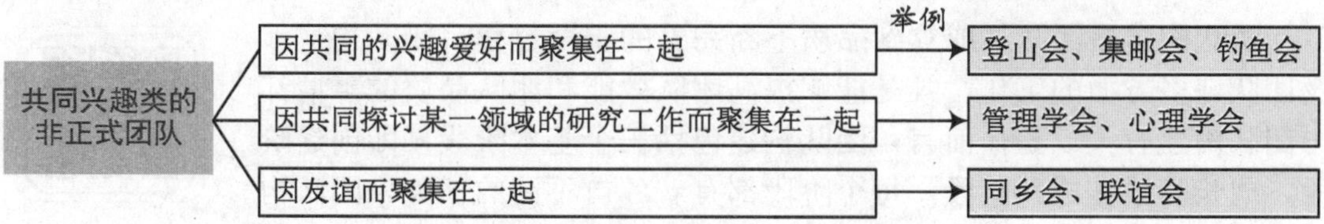

图 9-3 共同兴趣类的非正式团队的典型代表

（2）**临时发起类**。这类非正式团队通常因临时性的活动而聚集在一起，如因共同购物而组成的团购队、因体育比赛而组成的啦啦队等。这类非正式团队的特点：① 团队成员来自各个不同的组织或部门，成员之间可能不认识，人员极不固定；② 团队一般在活动结束后便立即解散。

3．其他类型的团队

组织的团队还可根据其他方式进行分类。

1）根据组织系统主要职能的不同分类

组织要创建的团队类型往往取决于团队的总目标和任务性质。**根据组织系统主要职能的不同，团队可分为咨询团队、生产团队、营销团队和管理团队等**。这些团队的队伍不宜过于庞大，一般来说，其中每一类团队都可以根据任务的性质分为更小的团队。

2）根据团队存续时间的不同分类

根据团队存续时间的不同，团队可分为长期团队、中期团队和短期团队，如表 9-6 所示。

表 9-6 团队根据存续时间的不同分类

团队类型	概念解释
长期团队	长期团队存在于组织的职能部门中，其目的是完成组织的基本职能；其成员具有稳定性，一般是某个职能部门的员工
中期团队	中期团队的目的是完成组织的某个特别项目；其成员可以来自不同的部门，同时接受团队和原所在部门的管理
短期团队	短期团队的目的是研究组织的某一问题或进行某项决策，任务完成后，团队便自行解散；遇到新的问题或进行新的决策时，可以再组建新的团队

3）根据自我管理程度的不同分类

根据自我管理程度的不同，团队可分为高度自我管理团队、中度自我管理团队和低度自我管理团队。自我管理团队能够自我激励、自我评估、自我改进，可以大大降低组织的管理成本。

管理风暴

你所在的学校或班级中存在团队吗？这些团队分别属于哪种团队类型？

二、团队构建

（一）团队构建的阶段

团队构建是团队从成立到品质不断完善的长期过程。团队构建涉及团队许多方面的工作，凡是能够提高团队效能和团队品质的事情都与团队构建有关。整体而言，**团队构建包括三个基本阶段，即创建阶段、成长阶段和成熟阶段**，每个阶段都有着各自不同的任务。团队构建的阶段与任务的对应关系如图 9-4 所示。此外，在团队构建的过程中，团队沟通、团队管理、团队领导一直贯穿始终。

团队构建的阶段

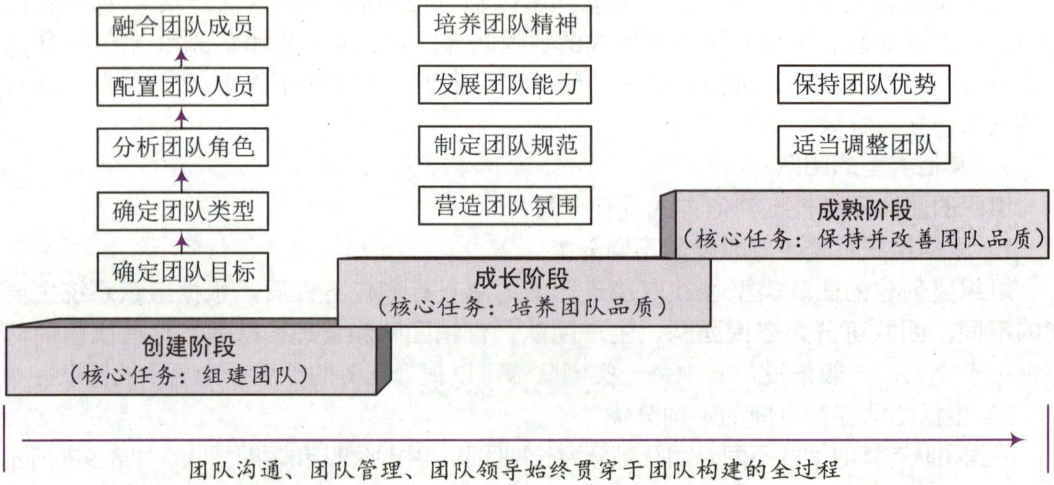

图 9-4　团队构建的阶段与任务的对应关系

1．创建阶段

创建团队，就是将一些人组合在一个群体中，为团队奠定队伍基础。这是团队构建的起点。团队成员的组合是一个心理融合的过程，需要成员之间相互了解、相互信任，共同为提高团队凝聚力而努力，增强对团队的归属感。

一般而言，**团队的创建阶段需要经历五个环节，即确定团队目标、确定团队类型、分析团队角色、配置团队人员、融合团队成员。**

2．成长阶段

成长阶段是群体成长为团队的关键时期，其实质和核心任务是打造优秀的团队品质。一个群体只有具备一定的品质，才能成为一个真正的团队。因此，**团队在成长阶段主要有四个任务，即培养团队精神、发展团队能力、制定团队规范、营造团队氛围。**

3．成熟阶段

在成熟阶段，群体已经基本成长为真正意义上的团队，成员之间的团结合作达到并继续维持在较高水平上。**这一阶段的核心任务是保持并改善团队品质**，即团队应不断发扬壮大自身的优秀品质，并根据内外部条件的变化进行适当调整，始终保持团队的优势。

此外，不同团队成熟阶段的时间长短并不统一，一般由团队的性质和任务决定。

（二）团队构建的意义

团队构建的意义在于通过培养优良的团队品质，实现团队价值的最大化，**具体体现在促进团队工作、人际关系和心理健康三个方面**，如图 9-5 所示。

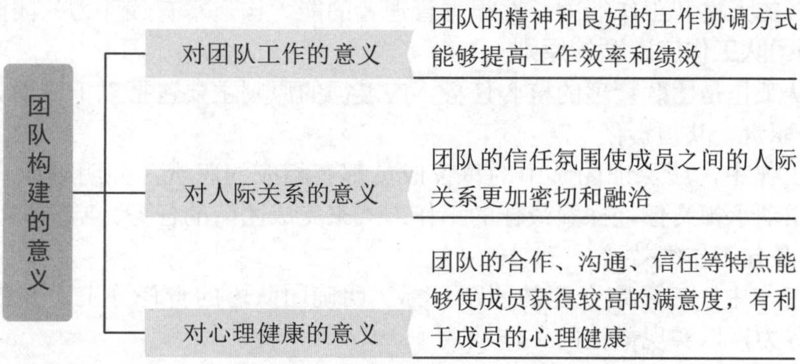

图 9-5 团队构建的意义

（三）团队构建的方法

团队构建的根本方法是通过协调团队成员之间的社会关系（主要包括经济关系和心理关系），增强团队的凝聚力，从而培养团队精神并构建团队。凝聚力是团队精神的集中表现。

1）协调团队成员之间的经济关系

团队成员之间的经济关系是团队构建的物质利益基础。因此，团队构建必须坚持利益整合原则，协调成员的个人利益和团队的整体利益。

2）协调团队成员之间的心理关系

团队成员之间的心理关系是团队构建的心理基础。心理关系具体体现在成员的归属感、相互喜欢和相互信任方面。引起心理关系紧张的因素有很多，如经济利益的冲突、言语的不合、见解的不一致、沟通的不顺畅等。因此，团队必须从组织传播和人际沟通入手，宣传团队的核心价值观，提高成员对组织目标的认识，帮助成员掌握沟通的方法和处理人际关系的技巧，从而增强团队的凝聚力。

三、团队管理

（一）团队管理的原则

在团队管理中，无论是在激发员工创造性、选择团队管理者等方面，还是在协调团队工作、处理团队问题等方面，都有一定的原则可循。

1．激发员工创造性应遵循的原则

在团队管理中，激发员工创造性应遵循的原则主要包括以下方面。

（1）保证团队中的每位成员一起参与决策过程。

（2）督促团队中的每位成员关注任务的完成进度和完成结果。

（3）明确团队的问题应由全体成员共同承担，全体成员都要对团队负责。

（4）处理好团队管理者与其他成员的关系，管理者既是指挥者又是同事。

2．选择团队管理者应遵循的原则

团队管理者的基本素质直接决定了团队工作结果的好坏，因此一个优秀的团队必须首先选择卓越的管理者。选择团队管理者应遵循的原则是，始终以绩效为根本依据，充分考量管理者的人格和工作能力，并根据管理者的能力构建富有战斗力的团队。

3．协调团队工作应遵循的原则

协调团队工作是团队管理的核心任务，应遵循的原则主要包括以下方面。

1）授予职责、共担责任

在协调工作中，应保证团队中的每位成员都有相应的职责，并明确职责的界限，鼓励每位成员主动承担责任、探索最佳的工作方式来完成团队的任务。

2）保证最佳工作绩效

在协调工作中，应设定合理的团队目标、明确团队内的责任分工，并鼓励成员为团队工作尽心尽力，以实现最佳的工作绩效。

3）给予成员一定的灵活性

团队成员通常具有不同的技能，因此在协调工作的过程中，应给予成员一定的灵活性，适当赋予其必要的权力，如决策权等，减少沟通渠道，降低沟通成本，以保证其高效地完成工作。

管理风暴

你认为团队管理还有哪些原则？

4．处理团队问题应遵循的原则

团队是由人组成的社会组织，必然存在着各种问题，因此有效处理团队问题是团队健康发展的重要保证。处理团队问题应遵循的原则包括以下几点：① 成员发生冲突时，平等地对待每一位成员，不偏不倚；② 在事实水落石出之前，不随意决断；③ 处理问题时以礼相待，保持情绪稳定；④ 适当采用迂回战术，避免与团队成员发生直接冲突。

（二）团队管理的方法

采用一定的方法进行团队管理，可以营造良好的团队氛围，促使成员共同为实现团队目标而努力。

1．帮助团队实现目标

在工作过程中，团队管理者可通过以下技巧来帮助团队实现目标：① 选择合适且足够的人员参与制订团队的计划；② 召开团队会议，向成员宣传团队的目标和价值；③ 在团队工作的安排上，尽量能够体现每位成员的个人价值；④ 组织团队成员共同研究工作中的问题，及时修正解决。

2．注意团队内部平衡

团队内部平衡主要体现为每位成员的工作技能和个人素质的平衡。团队内部平衡对于团队工作具有重要的意义，具体可通过以下技巧来实现：① 寻求团队成员的技能平衡点，选择具备专业技能、具有团队工作经验、能够解决问题、善于处理人际关系的成员加入团队。② 鼓励团队成员自主学习、互相学习，不断提高个人工作技能和素质，营造不断进取的团队氛围。

3. 建立团队内部信任

团队内部信任是保证团队成员彼此合作的重要基石。信任包括五个方面的维度，如图 9-6 所示。

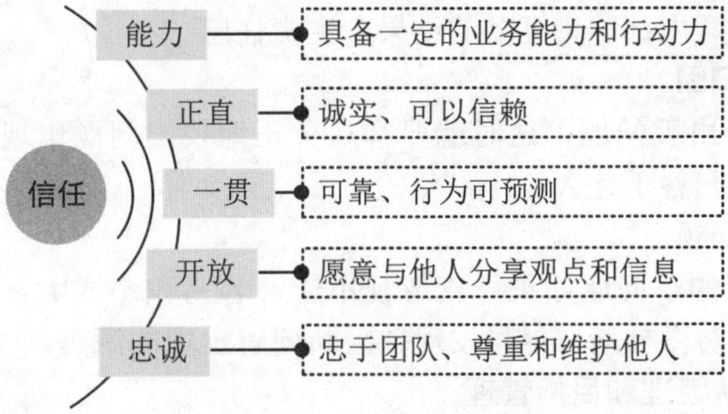

图 9-6　信任的五个维度

在团队管理工作中，既要建立团队成员对管理者的信任，又要建立团队成员之间的信任。

（1）**建立团队成员对管理者的信任。**团队管理者如果想要取得团队成员的信任，应做到：① 提供有效的沟通和反馈渠道，用以向团队成员解释团队的决策和政策、听取成员的意见和建议等；② 尊重团队成员，有效授权；③ 客观公正地评估成员的工作绩效；④ 坦率地承认自己的缺点和不足，并注意改正；⑤ 平易近人，鼓励新的想法和建议，提高团队的创新能力；⑥ 提高工作能力；⑦ 信守承诺。

（2）**建立团队成员之间的信任。**建立团队成员之间的信任需要全体成员共同努力，要求每位成员做到：① 勇于承认自己的弱点和错误；② 敢于主动寻求他人的帮助；③ 欢迎他人对自己所负责的领域提出意见或建议；④ 愿意给他人提供帮助和提出反馈意见；⑤ 发现和赞赏他人的优点并向其学习；⑥ 积极参加集体会议和团建活动；⑦ 必要时学会向他人道歉并能接受他人的道歉。

读故事悟管理

“天堂”与“地狱”

有人问一位老者天堂与地狱的区别，老者把他领进一间屋子，只见一群人围坐在一口大锅旁，每个人拿着一把汤勺，但是由于勺柄太长，盛起的汤无法送进自己的嘴里，于是这群人只能眼睁睁地看着锅里的珍馐饿肚子。老者又把他领进另一间屋子，也是同样的锅和汤勺，这群人却吃得津津有味。原来他们是用长长的汤勺相互喂着吃。最后，老者说：“刚才那里是地狱，这里是天堂。”

【管理启示】所谓“天堂”，就是人们彼此信任、相互协作；所谓“地狱”，就是人们彼此防范、相互掣肘。对于一个团队来说，只有成员之间相互信任，团队才能长期、健康发展。

（三）团队管理的注意事项

在团队管理中，应注意以下几个方面的事项。

1．避免局限性思考

团队中的每位成员都应从团队整体出发去思考问题，不能只专注于自身的工作责任，否则便不会对团队内部职责互动的结果产生责任感。

2．避免不合理归因

团队管理难免会出现问题，这时就要客观公正地找出问题出现的原因，合理归因，不能将所有的问题都归咎于他人。

3．不能忽视小问题

团队管理中出现的小问题如果一直忽视不管，容易积小成大，最后酿成大问题。因此，团队管理应注意防微杜渐，尽早发现并阻断问题出现的源头。

4．不能混淆团队管理和目标管理

团队的管理者应将更多的时间用在团队的管理工作上，避免在具体的项目或业务中耗费大量时间。

5．制定良好的规章制度

一个团队的健康成长和发展，应有健全的制度作为保障。团队管理的制度包括纪律条例、员工手册、财务条例、保密条例、考核制度、奖惩制度等。团队管理的一切过程都应以规章制度为依据。

6．形成开放包容的团队文化体系

团队成员可能来自不同的地区或民族，所处的社会背景和教育背景不同，因此工作方式和生活习惯也各不相同。团队应营造和谐融洽的文化氛围，形成开放包容的团队文化体系，引导成员之间互相尊重、彼此学习。

管理驿站

“西天取经”中的团队管理

从管理的角度，我们可以将《西游记》中的“西天取经”看作一个团队项目，其成功的原因在于团队的凝聚力、合作精神及调动外部资源的能力。唐僧师徒四人分工明确、各司其职，在“西天取经”途中展现出来的团队精神和团队管理理念值得大学生借鉴和深思。同时，大学生也应认识到中华传统文化的博大精深，善于从经典的文化故事中汲取养分，为管理所用。

班级__________ 姓名__________ 学号__________

任务检测

一、客观题

1.【单选题】如果一个团队由各领域内具有专门知识和技能的人员组成，团队成员将各自领域的知识带入团队，以交叉互补的方式共同解决关键性问题，那么这个团队的团队类型应为（　　）。

A. 高层管理团队　　B. 业务式团队

C. 支持性团队　　D. 交叉功能式团队

2.【单选题】一个组织中可能存在咨询团队、生产团队、营销团队等不同团队，这些团队类型是根据（　　）的不同进行分类的。

A. 组织职能　　B. 存续时间

C. 影响程度　　D. 自我管理程度

3.【单选题】将一些人组合在一个群体中，为团队奠定队伍基础，这体现的是团队构建的（　　）任务。

A. 培养团队品质　　B. 保持团队品质

C. 组建团队　　D. 改善团队品质

4.【多选题】团队就是一个由组织的普通成员和各级管理者组成的共同体，其核心要素包括（　　）。

A. 人员　　B. 目标

C. 信任　　D. 合作

5.【多选题】非正式团队的特点包括（　　）。

A. 临时性　　B. 自发性

C. 常设性　　D. 社会性

6.【多选题】注意团队的内部平衡，是团队管理的重要方法之一。下列选项中，能够实现团队平衡的技巧有（　　）。

A. 选择合适的人员参与制订团队的计划

B. 鼓励团队成员自主学习、互相学习

C. 寻求团队成员的技能平衡点

D. 组织团队成员共同研究工作中的问题

7.【判断题】建立团队的内部信任，只需要建立团队成员对团队管理者的信任便足够了。（　　）

8.【判断题】团队成员之间的经济关系是团队构建的物质利益基础，团队成员之间的心理关系是团队构建的心理基础。（　　）

班级____________　　姓名____________　　学号____________

二、主观题

9.【简答题】简述团队管理的注意事项。

10.【案例分析】

东海公司的销售团队

东海公司是一家刚刚成立的新公司。公司销售部的吴经理及其下属10位销售人员都是刚招来的新人。这些新员工对公司和部门充满了热情和好奇，彼此之间没有任何成见和恶意，每天早晨一见面就相互热情地打招呼，每个人都对公司的前途及自身的发展充满了希望。为了部门日后能够正常开展工作，他们积极地做着各项准备。然而，由于他们都是新人，对于公司的规章制度和团队的工作流程不熟悉，团队内部发生了一些冲突。

根据上述案例，你认为东海公司的销售部目前处于团队构建的哪个阶段？在这一阶段，团队需要完成的任务是什么？这一阶段一般会经历哪些环节？

任务二 培养管理创新思维

任务导入

小米的创新之路

手机行业是目前全球竞争最激烈的战场，而小米只用两年半的时间就跻身中国和世界前列。小米发布手机后第四年营业额就已超过100亿美元。不创新，公司就没有生存机会。那么小米是如何进行创新的呢？

第一，技术是小米最核心的东西。全面屏手机让小米成为全屏时代的业界领先，并且在未来，全面屏手机将成为行业潮流，手机市场将因此改变。早在数年前，小米就开始计划做手机芯片，现已成为世界少数几个拥有自主研发芯片能力的手机公司。对于一个技术公司来说，技术是核心，技术决定成败。

第二，互联网思维的引入。小米在制造手机等其他一系列产品的过程中运用了互联网的技术和方法论。互联网思维是一种新观念，是一种全新的方法论，用这种观念重新思考原有业务，能够得到很多不同结论。

请思考

小米在哪些方面进行了创新？

思考提示

本任务的知识和技能要求如表 9-7 所示。

表 9-7　知识和技能要求

类　型	具体内容		学习程度			
			了 解	熟 悉	掌 握	应 用
知识要求	新时代背景下的管理		●			
	对于管理创新的思考	管理创新的概念		●		
		管理创新的类型		●		
		管理创新的内容			●	
技能要求	识别管理创新的类型与内容					●

班级____________ 姓名____________ 学号____________

任务工单

（一）任务描述

以小组为单位，讨论管理创新有哪些类型，管理创新的内容是什么。

（二）任务分工

全班学生以3～5人为一组进行分组，每组设组长1名，小组讨论任务分工并将分工情况填写至表9-8中。

表9-8 小组成员及分工情况

小组成员	姓 名	学 号	任务分工
组长			
组员			

（三）任务准备

请各组长组织组员进行预习，收集和整理相关资料，讨论并用通俗易懂的语言结合具体事例回答下列问题。

（1）新时代背景下的管理面临哪些挑战？管理发展的趋势是什么？

（2）管理创新是什么？有什么意义？

班级____________ 姓名____________ 学号____________

（四）任务实施

通过课堂学习、小组合作查阅资料等，完成表 9-9。

表 9-9 管理创新的类型与内容

讨论内容	讨论结果
管理创新的类型	
管理创新的内容	

（五）任务评价

各组派代表展示任务实施成果，并配合指导老师完成表 9-10 所示的任务评价。

表 9-10 任务评价

评价项目	评价内容	分　值	评价分数		
			自　评	组　评	师　评
职业素养考核目标（40%）	考勤、仪容仪表	10 分			
	责任意识、纪律意识	10 分			
	团队合作与交流	20 分			
专业能力考核目标（60%）	任务准备过程讨论及记录的完成度	20 分			
	任务实施过程记录的完成度	20 分			
	任务实施成果的展示效果	20 分			
合计		100 分			
综合评价	综合分数______（自评×25%+组评×25%+师评×50%） 综合等级______ 综合评语： 指导老师签字__________				

一、新时代背景下的管理

进入 21 世纪以来，人类社会的经济、政治、文化等格局发生了翻天覆地的变化，世界正在进行着前所未有的整合，组织的管理环境正在发生着日新月异的变革。在这样的背景下，管理面临着新挑战，也迎来了新趋势。

（一）新时代背景下管理面临的新挑战

进入 21 世纪，组织内外部的环境日益复杂化，组织管理面临着诸多新挑战。

1．经济全球化

随着科学技术的不断进步，经济全球化越来越呈现出不可阻挡的发展趋势。经济全球化给组织的发展带来了新机遇：其一，组织开始在全球范围内寻求资源的最佳配置，大大突破了资源的区域限制，提高了社会资源的配置和利用效率；其二，组织开始在全球范围内开拓市场，大大拓展了自身的市场范围，为组织的壮大提供了市场空间。

但是，经济全球化的发展也给组织的管理带来了一系列的挑战，管理者必须思考在经济全球化背景下，应如何转变战略视角、如何应对竞争策略、如何调整组织的内部结构和管理方式等。

2．知识经济的发展

目前，在信息的催化下，世界经济已经从农业经济跨过工业经济，进入了知识经济的发展阶段，知识日益成为组织发展最重要的资源。知识经济时代的到来，给组织的管理带来了一系列的思考，同时，管理者也面临着关于人性思考的挑战，如图 9-7 所示。

图 9-7　知识经济时代下的管理思考

3．科学技术的进步

21 世纪，科学技术的发展速度大大加快，导致产品的生命周期越来越短。为了能够在市场竞争中获得生存和发展，组织必须牢牢把握科技进步的命脉，始终站在技术发展的前沿。这就要求组织不断进行技术创新，并将创新渗透到管理过程的各个方面，包括战略创新、制度创新、组织创新、观念创新、市场创新等。同时，科技的迅猛发展必然伴随着创新风险的增加，这给管理者带来了极大的挑战。

4．信息化和网络化

互联网出现以后，人类社会逐渐呈现信息化和网络化的发展趋势。信息技术的发展与应用极大地改变了人们的生活方式，也改变着世界经济的发展模式，各类企业都开始在电子商务领域拓展业务。随着社会信息化和网络化的日益深入，组织的管理者也面临着一些挑战。例如，如何调整经营方向、资源配置、组织结构等以应对经济网络化，如何在信息爆炸的时代架起一座与消费者有效沟通的桥梁以应对社会信息化等，都是管理者必须深入思考的重大课题。

5. 需求多样化

经济的快速发展使得人们的生活水平不断提高，进而使得消费者的需求模式日趋多样化和个性化。消费者不再只是被动地接受企业提供的产品和服务，而是有了更多的选择权和诉求权。在这样的背景下，组织如何进行有效沟通，以及时、准确地了解消费者的需求，如何改变生产方式，力求以更低的成本更大程度地满足消费者的需求等，都是21世纪的管理者面临的新挑战。

6. 社会责任的监督

现代社会经济学的观点认为，企业的社会责任不仅仅在于创造利润，更在于保护和增加社会财富。企业应更多地从长远效益的角度考虑，注重自我形象的塑造，重视与社会公众、自然环境的协调发展。因此，如何在管理过程中协调组织利润和社会福利之间的关系，如何提升组织的管理道德水平和增强组织的社会责任感，是当代管理者面临的新挑战。

管理风暴

你认为新时代背景下的管理还面临着哪些新挑战？

（二）新时代背景下管理发展的新趋势

外部环境的变化引起组织内部活动内容和结构的调整，二者的综合作用促进管理思想和管理方式的创新，也使得组织管理呈现出全新的发展趋势。

1. 跨文化管理

经济的全球化迫使现代企业必须突破时空限制，立足于全球经营，研究和制定全球竞争战略。战略和经营的全球化决定了组织跨文化的管理趋势，因为组织将面临的陌生文化环境会越来越多，组织管理的人员也会有着越来越不同的文化背景。

跨文化管理要求组织在充分了解不同地区风土民情、风俗习惯和价值观念等文化环境的基础上，对不同文化加以协调和融合，以消除因文化背景不同而带来的摩擦和障碍。同时，在对各种文化兼收并蓄的基础上，博采众长、不断创新，构建适应全球化经营的组织新文化。

2. 创新管理

创新管理是组织能够快速地适应科学技术和经营环境的急剧变化，将创新作为经常性的管理理念和目标，渗透到管理组织的全过程，不断进行观念创新、战略创新、制度创新、组织创新和市场创新等。

在当下快速多变的经营环境中，组织如果想要保持自身的竞争优势，就必须求新求变，将创新作为管理的主旋律。

3. 虚拟化管理

随着以互联网为代表的信息技术的飞速发展，一种新型的经济形态——网络经济应运而生。网络经济加快了市场的虚拟化速度，在一定程度上可以防止市场垄断，从而促进市场的逐步完善。另外，网络经济还使一些辅助性的社会劳动得以通过市场价格进行外包，从而减少市场交易的成本。这样，组织或企业就可以专注于自身的核心能力和核心业务，将其他非核心业务通过网络交由效率更高的组织去完成，这就是虚拟化管理。

虚拟化管理是组织在资源有限的条件下，为了争取最大竞争优势，以自身最关键的资源或核心能力（如专利权、研发能力等）为基础，专注于其核心业务，而将其他业务或职能虚拟化，更多地借助外力（如战略联盟）进行整合弥补。虚拟化管理是管理发展的一种新趋势，其必然会导致组织结构的虚拟化，即仅保留核心部门，而将其他部门虚设或省略，从而突破结构的有形界限，促进组织结构的不断优化。

管理风暴

想一想，新时代背景下的管理发展还有哪些新趋势？

4. 数字化管理

数字化管理是利用信息技术、计算机技术、互联网技术等，量化管理对象与管理形式，实现计划、组织、领导、控制、决策等职能的管理活动和管理方法。数字化管理基于以下技术前提：第一，组织的管理活动和行为应基于网络，即组织必须建立高度集成的信息共享交互网；第二，组织的管理应是可量化或可计算的，即组织的管理活动和管理行为应实现高度标准化或规范化。

人力资源数字化管理赋能企业管理

在信息技术和虚拟化管理的驱动下，数字化技术必将给组织管理带来全面性的变革，数字化管理定会成为管理发展的新趋势。

管理加油站

数字化管理有什么特征？

与传统的组织管理相比，数字化管理的数字化特征极其明显，具体包括以下几点。

（1）其目标在于追求响应速度和创新能力。

（2）其重心在于对知识和信息资源的管理。

（3）其组织结构趋向于扁平化和网络化。

（4）其管理机制是以客户为中心的拉动机制，能够及时感应市场的变化。

（5）其管理过程是可响应顾客要求的模块化过程，能够与业务经营活动相协调。

（6）其管理绩效评价的指标主要是响应时间。

（7）其管理激励在于组织成员的个体成长、工作自主和业务成就等。

5. 竞合化管理

进入 21 世纪，和平与发展已经成为时代的主题。新时代背景下，组织的管理逐渐趋于竞合化。竞合化管理要求组织既要具有强大的核心竞争力，又要具有高度的合作精神，将竞争力和合作精神作为自身可持续发展的两大支柱。其中，竞争力是组织合作的基础，而合作又可以促进组织竞争力的提高。竞合化管理之所以成为管理新趋势有如下原因。

第一，科技的发展对产品提出了更高的技术要求，面对这种新形势，很少有企业能够单凭自身的资金和技术力量，推出系统化、多样化、复杂化的产品以满足市场需求、占领市场优势。企业只有通过合作，将各自优势结合起来，才能迅速开发新产品、占领新市场。

第二，在经济网络化和管理虚拟化的影响之下，企业必须将战略重点放在强化核心业务能力、提高核心竞争力上。但是，仅凭核心业务，组织无法为顾客提供完整的服务。因此，组织必须同时与其他企业合作，彼此结合成合理分工、优势互补的任务团队，共同为消费者提供完整的服务。

6. 自驱动管理

自驱动管理，即组织管理成员的方式趋向于借助组织文化，而不再是使用外力。在互联网时代，针对大量有个性、有活力、有知识、有思想的年轻成员，组织文化的作用日益凸显。组织应注重创建和发展能够产生自驱动力的组织文化，提升成员自我组织、自我纠错、自我更新等自主能力。

管理风暴

请举例说明当代企业的自驱动管理模式。

管理提示

管理加油站

管理发展的更多新趋势

（1）以人为本的管理。

随着知识经济时代的到来，当代经济组织更加重视知识，尤其重视知识的载体，即拥有先进科学技术、管理经验与学习能力的人。以人为本的管理，就是以人为中心的管理，其本质是重视知识、关心人才，把人作为组织发展的根本。

（2）绿色管理。

绿色管理就是将环境保护的观念融于组织的经营管理之中。实行绿色管理，应将绿色理念贯穿于组织管理的各个层次、各个领域、各个方面、各个过程，要求组织在管理过程中时时处处考虑环保、体现绿色。

(3) 危机管理。

管理环境的日趋复杂化致使组织在管理过程中面临着越来越多的危机。危机管理就是组织针对可能或者正在面临的危机，进行一系列的预防、判断和处理等管理活动，以避免或减轻危机带来的严重威胁和损害。

二、对于管理创新的思考

计划、组织、领导、控制、决策、沟通与激励等，是保证组织目标实现不可或缺的职能。从某种角度来说，它们是管理的“维持职能”，其任务是保证组织按照预定的方向和规则发展。但是，任何组织都必须在动态的环境中求生存、谋发展，仅靠维持是远远不够的。因此，组织还必须通过创新，不断地调整自身的管理活动，以适应环境变化的要求。

双钱公司的管理创新

维持与创新，是组织管理的两项本质内容，有效的管理就是适度维持与适度创新的组合。

（1）维持是保证组织管理活动顺利进行的基本手段。

维持是要严格地按照既定目标和规划来监督、修正组织的运行，尽量避免各部门、各成员之间的摩擦，或减少因摩擦而产生的结构内耗，以保持组织的有序性。**维持是保证组织管理活动顺利进行的基本手段**，对于组织的生命延续至关重要。没有维持，组织的目标就难以实现，计划就无法落实。

（2）创新是保证组织管理活动不断延续的重要手段。

任何组织都是由众多要素构成的，与外部环境不断发生物质、信息、能量交换的，动态的、开放的非平衡系统。外部环境的变化必然会对组织的活动内容、形式和要素等产生不同程度的影响。因此，组织必须及时根据内外部环境变化的要求，对自身进行局部或全局的调整，即**在管理中适度创新，这样才能保证管理活动的不断延续**。

（3）维持与创新相辅相成、不可或缺。

作为管理的两项本质内容，维持与创新相互联系、不可或缺。创新是在维持基础上的发展，维持则是创新的逻辑延续；维持是为了实现创新的成果，创新则是为更高层次的维持提供依托和框架。只有创新没有维持，组织会呈现无序的混乱状态；只有维持没有创新，组织则会缺乏活力，不能适应外界环境的变化。**组织管理活动的最佳状态就是实现维持与创新的最优组合。**

（一）管理创新的概念

通常而言，创新是一种以新思维、新发明和新描述为特征的概念化过程，是一种以独特的方式综合各种思想或在各种思想之间建立独特联系的能力。1912 年，经济学家约瑟夫•熊彼特首次从经济学的角度提出了“创新”的概念。

管理创新是以创造性的思维和行动为特征，通过整合生产要素，持续改进和创造自身管理体系，以新的管理方式满足、引导利益相关者需求的活动过程。一个能够激发成员创造力的组织，可以不断地开发出处理工作的新方式及解决问题的新办法。

管理驿站

知识是产生创新思维的必要前提，创新必须建立在广博的知识基础之上。科学的创新来不得半点虚假，没有任何捷径可走。因此，培养创新思维的第一步就是要做好知识的积累。大学生正处于人生的积累阶段，需要像海绵汲水一样汲取知识。对于学习，大学生既要惜时如金、孜孜不倦，下一番心无旁骛、静谧自怡的功夫，又要突出主干、择其精要，努力做到又博又专、愈博愈专。特别是要克服浮躁之气，静下来多读经典，多知其所以然。

（二）管理创新的类型

从不同的角度出发，可以将组织管理中的创新划分为不同的类型。如图 9-8 所示，管理创新的分类方式主要有四种。

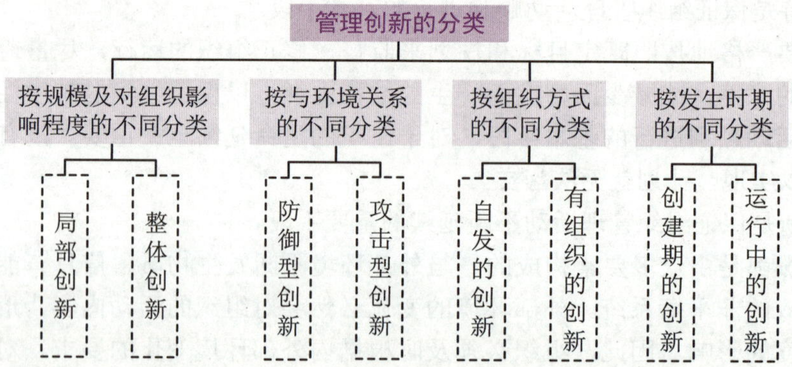

图 9-8　管理创新的分类

1. 按规模及对组织影响程度的不同分类

按规模及对组织影响程度的不同，管理创新可分为局部创新和整体创新，如表 9-11 所示。

表 9-11　管理创新按规模及对组织影响程度的不同分类

创新类型	概念解释
局部创新	即在组织性质和目标不变的前提下，改变管理活动某些内容和要素的性质及其相互组合方式，或者改变组织社会贡献的形式和方式等
整体创新	创新内容往往涉及组织的目标和运行方式，能够改变组织的发展方向和使命，影响组织社会贡献的性质

2．按与环境关系的不同分类

按与环境关系的不同，管理创新可分为防御型创新和攻击型创新，如表 9-12 所示。

表 9-12 管理创新按与环境关系的不同分类

创新类型	概念解释
防御型创新	是组织为了避免外部环境变化带来的威胁或避免由威胁造成的损失的扩大，在内部展开的局部性或全局性的调整
攻击型创新	是组织通过观察外部环境，敏锐地预测未来环境可能提供的某种有利机会，进而主动地调整战略和技术，以积极开发利用机会，谋求组织发展

3．按组织方式的不同分类

按组织方式的不同，管理创新可分为自发的创新和有组织的创新，如表 9-13 所示。

表 9-13 管理创新按组织方式的不同分类

创新类型	概念解释
自发的创新	是组织内部与外界有直接联系的部分，根据环境变化的要求自发做出的调整，调整后也会对与外界没有直接联系的部分产生影响，促使其也自发做出相应的调整
有组织的创新	是组织的管理者根据创新的客观要求和创新活动的客观规律，有组织地检查外部环境和内部状况，寻求和利用创新机会，计划和组织创新活动

管理小贴士

组织内部各部分进行自发创新的结果是不确定的。只有有组织的创新，才能给系统带来预期的、积极的、比较确定的结果。在实际的管理工作中，管理者应积极引导和利用组织各部分的自发创新，使之相互协调并与有组织的创新活动相配合，促使整个组织的创新活动有计划地开展。

4．按发生时期的不同分类

按发生时期的不同，管理创新可分为创建期的创新和运行中的创新。

组织的创建本身就是一项创新活动，要求创建者运用创新的思想和意识，绘制出组织的目标、结构、运行规划等蓝图，寻求最满意的要素，以最合理的组合方式，创造出与现有组织全然不同的新组织，并使新组织能够有序运行。

组织在创建后，为了适应外部环境的变化和自身发展的需求，仍要进行大量的创新活动。这要求管理者在组织运行的过程中，不断地寻找、发现和利用新的创新机会，更新组织的活动内容，调整组织的结构模式，扩展组织的规模效应。

（三）管理创新的内容

组织在管理过程中需要进行许多方面的创新，下面以社会经济中大量存在的企业为例，对管理创新的内容进行介绍。

1．经营思路创新

企业行为的正确与否，根源在于企业的经营思路是否科学合理、符合实际。企业如果想要在变化多端的市场竞争中获得可持续发展，就必须在经营思路上进行创新，并付诸实践。经营思路的创新主要包括以下方面：① 新的经营理念及其推行；② 新的经营方针、目标和战略；③ 新的经营策略；④ 新的资本运营思路；⑤ 新的生产经营思路；⑥ 新的企业发展方式。

读故事悟管理

一鼓作气

三国末年，晋武帝司马炎灭掉蜀国、夺取魏国政权后，准备出兵攻打东吴，实现统一天下的愿望。他召集文武大臣商量灭吴大计。很多人提议等到时机成熟再攻打吴国，因为吴国还有一定的实力，恐怕不易一举消灭。

但是大将杜预有自己的想法，他认为必须趁目前吴国实力尚衰，尽早灭掉它，不然等它积蓄了实力，就很难打败了。

公元 279 年，晋武帝司马炎调动兵马，攻打吴国。晋军一路战鼓齐鸣、战旗飘扬，战士威武雄壮，第二年就攻占了江陵。阮江、湘江以南的吴军听到风声吓破了胆，纷纷打开城门投降。此时，司马炎下令让杜预从小路向吴国国都建业进发。有人担心长江水势暴涨，提议暂时收兵，等到冬天再进攻。杜预坚决反对，他说："现在趁士气高涨，斗志正旺，一举攻下吴国不费吹灰之力！"于是，在杜预的率领下，晋军直冲吴都建业，不久便攻占了建业，消灭了吴国。至此，晋武帝统一了天下。

【管理启示】连贯的经营理念是组织的指导思想，是组织发展的灵魂，是组织走向成功的一个重要因素，对成员的思想观念有着巨大的促进作用。没有连贯的经营理念，组织就无法形成自始至终的发展战略；没有连贯的发展战略，组织就会徘徊不前，在摇摆中失败。因此，组织的管理者如果不想自己辛辛苦苦建立起来的丰功伟业毁于一旦，就必须具有一套连贯的经营理念。

2．组织目标创新

企业在一定的经济环境中从事经营活动，需要不断地进行目标创新。概括来讲，企业进行目标创新需要做到以下方面：第一，根据大环境的变化，相应地调整企业的总体生产方向、经营目标以及企业在生产过程中与其他社会经济组织的关系；第二，根据市场的变化和需求的特点，适时地调整企业在各个时期的具体的经营目标。

3．外部环境创新

环境创新是企业通过积极的创新活动去改造外部环境，引导外部环境朝着有利于企业经营的方向变化。例如，通过企业的攻关活动，影响社区、政府的政策制定；通过企业的技术创新，影响社会技术进步的发展方向等。

企业环境创新的主要内容是市场创新。市场创新是企业通过各种活动去引导消费、创造需求。例如，新产品的开发和推广就是市场创新的典型代表。

4．组织结构创新

组织结构是组织运行的基础，应是一个柔性的、具有学习能力的有机体，能够随着组织自身发展的需要和外部环境的变化进行重组和再造。组织结构创新主要涉及图 9-9 所示的几个方面。

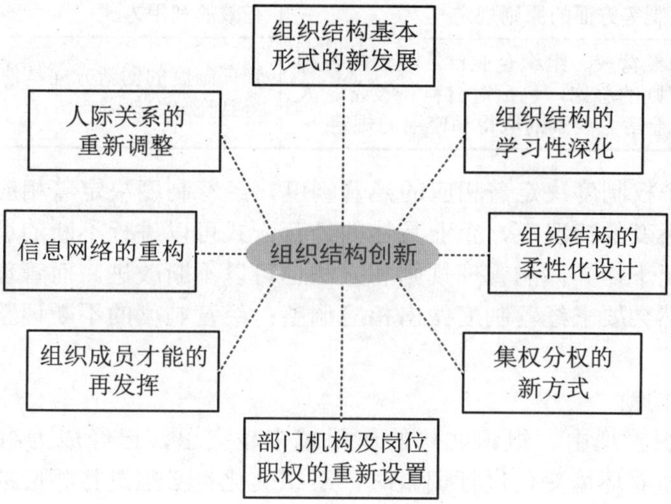

图 9-9　组织结构创新

从发展趋势来看，组织结构越来越重视人的因素，越来越重视系统性，越来越重视信息处理，越来越重视组织的弹性。

管理加油站

海尔的创新历程

海尔为了实现“敬业报国、追求卓越”的远大目标，先后三次对其组织结构进行了创新：① 1984—1992 年，采用了金字塔式的直线职能制组织结构，以实施“名牌发展战略”；② 1992—1998 年，采用了事业部制组织结构，以实施“多样化发展战略”；③ 1998 年以后，采用了流程网络式组织结构，以实施“国际化发展战略”。历史上的三次组织结构创新，极大地推动了海尔的发展和繁荣。

5．组织制度创新

制度创新是从社会经济的角度来分析组织中各部门、各成员间的正式关系，并根据发展的需要对其进行一定的调整和变革。

制度是组织运行方式的原则规定。企业制度主要包括产权制度、经营制度和管理制度三个方面，其概念解释与创新方向如表 9-14 所示。

表 9-14　制度创新的内容及方向

企业制度	概念解释	创新方向
产权制度	是决定企业其他制度的根本性制度，规定着企业生产要素的所有者所应有的权力、应得的利益和应负的责任	产权制度的创新方向是寻求生产资料的“个人所有”与“共同所有”的最适度组合
经营制度	是有关经营权的归属及其行使条件、范围、限制等方面的原则规定	经营制度的创新方向是寻求企业生产资料最有效的利用方式
管理制度	是行使经营权、组织企业日常经营的各种具体规则的总称，包括对材料、设备、人员、资金等各要素的取得和使用的规定	管理制度的创新方向是使组织各成员的作用得到充分发挥

一般来说，产权制度决定着相应的经营制度，经营制度决定着相应的管理制度。但是，在产权制度不变的情况下，企业具体的经营方式可以进行不断的调整。同样，在经营制度不变的情况下，具体的管理规则和方法也可以不断改进。而管理制度的改进发展到一定程度，必然会要求经营制度做出相应调整；经营制度的不断调整，又必然会引起产权制度的变革。

6. 组织文化创新

在当今的组织管理中，组织文化的作用越来越突出，已经成为组织建设的有效手段。当组织战略随着环境变化进行调整时，组织文化也必须进行相应的改造与创新，这样才能避免因组织文化落后给组织发展带来的阻碍和制约。**组织文化创新应在遵循组织发展实际的基础上，坚持“源于历史、着眼现在、展望未来”的原则，分层次、分阶段进行。**

7. 管理方式创新

管理方式是企业在资源整合过程中所使用的方法，直接涉及企业资源的有效配置。 随着知识经济时代的到来和管理信息技术的应用，管理方式创新将大有作为。

管理方式的创新形式既可以是单一的，也可以是综合的，主要包括以下方面：① 新的领导方式；② 以人为本的管理方式；③ 新办公设备的创设和使用；④ 生产组合的创新；⑤ 生产、经营、服务等方面管理方法的发明和创造；⑥ 基于信息技术的管理手段的创新；⑦ 满足顾客需求的方式方法的创新。

8. 组织技术创新

技术需要通过一定的物质载体来体现，因此组织技术创新主要表现在要素创新、要素组合创新及要素组合结果创新三个方面，如图 9-10 所示。

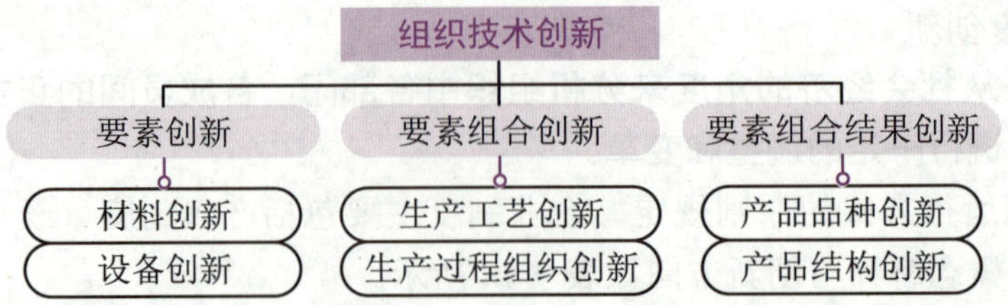

图 9-10　组织技术创新

1）要素创新

从生产的输入来看，要素创新包括材料创新和设备创新。

（1）材料创新。

材料创新主要包括以下内容：① 开辟新的材料来源或寻找现有材料的新用途，以保证企业扩大再生产的需求；② 开发和利用量大价廉的普通材料，以替代量少价昂的稀缺材料，降低产品的生产成本；③ 改造材料的质量和性能，以保证和促进产品质量的提高。

（2）设备创新。

设备是现代企业进行生产的物质基础。设备创新就是对生产设备的改造和更新，对于保证产品质量、降低材料消耗、提高劳动生产率等具有重要意义。设备创新主要包括以下内容：① 使用新的生产设备，减少手工劳动的比重，以提高生产的机械化和自动化；② 利用先进的科学技术成果改造和革新原有设备，以延长其技术寿命、提高其效能；③ 有计划地进行设备更新，以更先进、更经济的新设备取代陈旧、落后、过时的老设备，提高企业的生产设备水平。

2）要素组合创新

从生产的过程来看，要素组合创新包括生产工艺创新和生产过程组织创新。

（1）生产工艺创新。

生产工艺创新包括技术工艺的改革和操作方法的改进。技术工艺是企业制造产品的总体流程和方法，操作方法是劳动者利用生产设备在具体环节对原材料、零部件或半成品的加工方法。技术工艺和操作方法的创新，既要求在设备创新的基础上改变产品制造的工艺过程，又要求不断地研究和改进具体的操作技术，使生产过程更加合理。

（2）生产过程组织创新。

生产过程组织包括生产设备、在制品，以及劳动力在空间上的布局和时间上的组合。空间布局影响人机配合和生产效率，时空组合影响生产成本和生产周期。不断优化生产过程组织有利于提高生产效率、降低生产成本、缩短生产周期。

管理风暴

你认为管理创新还包括哪些方面的内容？

3）要素组合结果创新

从生产的输出来看，要素组合结果就是产品。产品是企业的生命，企业只有不断地创新产品，才能更好地生存和发展。**产品创新主要包括品种创新和结构创新。**

（1）产品品种创新。

产品品种创新要求企业根据市场需要的变化及消费者的偏好，及时调整生产方向和生产结构，不断开发出受消费者欢迎的适销产品。

（2）产品结构创新。

产品结构创新是在不改变原有品种基本性能的基础上，对现有产品进行改进和改造，找出更加合理的产品结构，使其生产成本更低、性能更完善、使用更安全，从而更具市场竞争力。

在组织的技术创新中，要素创新、要素组合创新和要素组合结果创新（产品创新）是相互区别、相互联系和相互促进的，**其中要素组合结果创新是核心**。

管理驿站

创新改变生活，发明改变世界，科技创新与发明极大地推动了社会的发展。创造力是上天赐予我们的最珍贵的礼物，它能给我们带来很多意想不到的惊喜与精彩。一个人要想取得成就，一个民族要想走在时代前列，就一刻也不能停止各种创新发明。大学生是最富活力、最具创造性的群体，理所应当走在创新发明的前列，做锐意进取、开拓创新发明的时代先锋。

班级____________　　姓名____________　　学号____________

任务检测

一、客观题

1.【单选题】(　　) 就是组织可以专注于其核心业务，而将其他职能虚设，更多地借助外力进行整合弥补。

A. 跨文化管理　　B. 虚拟化管理

C. 竞合化管理　　D. 数字化管理

2.【单选题】关于创新与维持之间的关系，下列选项说法正确的是(　　)。

A. 创新是保证组织管理活动顺利进行的基本手段

B. 维持是保证组织管理活动不断延续的重要手段

C. 创新是在维持基础上的发展，维持则是创新的逻辑延续

D. 根据内外部环境的变化，对自身进行局部或全局的调整，这就是组织的维持

3.【单选题】通过企业的技术创新，影响社会技术进步的发展方向，这属于(　　)。

A. 目标创新　　B. 文化创新　　C. 技术创新　　D. 环境创新

4.【多选题】进入新世纪，组织的管理环境日益复杂化。总结来讲，21 世纪的管理面临的挑战包括(　　)。

A. 经济全球化　　B. 需求多样化

C. 科学技术的进步　　D. 社会责任的监督

5.【多选题】按与环境关系的不同，管理创新可以划分为(　　)。

A. 防御型创新　　B. 攻击型创新

C. 局部创新　　D. 自发的创新

6.【多选题】组织结构是组织运行的基础，能够随着组织自身发展的需要和外部环境的变化进行重组和再造。下列选项中，属于组织结构创新的有(　　)。

A. 集权分权的新方式　　B. 部门岗位职权的重新设置

C. 新的经营策略　　D. 组织结构的学习性深化

7.【判断题】企业的技术创新主要表现在要素创新、制度创新以及产品创新三个方面。(　　)

8.【判断题】管理制度，就是有关经营权的归属及其行使条件、范围、限制等方面的原则规定。(　　)

二、主观题

9.【简答题】简述组织的制度创新。

班级____________ 姓名____________ 学号____________

10.【案例分析】

柔性生产管理

在G国某汽车企业的发展历程中，柔性生产管理已经成为其一道亮丽的风景线。当时，G国几乎所有的汽车企业都是采用一个车型、一个平台、一条流水线、一个厂房的制造方式。唯有这家企业是“另类”，它一条线上最多可以共线生产四种不同平台的车型。这种生产方式就是柔性生产，在当时G国汽车生产企业中是绝无仅有的。柔性生产为厂家带来的最直接效益就是节约时间和增加利润。

这家企业以柔性生产线为基础，配合严格而规范的采购系统、科学而严密的物流配送系统、以市场为导向的高度柔性化的精益生产系统、以客户为中心的客户关系管理系统等，共同构成了其柔性生产管理的支撑体系。该企业也由此成为企业柔性生产管理的经典范例。

根据上述案例，分析回答下列问题。

请你评析G国某汽车企业的生产创新。

班级__________ 姓名__________ 学号__________

项目实训——校园社团采访

一、实训目标

通过组织学生对学校社团进行采访，锻炼学生的人际沟通能力和实地调研能力，引导学生了解校园社团的类型与特征，分析校园社团的管理原则与方法。

二、实训内容

1．分组准备

（1）班委成员组织全班同学投票选出 5 个比较重要且易于采访的校园社团，如学生会、机器人社、文学社、话剧社、登山社、舞蹈社、志愿服务队等。

（2）将全班同学分成 5 个小组，派代表抽签决定每组负责采访的社团。

（3）每组同学选出至少 3 名负责人，分别负责组织采访活动、摄影和录像、记录采访内容等。

（4）小组负责人召集全组成员一起讨论，确定本小组的采访方案。

2．采访社团

（1）各小组与本组负责采访的社团负责人约定采访时间和地点等。

（2）组内成员分工协作，按照采访方案上的问题，逐一提问社团负责人，并在采访中派专人负责拍照和记录。

（3）社团采访的问题提示：该社团是正式团队吗？该社团目前有多少成员？该社团组织的活动主要有哪些，大概多久组织一次？该社团的管理原则和方法有哪些？该社团负责人平时在管理社团时有哪些注意事项，采用了哪些沟通技巧？

3．讨论汇报

（1）采访结束后，5 个小组的成员分别针对各组的采访记录展开讨论，将采访中获取的社团信息进行汇总并整理。

（2）各小组以小组为单位，将讨论结果制作成内容充实、版面精美的 PPT，并在班级内进行汇报展示。

（3）老师需根据汇报情况给每个小组打分，并评选出优秀小组。

4．撰写报告

（1）采访活动和讨论汇报结束后，每位学生需总结此次实训任务，撰写心得体会或实训报告，并上交给老师。

（2）老师根据实训总结和综合表现为每位学生评分。

班级__________ 姓名__________ 学号__________

项目评价

评价内容	分值	评价分数		
		自评	组评	师评
日常考勤和课堂纪律	10 分			
学习态度和课堂参与	10 分			
完成任务检测并保证题目的正确率	50 分			
参与项目实训并积极完成各项任务	30 分			
合计	100 分			
综合评价	综合分数______（自评×25%+组评×25%+师评×50%） 综合等级______ 综合评语： 指导老师签字__________			